MBC의 흑역사

MBC의
흑역사

방송의 중립에는
좌우가 없다

강준만 지음

인물과
사상사

33년 만에 만난 '한국 방송 민주화 운동사'

이 '머리말'을 쓰기 전에 내가 33년 전인 1990년 4월에 출간한 『한국 방송 민주화 운동사』란 책을 다시 읽어보았다. 나는 당시 방송 민주화를 위해 싸우는 방송인들에게 뜨거운 지지와 존경을 보냈으며, 뭐라도 도울 일이 없을까 하는 마음에 그 책을 출간했다. 당시 방송 민주화 운동의 중심 세력은 방송 노조였기에 나는 방송노조를 적극 지지했으며, 전국을 다니며 노조 강연도 꽤 했다.

노조는 선善과 정의正義를 대변하는가? 대변하지 않을 때도 있겠지만, 선과 정의에 비교적 가깝지 않겠느냐는 정도의 비교 우위는 확실히 믿었던 것 같다. 그 믿음이 조금이나마 흔들리기 시작한 것은 김대중 정권을 거치고 노무현 정권을 겪을 때부터였다.

나는 방송 민주화에 그 어떤 사심私心도 없었다. 방송 민주화

4

를 주장함으로써 얻게 되는 상징 자본을 이용해 방송 관련 공직을 맡는 일은 하지 않겠다고 굳게 결심했다. 이 결심을 지켰다. 죽을 때까지 계속 지킬 것이다. 오해 없길 바란다. 대학 교수 출신으로 공직을 맡는 게 사심을 충족시키는 행위라고 생각하진 않는다. 나에게 좀 유별난 점이 있다는 정도로만 이해해주시면 좋겠다.

그런 유별남엔 명암明暗이 있겠지만, 군이 명明을 하나 들자면, 남들이 잘 보지 않거나 보지 못하는 점을 볼 수 있다는 점일 게다. 물론 그렇기 때문에 스스로 피곤함을 느끼기도 하니 동시에 암暗이라고 할 수 있겠다. 남들 하는 대로 따라서 생각하거나 행동하면 편안하련만 군이 두 거대 진영 중 그 어느 쪽에도 끼지 못하는 소수파의 길을 걸어야 한단 말인가? 이런 내가 내 마음에도 들지 않지만, 그렇게 생겨먹은 걸 어쩌겠는가?

2000년대 중반 나는 대선에서 이기기만 하면 180도로 표변하는 여야 정당들의 내로남불이 지겹다 못해 역겨웠다. 그래서 2007년 대선을 염두에 두고 2006년 10월 4일 『한국일보』에 공영방송사의 사장 선출 방안에 관한 칼럼을 기고했다. 당시 나의 문제의식을 독자들과 공유하고 싶어 그 일부 내용을 여기에 다시 소개하고 싶다.

"1987년 6월 항쟁을 전후로 방송의 공정성 문제를 둘러싼 갈등이 20년간 계속되어왔다. 처음 10년간 공영방송 노조는 일 일이 세기조차 힘들 정도로 많은 파업을 했다. 많은 노조원이 구속되기도 했다. 개혁·진보 세력은 방송노조의 투쟁에 뜨거운 지지를 보냈다. 다음 10년은 모든 게 뒤집어졌다. 그간 공정성을 생명처럼 여기던 지식인들은 나를 포함하여 모두 약속이나 한 듯이 공정성 문제에 대해 입을 닫았다. 자기들이 원하는 정권이 들어섰기 때문이다. 이제 공정성은 보수파의 신앙이 되었다."

이어 나는 "만약 내년 대선에서 한나라당이 집권하면 어떻게 될까? 공정성 문제에 입 닫고 살던 사람들은 계속 입을 닫을까? 공정성을 외치던 보수파는 계속 공정성을 외칠까? 공정성이란 무엇인가? 그건 당파성인가? 내 맘에 들면 모른 척하고 내 맘에 안 들면 문제 삼아야 하는 그런 것인가? 우리는 언제까지 공정성을 둘러싼 이 얄팍한 정략 게임을 계속할 것인가?"라는 질문을 던지면서 다음과 같이 말했다.

"나부터 반성하겠다. 정치권도 여야를 막론하고 모두 역지사지易地思之하는 자세로 이 문제에 정직하게 대응하면 좋겠다. 방송을 권력으로부터 완전 독립시키는 대원칙에 합의하자. 지금 이 순간에도 우리가 목격하고 있듯이 공정성 갈등 비용이 너무 높기 때문이다. 야당의 집권 가능성이 높은 지금이 딱 좋은 시기다. 한 세대에 한 번 올까 말까 한 절호의 기회다. 여당의 집권 가능성이 높으면 여당이 목숨 걸고 반대하겠지만, 그럴 처지가 아니다. 야당은 집권 가능성이 높다 해도 내심 불안에 떨고 있는 만큼 내년 대선에서 방송 공정성을 확실하게 이루어낼 수 있는 방안을 결사반대할 처지는 아니다."

나는 이후에도 이와 같은 칼럼을 여러 차례 반복해서 썼지만,[1] 이젠 거의 포기한 상태다. 역지사지를 거부하는 건 정치인과 정당뿐만 아니라 지식인들과 일반 시민들도 똑같았다. 이런 똑같은 싸움을 반복하면서 국력을 탕진하는 걸 어쩔 수 없는 우리의 숙명으로 보는 체념의 지혜를 터득한 지 오래다. 아니 어쩌면 지난 30년 넘게 이루어진 이런 '공영방송 전쟁'은 치열한 당파 싸움을 해야만 눈을 반짝거리며 신명을 내는 '다이내믹 코리아'를 위해 치러야 할 비용인지도 모르겠다.

그래, 원한다면 우리 모두 앞으로도 계속 그렇게 살아보자. 그런데 최근 더불어민주당(민주당)이 방송법 개정안을 추진하면서 언론노조, 방송계, 일부 관련 학계 등의 지지를 받아 그걸 거부하는 국민의힘을 무슨 반동 세력이나 되는 것처럼 합동으로 몰아붙이는 모습을 보고 있자니 기가 막힌다. 국민의힘이 아무리 나쁘고 어리석고 우둔하다고 해도 민주당이 개혁을 빙자해 저지르는 적반하장賊反荷杖을 차마 눈 뜨고 보기는 어려웠다.

아니 그 이전에 공정성을 유린하는 MBC의 과도한 당파성을 지켜보는 게 더 괴로웠다. 이래도 되는 건가? 우리는 같은 편이라고 생각하는 세력이 무슨 짓을 저질러도 단지 같은 편이라는 이유만으로 그걸 지지하거나 모르는 척 눈감아주어야 하는가?

절대다수가 "예스"라고 답한다 할지라도 나는 단호히 "노"를 외치련다.

그런 생각과 심정으로 나는 월간 『신동아』 2022년 12월호부터 2023년 4월호까지 5개월에 걸쳐 「괴물과 싸우다 괴물이 된 MBC의 비극」이라는 글을 연재했다. 이 책은 그 기고문을 바탕으로 4배가량 늘려 쓴 것이다. 이젠 노영 방송勞營放送의 대명사처럼 불리는 MBC에 대해 '괴물' 운운한다는 건 내가 33년 전 『한국 방송 민주화 운동사』를 쓸 때와는 많이 달라졌다는 걸 시사한다. 아니 이렇게 되묻고 싶다. 내가 달라졌는가, MBC가 달라졌는가?

그 누구도 달라진 게 아니라면, 우리가 동시에 외쳤던 '방송 민주화'에 대해 우리는 동상이몽同床異夢을 했던 걸까? 방송노조는 민주당 편을 드는 게 방송 민주화라고 생각했던 걸까? 나는 누구 편도 들지 않으면서 중립을 지키는 걸 방송 민주화라고 생각했는데, 내가 잘못 생각했던 걸까?

방송노조와 민주당 지지자들 중엔 방송의 중립을 '기계적 중립'이라고 폄하하면서 부정하고 비난하는 이가 많다. 다른 중립은 몰라도 '기계적 중립'은 안 된다는 말인지는 모르겠지만, 한마디로 어이없는 발상이다. 대부분의 사람이 동의할 수 있을 정도로 옳고 그름이 분명한 사안에 대해 '기계적 중립'을 택하겠다는 게 아니잖은가?

늘 논란이 되는 건 이념이나 정치적 성향과 관련된 문제들이다. 이런 경우에 기계적 중립을 지켜달라는 주문인데, 자신들의 편향성을 '선과 정의'라고 떼를 쓰면 어쩌자는 건가? 우리는 아무리 당파성이 강한 사람일지라도 단지 특정 정당 지지자라는 이유만으로 대학 입시에서 특혜를 받는 걸 인정하지 않는다. 방송 공정성도 그런 관점에서 보아야 하는 게 아닌가?

'공정으로서의 정의justice as fairness'를 주장했던 미국 정치 철학자 존 롤스John Rawls, 1921~2002가 제시한 '무지의 장막veil of ignorance'은 롤스가 자신의 처지나 역할을 배제한 채 무엇이 공평하다고 생각하는지를 상상해보라는 의미에서 제시한 개념이다. 무지의 장막이 쳐진 상태에서 사람들은 누구도 상대의 능력, 재산, 신분, 성性 등의 사회적 조건을 알 수 없다. 롤스는 그런 상황에서 사람들이 어떤 계층에 특별히 유리하거나 불리하지 않도록 조화로운 사회계약을 체결할 것이라며, 그렇게 합의되는 일련의 법칙이 정의의 원칙이 되어야 한다고 주장한다.[2]

나는 그런 합의만큼은 암묵적으로 이루어진 걸로 알았는데, 그게 아니었다. MBC는 민주당 정권을 보호하고 사수하고 미화하면서 민주당의 정권 재창출을 위해 혼신의 노력을 다하는 것처럼 보였다. 민주화가 되기 이전에 그랬다면 MBC 사원들은 모두 존경받는 영웅이라고 할 수 있었을 게다. 자신의 신변의 안전을 전혀 신경 쓰지 않은 채 오직 민주화를 위해 싸운 투사가 아닌가?

그러나 1987년 6월 항쟁 이후 30여 년의 세월이 흘렀다. 그들은, 그 시절에 태어나지 않은 젊은이들마저, 1987년 이전의 기억과 기준으로 2020년대를 살아가면서 '민주화 투사 코스프레'를 한 건 아닌지 자신을 돌아볼 필요가 있다. 기득권을 지키려는 '밥그릇 싸움'인 게 분명함에도 그들은 자기들이 선과 정의를 독점한 것처럼 굴지 않았던가? 더욱 가슴 아픈 건 기득권과는 무관한 관련 학계 학자들까지 그들의 그런 행태를 옹호하고 나섰다는 점이다. 아! 나는 한숨을 쉬지 않을 수 없었다. 우리는 아직도 1980년대에 살고 있는 건가?

이게 바로 내가 「괴물과 싸우다 괴물이 된 MBC의 비극」이라는 글을 연재하게 된 이유였다. 자신의 옳음을 재차 확신하기 위해 내가 '변절'했기를 간절히 바라는 사람들에겐 서운한 일이겠지만, '변절'이니 '배신'이니 하는 개념을 너무도 사랑하는 사람들의 정신 상태를 견디기 어려웠기 때문이기도 하다. 나는 현 한국 사회를 지배하고 있는 패싸움과 그 기본 원리가 역겨웠다. 우리 편은 무슨 짓을 해도 지지를 보내지만, 반대편은 무슨 일을 하건 물어뜯는 게 체질화된 사람들의 행태가 혐오스러웠다.

아무리 반대편 사람들이 밉고 싫더라도 그들은 당신과 더불어 같이 살아야 할 사람들이다. 양 진영이 권력 쟁탈을 위해 치열하게 싸우는 건 좋다. 그게 민주주의니까. 그러나 규칙은 지켜야 한다. 규칙 없는 패싸움은 모두의 공멸共滅을 부른다. 언론, 특히 공영방송은 만인이 합의한 원칙을 지키는 데에 목숨을 걸어야 한다. 그러나 MBC는 규칙을 지키지 않았을 뿐만 아니라 중립은 나쁘다며 훈계까지 하는 이상한 작태마저 보였다.

그러면 안 된다고 지적하는 사람에게 "너는 누구 편이냐?"고 묻는 게 무슨 의미가 있는가? 정치인들은 그렇다 치더라도 언론인들과 지식인들까지 나서서 특정 진영의 편을 들기 위해 규칙을 무시하는 게 어떻게 정당화될 수 있단 말인가? 규칙을 바꾸려면 미리 의논을 해야지 왜 자기들 마음대로 바꾼 규칙을 일방적으로 적용하면서 두 진영 중의 하나를 택하라고 윽박지르는가?

한국의 내로라하는 지식인들까지 그런 패싸움에 가담해 젊은 이들에게 그렇게 살아갈 것을 종용하는 걸 보고선 나는 개탄을 금치 못하면서도 내가 늙었음을 절감했다. 예전 같으면 그들을 실명으로 모조리 소환해 날선 독설을 퍼부었겠건만, 나의 살아온 세월이 그리 떳떳지 못했던 탓인지 내게 그렇게 할 자격이 있는지를 묻고 또 묻다가 시간을 다 보내고 말았으니 말이다. 세상에 이 책이나마 내놓으면서 33년 전의 나를 다시 만나보련다.

2023년 7월

강준만

차례

제3장 **'어용 방송 편향성'의 신념화**

_____ 2021년

제6장 MBC가 '민주당 방송'인 걸 모르는 사람도 있는가?
2023년 1~5월

맺는말 '공영방송의 중립지대화'를 위하여

제1장

2016~2019년

'적폐 청산'이라는
'을들의 전쟁'

아직도 끝나지 않은 'MBC의 6·25전쟁'

혹 '170일 파업'을 기억하시는지 모르겠다. 한국 방송사의 빼놓을 수 없는 사건으로, MBC에서 2012년 1월 30일부터 7월 17일까지 이루어진 파업을 말한다. 김도인은 "극심한 이념 대립의 결과라는 점도 그렇고, 수많은 사상자를 내고 깊은 상흔을 남긴 내전이라는 점도 비슷했다"며 170일 파업을 'MBC의 6·25전쟁'에 비유했다. 그는 다음과 같이 말한다.

"170일 파업은 MBC 사람들에게 큰 상처를 주었다. 많은 사람들이 파업 후유증으로 신경정신과 진료를 받아야 했다. 파업에 참가한 사람들도 그랬겠지만, 파업 때 내려가지 않았던 사람들도 마찬가지였다. 얼마 전까지 동료로 지내던 사람과 불구대천의 원수처럼 서로 싸워댔으니 그럴 수밖에 없었으리라. 170일 파업 때 어느 편이었느냐에 따라 양쪽 진영에는 건널 수 없는 골이 파였다."[1]

김도인은 누구인가? 2019년 12월에 출간된 『적폐몰이, 공영방송을 무너뜨리다: 언론노조의 MBC 장악 기록』이라는 책의 저자다. 1986년 MBC에 라디오 PD로 입사해 2017년 2월 편성제작 본부장이 되었지만, 전국언론노동조합(언론노조)이 '언론 부역자', '언론 적폐'라는 낙인을 찍어 탄압해대는 바람에 1년을 채못 버티고 2018년 1월 MBC를 퇴직해 그해 8월부터 MBC 대주주인 방송문화진흥회(방문진)의 이사로 일하고 있는 방송인이다.

진보는 보수 쪽의 책을 읽지 않고, 보수는 진보 쪽의 책을 읽지 않는다. 나는 진보니 보수니 하는 작명과 구분법을 믿지 않으며 가소롭다고 생각하지만, 일단 소통을 위해 기존 용어들을 쓰기로 하자. 글은 진보 쪽이 더 많이 쓰는 것 같다. 김도인도 지적했듯이, "지금까지 상흔이 남아 있는 2012년, 2017년의 MBC 파업에 대해 언론노조와 진보 학자들의 관점에서 본 기록은 많았지만 반대편의 시각에서 본 기록은 거의 없다".

맞다. 이게 그가 책을 쓰게 된 이유이기도 하다. 나 역시 그간 MBC 문제에 대해 언론노조와 진보 학자들의 관점에서 본 기록만 주로 접해왔기에 이 책은 시각의 균형을 잡는 데에 큰 도움이 되었다. 이 책의 주장에 대한 동의 여부와 무관하게, 저자가 강한 주장을 하기보다는 자신이 겪은 일을 비교적 차분하고 담담하게 기록하는 일에 충실한 점이 인상적이었다.

우리는 'MBC의 6·25전쟁'에 대해 어느 한쪽 편을 들어야 하는가? 아니면 양쪽 모두를 비판하면서 다른 길을 찾아야 하는가? 이 질문에 답하기 위해 우선 'MBC의 6·25전쟁'이 어떤 결과를 가져왔는지, 2년 후인 2014년에 벌어진 한 풍경을 감상해보자. 비非민주노총 계열의 MBC 소수 노조인 제3노조 비대 위원장 오정환은 『중앙일보』에 기고한 글에 다음과 같이 썼다.

"MBC 보도국에서 한 남성 기자가 친구와 전화로 잡담하고 있었다. 그때 한 여성 기자가 지나갔다. 남성 기자는 일부러 들으라는 듯 큰소리로 말했다. '야, 전화 끊어. 재수 없는 X 지나간다.' 길거리 불량배가 했어도 비난받을 행동이다. 그러나 2014년 무렵 MBC에서는 나서서 나무라는 사람이 없었다. 이런 모욕을 당한 당사자 역시 아무 대응도 할 수 없었다. 남성 기자는 기세등등한 '민주노총 산하 언론노조 MBC본부' 소속 MBC 공채 기자였고, 여성 기자는 노조의 파업 기간 회사가 채용한 경력 기자로 언론노조 소속이 아니었다. 나중에 문재인 정권이 들어서고 언론노조 측이 MBC 경영권을 장악한 뒤 이 남성 기자는 강한 정치색을 드러내며 승승장구했다."[2]

진보 진영마저 감동시킨 종편의 활약

길거리 불량배가 했어도 비난받을 행동은 2014년에 끝난 게 아니다. MBC는 내내 그런 갈등에 시달렸다. 이상한 일이었다. 2011년 12월 1일 조선·중앙·동아·매경의 종합편성 채널(종편) 4곳이 개국했을 때 진보 진영은 "언론과 민주주의의 대재앙"이라는 독설을 퍼부었지만,[3] 종편은 발전하는 반면 MBC와 같은 지상파 공영방송은 퇴보의 길을 걷는 것처럼 보였으니 말이다. 이명박 정권이 워낙 무리하게 힘으로 밀어붙인 탓에 진보 진영에선 그런 '저주받은 탄생 배경'을 갖고 있는 종편을 적대시했지만, 종편이 없었더라면 문재인 정권의 탄생인들 가능했을지 자문자답해볼 일이었다.

2016년 7월 26일 TV조선은 '청 안종범 수석, 500억 모금 개입 의혹' 리포트를 내보냄으로써 이제 곧 불거질 '박근혜·최순실 게이트'의 서막을 열기 시작했다. 이런 내용이었다. "미르재단 설립 두 달 만에 대기업에서 500억 원 가까운 돈을 모았는데, 안종범 대통령 정책조정 수석비서관이 모금 과정에 깊숙이 개입한 정황이 드러났다. 삼성, 현대, SK, LG, 롯데 등 자산 총액 5조 원 이상 16개 그룹 30개 기업이 미르재단에 돈을 냈는데, 설립 두 달 만에 486억 원을 모았다."

TV조선은 7월 27일엔 "안 수석 말고도 미르재단에 영향력을 행사한 막후 실력자가 있었다. 현 정부 들어 문화계 황태자로

급부상한 CF 감독 차은택"이라고 보도했으며, 8월 2일엔 "전경련이 중간에 나서 기업 돈을 모아준 곳은 미르뿐만이 아니었다. K스포츠라는 체육재단법인에도 380억 원 넘게 거둬준 것으로 확인됐다"고 보도했다.[4]

8월 3일 『한겨레』에 「최민희 "비판하던 종편에 왜 출연하나고요? 극단적 편파 않고 바뀌고 있다 봤죠"」라는 인터뷰 기사가 실렸다. 제19대 국회의원 시절 '종편 저격수'를 자처했던 최민희가 3개월 전인 5월부터 TV조선 시사 프로그램 〈이것이 정치다〉의 속코너 '맞짱'에 고정 출연한 것과 관련된 인터뷰였다. "가서 잘해도 이용당하는 것밖에 안 된다"는 기자의 질문에 최민희는 다음과 같이 답했다.

"그런 극단론에 서서 생각하면 없어져야 할 게 너무 많죠. 제가 종편에 출연한다고 했을 때 제 가족들 아무도 이상하게 생각 안 했어요. 너무 '우리' 논리로만 생각하지 말았으면 해요. 에스엔에스에서도 반발이 크지 않던데요. 변한 상황에 대한 공감대가 있었던 거 같아요."[5]

9월 20일 1면 기사에서 입소문으로 떠돌던 박근혜의 '비선실세' 최순실을 현실의 영역으로 끌어낸 『한겨레』의 특종 보도를 이끈 기자 김의겸은 "TV조선 덕분에 특종이 가능하게 됐다"고 감사하면서 "TV조선도 배후에 최순실이 있다는 걸 알고 있었던 것 같다"고 말했다.[6]

그런 활약에서 TV조선의 뒤를 이은 종편은 JTBC였다. 2016년 9월 『시사저널』이 매년 실시하는 '누가 한국을 움직이는가' 여론조사에서 JTBC는 '가장 신뢰하는 언론매체' 조사에서 KBS를 누르고 사상 첫 1위를 기록했다. '가장 영향력 있는 언론인' 조사에서는 손석희가 75.8퍼센트의 압도적인 지목률로 2005년 이후 12년 연속 1위 자리를 지켰다.[7]

대통령 박근혜는 10월 24일 오전 국회 시정연설에 등장해 개헌을 하겠다고 발표했다. 모든 이슈를 빨아들이는 개헌 논의를 통해 최순실 국정농단 프레임을 무력화하려는 의도였다. 실제로 이날 KBS와 MBC 메인 뉴스는 개헌 리포트로 가득했다. 다른 언론사도 사정은 비슷했다. 그러나 이날 저녁 흐름은 완전히 뒤바뀌었으며 국민적 분노가 폭발하기 시작한 사건이 터졌으니, 그건 바로 최순실이 박근혜의 연설문을 미리 받아보고 첨삭했다는 사실을 밝힌 JTBC의 '최순실 태블릿PC' 특종 보도였다.[8]

MBC 기자들이 취재 현장에서 당한 봉변

수많은 사람을 놀라게 만든 JTBC의 '최순실 태블릿PC' 특종 보도는 어떤 사람들에겐 감동으로 다가왔다. 10월 24일 밤 10시 35분 전 민주당 의원 정청래는 자신의 트위터에 "나는 그동안 종편 출연을 거부해왔다. 출생의 비밀과 편향성에 들러리 서서 그들의 정통성에 면죄부를 주고 싶지 않았다. 그러나 요즘 JTBC의 보도는 언론으로서 사명을 다하고 있다. JTBC의 출연 요청이 있으면 이제 응하겠다. 수고 많다"고 글을 남겼다.

3년 전 페이스북에 올린 'JTBC 손석희 앵커가 불러도 안 나가는 이유'라는 글에서 "손석희 보도 부문 사장도 단물이 다 빠지면 언젠가 쫓겨날 것"이라고 독설을 날렸던 정청래가 JTBC 보도에 감동을 먹은 것이다(미리 말하자면, 정청래의 JTBC 출연은 2017년 1월 19일 〈썰전〉을 통해 이루어진다. 그는 "JTBC의 태블릿PC 보도를 보면서, 종편의 탄생을 부정적으로 봤지만 탄생 후 좋은 역할을 할 수 있구나 싶어 나왔다"고 했다).[9]

11월 2일 '박근혜·최순실 게이트'에 한없이 무기력했던 MBC 보도에 대한 MBC 기자협회장의 '반성문'을 시작으로 MBC 기자들의 성명이 연달아 터져 나왔다. 시사제작국 기자 강연섭은 '이러려고 기자 된 게 아닙니다'라는 제목의 글에서 "뉴스가 드라마보다 더 재미있다는 지금, 하지만 MBC 뉴스에 대해 사람들은 시청률 3%로 대답했다. 볼 게 없다는 것"이라며 "이런데도 보도국에서는 아무도 책임지는 사람이 없다"고 지적했다. 그는 "지난 9월 최순실 국정농단 의혹이 처음 제기된 뒤 살아 있는 권력을 정조준하기는커녕 죽은 고기를 뜯어먹는 언론을 사람들은 하이에나라고 조롱하고 있다"며 "이러려고 기자 된 것도 아니지만, 무엇보다 MBC 기자라는 사실이 시대의 죄인이 된 기분"이라고 자조했다.

사회2부 기자 박주린은 '시청자들이 묻고 있습니다'라는 제목의 글을 올리고 "부인하기 어려운 증거가 드러난 뒤에야 정권의 치부를 보도하기 시작한 우리를 향해 거리의 시민들이, 채널을 돌리는 시청자들이 '너희가 그럴 자격이 있느냐'고 묻고 있다"며 "기자들이 거리에서 봉변을 당하며 쫓겨나고 전례 없이 시청자들의 외면을 받는 지금의 상황에 대해 보도 책임자는 권한에 걸맞은 책임을 져야 한다"고 촉구했다.[10]

얼마 후 MBC 기자들은 'MBC news'가 적힌 마이크 대신 아무것도 쓰여 있지 않은 검은 마이크를 들고 현장 중계를 진행했다. 이제 집회 현장에서 'MBC' 로고는 시민들의 분노를 유발하는 골칫덩이로 전락했기 때문이다.[11] 이즈음 촛불집회의 현장에서 시민들에게서 이런저런 봉변을 당한 MBC 기자들의 증언을 들어보자.

"MBC 취재진인지를 알아챌까봐 마이크 태그마저 떼어낸 채 '몰래 중계차'를 타야 했다." "'짖어봐'라거나 '부끄럽지 않냐'고 호통을 치는 분들도 있어서 고개를 들고 다닐 수가 없다." "인터뷰를 시도하면 '배터리 아깝게 왜 찍으려 그러느냐', '청와데스크 말고 〈뉴스데스크〉에 나가는 거 맞느냐' 등등 조소와 비아냥만 날아들기가 다반사다." "집회 내내 취재진을 쫓아다니며 '여기는 MBC 기자들이니 인터뷰하지 말라'고 안내하는 시민들도 만나게 된다."[12]

박근혜 탄핵과 문재인 정권의 출범

12월 9일 오후 3시. 여야 의원들이 본회의장에 들어섰다. 박근혜에 대한 탄핵소추안이 상정되었다. 여당인 새누리당은 반발하지 않았다. 차분히 투표가 진행되었다. 4시 10분. 국회의장 정세균은 "박근혜 대통령 탄핵소추안이 가결되었다"고 밝혔다. 299명의 국회의원 중 234명이 박근혜 탄핵에 찬성표를 던졌다. 표결에 참여한 야당 의원 172명이 모두 찬성했다고 가정해도 새누리당 의원 중 최소한 62명이 찬성표를 던진 셈이었다.

운명의 2017년 3월 10일! 오전 11시에 시작한 헌법재판소(헌재)의 탄핵 심판 선고는 22분 만에 "대통령을 파면한다"는 주문主文(결론)으로 끝났다. 8인 재판관 만장일치의 결과였다. 여론조사기관 리얼미터가 MBN과 『매일경제』의 의뢰로 헌재 결정 직후 실시한 여론조사에서 헌재의 '대통령 박근혜 탄핵소추안 인용'을 어떻게 보느냐는 질문에 86.0퍼센트가 "잘했다"고 응답했다. 헌재의 탄핵 결정을 "잘못했다"고 응답한 이는 12.0퍼센트였다. 헌재의 결정에 '승복하겠다'는 응답은 92.0퍼센트, '승복할 수 없다'는 의견은 6.0퍼센트에 그쳤다.[13]

3월 15일 대통령 권한 대행 황교안이 임시 국무회의를 소집해 대선 날짜를 5월 9일로 지정함으로써 본격적인 대선 무드가 조성되었다. 민주당 대선 후보 문재인은 3월 21일 민주당 대선 경선 후보 토론회에서 "언론 적폐 청산을 해야 하고, MBC가 심하게 무너졌다"고 비난했다. '박근혜 탄핵'으로 대변되는 보수 정치권의 '사망' 상태에서 나온 발언이었기에 이는 큰 무게감을 갖는 국정 지표와 다를 바 없었다.

5월 5일 친노에 이어 이젠 친문 지식인이 된 유시민은 한겨레TV '김어준의 파파이스'에 출연해 "지식인이거나 언론인이면 권력과 거리를 둬야 하고 권력에 비판적이어야 하는 건 옳다고 생각한다"며 "그러나 대통령만 바뀌는 거지 대통령보다 더 오래 살아남고 바꿀 수 없는, 더 막강한 힘을 행사하는 기득권 권력이 사방에 포진해 또 괴롭힐 거기 때문에 내가 정의당 평당원이지만 범진보 정부에 대해 어용 지식인이 되려 한다"고 말했다.[14]

유시민의 이 발언은 5월 9일 치러진 대선에서 문재인이 제19대 대통령에 당선됨으로써 문재인 지지자들에게 하나의 절대적 좌표가 되었다. 공영방송엔 '어용' 노릇에 철저하라는 메시지로 읽혔고, 실제로 유시민은 나중에 '민간인' 신분을 내세워 공개적으로 공영방송에 간섭하고 압박을 가하는 행태를 보인다.

문재인은 대통령 취임사에서 "저는 감히 약속드립니다. 2017년 5월 10일, 이날은 진정한 국민 통합이 시작되는 날로 역사에 기록될 것입니다.……국민과 수시로 소통하는 대통령이 되겠습니다.……퇴근길에는 시장에 들러 마주치는 시민들과 격의 없는 대화를 나누겠습니다. 때로는 광화문광장에서 대토론회를 열겠습니다"라면서 다음과 같이 선언했다.

"분열과 갈등의 정치도 바꾸겠습니다. 보수와 진보의 갈등은 끝나야 합니다. 대통령이 나서서 직접 대화하겠습니다. 야당은 국정 운영의 동반자입니다. 대화를 정례화하고 수시로 만나겠습니다.……저에 대한 지지 여부와 상관없이 유능한 인재를 삼고초려해 일을 맡기겠습니다.……약속을 지키는 솔직한 대통령이 되겠습니다. 선거 과정에서 제가 했던 약속들을 꼼꼼하게 챙기겠습니다.……소통하는 대통령이 되겠습니다.……군림하고 통치하는 대통령이 아니라 대화하고 소통하는 대통령이 되겠습니다."

이 약속은 취임사에서 갑자기 툭 튀어나온 게 아니었다. 선거 유세 내내 문재인이 강조했던 공약이었다. 그러나 그는 그 약속을 지키지 않았다. '분열과 갈등의 정치', '분열과 증오의 정치'를 끝장내겠다고 했지만, 그는 오히려 정반대의 방향으로 나아갔다. 무서운 적폐 청산 바람을 불러일으키는 데에만 앞장섰다. 이는 '실패'를 내장한 독선과 오만이었다. 집권 세력이 걸핏하면 부르짖었던 촛불 혁명의 정신은 진보만의 것이 아니었기 때문이다.

박근혜 탄핵 촛불집회가 한창이던 2016년 12월로 돌아가보자. 이때 이루어진 조사에 따르면 집회 참여자의 11퍼센트가 원래 새누리당 지지자였으며, 원래 새누리당 지지자 중에서 지지를 철회한 사람이 60퍼센트를 넘었고 박근혜 전 대통령의 책임을 물은 사람도 50퍼센트에 달했다.[15] 'TV조선'과 조중동을 비롯한 보수 언론은 조갑제닷컴 대표 조갑제에게서 "조중동은 보수의 배신자"라는 욕을 먹었을 정도로 탄핵의 공신이었다.[16]

국회의 탄핵 가결 시 새누리당 의원 중 최소한 62명이 찬성표를 던졌다. 헌법재판소의 '박근혜 탄핵소추안 인용'에 대해 우리 국민 86.0퍼센트가 "잘했다"고 응답했다.[17] 촛불 혁명이 진보의 것이었다는 건 착각이거나 탐욕이며, 문재인과 그의 지지자들이 주도했거나 편승한 '분열과 증오의 정치'는 바로 이런 착각 또는 탐욕에서 비롯된 것이었다.

'어용 언론' 바람과 MBC의 적폐 청산

스스로 '어용 지식인'임을 자부한 유시민의 궤변이 미친 영향은 컸다. 진보 언론에 '어용'이 될 것을 요구하는 목소리가 조직적인 움직임의 형태로 나타나기 시작했으니 말이다. 진보적 언론학자인 건국대학교 미디어커뮤니케이션학과 교수 손석춘은 『미디어오늘』 인터뷰에서 "소위 '한경오'란 이름의 진보 언론 혐오 프레임"에 대한 질문에 다음과 같이 답했다.

"한경오 프레임은 말이 안 된다. 『한겨레』·『경향신문』·『오마이뉴스』는 오히려 지나치게 친親민주당이어서 문제다. 이 프레임을 만든 분들은 자기가 좋아하는 정치인에 대해 조금이라도 문제 제기하면 '조중동과 같다'고 한다. 오래됐다. 참여정부 시절에도 그랬다. 깨어 있는 시민이라는 분들은 당시 내게 조중동과 똑같은 놈이라고 했다.……한경오 프레임을 주장하는 사람들과 이를 뒷받침하는 교수들에게 묻고 싶다. 노무현 전 대통령의 비극적인 최후에는 무조건 노무현에 대해서 감싸고만 돌았던 지식인들의 책임은 없는가.……(성찰이 없다면) 반동을 부른다."[18]

'어용 언론' 바람이 불면서 진보 언론은 사실상 자기 검열 체제로 들어가 문재인 정권이 망가지는 것에 대해 그 어떤 목소리도 내지 못하는 비극에 처하게 된다. 진보 언론의 '어용화'를 획책하는 사람들이 MBC의 경영진을 그대로 방치할 리 만무했다. 경영진 교체 움직임이 일어나기 시작했다. 언론노조 조합원들은 기수별로 성명을 발표하며 당시 사장 김장겸의 퇴진을 요구하고 나섰으며, "스스로 떠나지 않으면 끌어내리겠다"고 했다.[19]

언론노조 MBC본부 위원장 김연국은 6월 2일 열린 노조 집회에서 다음과 같이 주장했다. "청와대 관계자는 방송 개혁 의지가 있어도 직접 나설 수 없으니 방송계 종사자, 시민사회단체가 적극 나서야 한다고 했다. 우리가 끌어내려야 한다. 우리가 들고 일어나 공영방송을 국민의 품으로 돌려줘야 한다."[20]

MBC 언론노조는 박근혜에 대한 탄핵소추안이 국회에서 가결된 지 5일 후인 2016년 12월 14일부터 2017년 6월 15일까지 총 3차에 걸쳐 101명을 '언론 부역자'로 선정해 발표하면서 이들을 쫓아내기 위한 대대적인 공세를 펴기 시작했다. 7월 15일, 2012년 KBS·MBC 양대 공영방송사 총파업을 이끌었다는 이유로 해고된 전 MBC 노조 위원장이자 전 PD인 최승호가 만든 다큐 영화 〈공범자들〉이 부천국제판타스틱영화제에서 처음 공개되었다.

이 영화는 이명박 정권 출범 이후 MBC·KBS 양대 공영방송에서 언론노조 소속의 기자와 PD들이 어떤 탄압을 받아왔는지를 생생하게 그린 작품이었다. 최승호는 『한겨레21』 인터뷰에서 "〈공범자들〉을 만들어야겠다고 결심한 건 언젠가"라는 질문에 이렇게 답했다. "지난해 12월, 촛불집회가 한창일 때였다. 대통령이 탄핵되고 대선이 있을 것 같았다. 정권이 바뀔 텐데 사장 임기가 정해진 공영방송은 '동토의 왕국'처럼 남아 바뀐 세상에 민폐를 끼칠 것 같았다. 이 상황을 타개할 무언가가 필요하다고 생각했다."[21]

경영진 물갈이를 위한 MBC·KBS의 동시 파업

7월 31일 문재인이 야 3당의 반대에도 방송통신위원회(방통위) 위원장에 진보적 언론학자인 이효성 임명을 강행했다. 문재인은 8월 8일 이효성에게 임명장을 주는 자리에서 "지난

10년간 우리 사회에서 가장 심하고 참담하게 무너진 부분이 공영방송"이라고 했다. 이효성은 다음 날 〈공범자들〉 시사회에 참석하고, 8월 11일 기자들과 만난 자리에서 다음과 같은 파격적인 주장을 했다.

"MBC 사장과 이사회인 방송문화진흥회(방문진) 이사의 임기는 법적으로 보장돼 있지만, 다른 한 측면에서 그것이 무조건 꼭 그렇게 해야만 하는 것은 아니라고 생각한다. 방통위가 (방문진의) 이사장과 이사를 임명하는 것으로 돼 있어서 임면도 할 수 있고, 궁극적으로 사퇴를 포함한 책임을 물을 수 있는 권한도 포함되는 것이다."[22]

방통위가 방문진 이사와 KBS 이사의 해임을 통해 MBC·KBS 사장을 교체하겠다는 뜻을 분명히 했고, 이어 민주당이 지원사격을 하겠다는 뜻을 밝혔다. 민주당은 8월 31일 국회 의원회관에서 〈공범자들〉 시사회를 가졌는데, 여기엔 민주당 대표 추미애, 원내대표 우원식을 포함한 전 지도부와 언론노조 MBC본부장 김연국, 언론노조 KBS본부장 성재호, PD 최승호 등이 참석했다.

9월 4일부터 경영진 물갈이를 위한 MBC·KBS의 동시 파업이 시작되었다. 다음 날엔 한국언론학회·한국방송학회·한국언론정보학회 등 3개 학회 소속 학자 467명이 '공영방송 정상화를 위한 언론·방송학자 공동 성명서'를 발표했다. 이들은 "공영방송의 핵심 가치인 독립성과 공정성, 그리고 언론 자유를 훼손해온 공영방송 사장과 이사장 등은 즉시 물러나야 한다"고 주장했다.[23] 9월 7일 방문진 이사 유의선이 자진 사퇴했다.

9월 8일 『조선일보』는 「여 "KBS·MBC 야 측 이사 비리 부각시키고, 시민단체로 압박"」이라는 단독 기사를 보도했다. 민주당 전문위원실이 작성해서, 8월 25일 민주당 의원 워크숍에서 과학기술정보방송통신위원회(과방위) 소속 의원들이 공유했던 내부 문건을 입수해 보도한 것이다. 이 문건에 따르면, 민주당은 MBC 사장 김장겸, KBS 사장 고대영 퇴진 문제와 관련해 "정치권이 나설 경우 현 사장들과 결탁돼 있는 자유한국당 등 야당들과 극우 보수 세력들이 담합해 자칫 '언론 탄압'이라는 역공 우려가 있다"며 '방송사 구성원 중심 사장·이사장 퇴진 운동' 전개 필요성 등을 제기했다.

이와 함께 이 문건에서는 '시민사회·학계·전문가 전국적·동시다발적 궐기대회, 서명 등을 통한 퇴진 운동 필요', '언론적폐청산촛불시민연대회의(가칭) 구성 및 촛불집회 개최 논의' 등도 제안했다. 사장 임면권을 갖고 있는 이사진에 관해선 "야당 측 이사들에 대한 면밀한 검증을 통해 개인 비리 등 부정·비리를 부각시켜 이사직에서 퇴출시켜야 한다"고 했다. 그러면서 "지난 정부에서 자행된 언론 장악·언론인 탄압, 권언유착 사례 등의 언론적폐 실상을 국민에게 제대로 알리고 고발하는 홍보·선전전을 전개해야 한다"며 해고·정직 등 징계를 당한 피해자들의 증언

대회 개최, 영화 〈공범자들〉의 단체 관람을 제안했다.[24]

민주당은 "티타임에서 잠시 나온 말을 부풀려 보도했다"며 강하게 반발했지만,[25] 놀랍게도, 아니 어쩌면 당연하게도, 이 문건의 주요 내용은 대부분 실천에 옮겨졌고 성공을 거두었다. 임기가 보장된 공영방송 이사들을 거칠게 압박해 자진 사퇴를 이끌어내고, 이사회에서 여야 구성비를 바꿔 사장을 해임하는 '공식'은 여야를 막론하고 정권이 바뀔 때마다 되풀이되는 악성 추태였다.

MBC 제3노조의 '2017 MBC 잔혹사'

10월 18일 방문진 이사 김원배가 사퇴했고, 11월 2일에는 방문진 이사장 고영주에 대한 해임 결의안이 가결되었다.[26] 11월 13일 방문진 이사회는 재적 이사 9명 중 6명이 참석한 가운데 찬성 5명, 기권 1명으로 사장 김장겸에 대한 해임안을 결의했고, 바로 이어 열린 MBC 주주총회에서도 사장 해임안이 의결되었다. MBC 노조는 11월 14일 승리 무드 속에 72일간에 걸친 파업을 종료했다.

11월 15일 경북 포항에서 규모 5.4의 대지진이 발생해 수천 명의 주민이 이재민이 되었다. 그러나 제작 거부에 동참한 포항 MBC는 어떠한 취재도 하지 않았으며, 당시 전국부장이 "제보

영상만이라도 보내달라"고 읍소했으나 포항 취재부장은 "안타깝지만 도움을 줄 수 없다"고 답한 것으로 전해졌다. 파업에 참여하지 않은 기자 2명이 현장까지 내려가 기사를 보내왔지만 역부족이었다. 당시 MBC는 "공영방송의 책무를 저버렸다"는 비판을 받았다.[27]

11월 22일 전 민주당 의원 최민희는 팟캐스트 '새가 날아든다'에 출연해 MBC 노조에 대해 이런 기대감을 피력했다. "지난번에 파업할 때 내부에서 토론한 내용을 보면 그중에 '이제 불편부당, 중립 이런 거 취하지 않겠다. 진실과 정의, 그리고 객관 보도의 늪에 빠져서 헤매지 말고 진짜 정론을 하겠다.' 이런 얘기들이 나온 걸 봤어요. 그래서 저는 그걸 지키기를 기대하는 거죠."[28]

12월 7일 〈공범자들〉을 만든 최승호가 MBC 사장이 되었다. 출근 첫날인 다음 날 최승호가 제일 먼저 한 일은 MBC 노사 공동 선언을 통해, 자신을 포함한 해고자 6명을 전원 복직시키고, 해고 무효 확인 소송에 대해 회사 측이 제기한 대법원 상고를 취하한 것이었다. 두 번째 조치는 〈뉴스데스크〉의 간판을 한시적으로 내린 것이었다. 배현진과 이상현 앵커는 시청자에게 고별인사도 하지 못하고, 그날부로 방송에서 퇴출되었다(이는 KBS 황상무 앵커가 2018년 4월 13일 시청자에게 고별인사를 하고 〈뉴스9〉를 조용히 떠난 것과 대조적이었다).[29]

MBC 제3노조가 펴낸 『2017 MBC 잔혹사』에 따르면, 12월

8일 오후 4시경 보도국으로 들이닥친 언론노조는 보직자석과 각 부서 내근 데스크석 등을 점거했다. "인사 발령이 없는데, 무슨 근거로 이러느냐"는 일부 보직자들의 분노와 항변이 있었지만 하나마나한 저항이 되어버렸고, 파업에 가담하지 않은 기자 88명의 이름은 그렇게 뉴스에서 사라졌다.

12월 13일, 대규모 인사 발령이 났다. 도무지 이해하기 어려운 인사 발령 속에서도 '생방송뉴스팀' 발령이 가장 놀라웠다고 한다. 불과 며칠 전까지 보도국을 이끌었던 보도국장은 물론, 〈뉴스데스크〉 편집부장, 청와대 출입 기자가 한꺼번에 중계차 PD가 되었다. 이 자리는 현장에 나간 취재기자와 기상 캐스터 등을 지원하는 포스트로, 평소 이런 일을 전혀 해보지 않았던 사람들은 추운 겨울 내내 차가운 아스팔트를 딛고 무딘 손놀림과 헛발질을 반복해야 했다. 이 밖에도 주말 뉴스부장에게 경영직 업무를 맡기거나 보도국 소속 직원을 기술연구소로 보낸 사례도 있었다고 한다.

12월 19일 소집한 'MBC 특파원 평가위원회'는 특파원 전원(12명)에게 2018년 2월 28일까지 귀국하라는 지시를 내렸다. "조직 개폐는 이사회 의결을 거쳐야 한다"는 절차가 무시된 공지였다. 임차 기간이 남은 탓에 뉴욕과 런던 지사가 물어야 하는 10억 원 안팎의 위약금도 회사는 아랑곳하지 않았다. 얼마 지나지 않아 언론노조가 장악한 보도국 한가운데에는 소환당한 특파원들이

'조리돌림' 당하며 격리, 고립되어 있는 '특파원의 섬'이 생겼다.[30]

20일 가까운 재정비 기간을 가진 다음, MBC는 12월 26일 전 해직 기자 박성호를 메인 앵커로 하는 새로운 〈뉴스데스크〉를 선보였다. MBC는 12월 26~27일 이틀에 걸쳐 "MBC 뉴스를 반성한다"며 "권력의 입이 되었다"고 고백하는 절절한 '참회 방송'을 했다.

"MBC 뉴스가 지난 5년 동안 저지른 잘못을 고백하고 반성합니다. 국정농단 국면에서 MBC 보도는 노골적인 청와대 방송, 권력의 나팔수 그 자체였습니다. 보기 힘들 정도로 청와대의 눈치만 살피며 청와대가 좋아할 만한 뉴스만 나열했고……. 정부의 입이 되어 한 방향으로 몰아간 방송, 바로 권력에 충성했기 때문이고, 공영방송의 진짜 주인인 국민을 배신했기 때문……."[31]

배현진의 자유한국당 입당 논쟁

2018년 3월 9일, 전 〈뉴스데스크〉 앵커 배현진과 전 KBS 사장 길환영이 자유한국당에 입당했다. 배현진은 영입 환영식에서 "지난 2012년 민주노총 산하 MBC 언론노조가 한 대규모 파업 당시 〈뉴스데스크〉 앵커였던 저는 노조가 주장하던 파업의 정당성에 의문을 제기하고 공식적으로 이의를 제기했다"며 다음과 같이 말했다.

"파업 참여 100일 만에 파업 불참과 노조 탈퇴를 전격 선언했다. 연차가 어린 여성 앵커가 이런 결단을 내린 것은 아마도 제가 알기로는 창사 이래 처음인 것으로 알고 있다. 안타깝게도 이후 저는 인격적으로 몹시 모독감을 느낄 만한 각종 음해와 공격을 계속해서 받아오고 있고 약 석 달 전엔 정식 인사 통보도 받지 못한 채로 8년 가까이 진행해오던 뉴스에서 쫓겨나듯이 하차해야 했다."

이어 배현진은 "시청자들에게 마땅히 올렸어야 할 마지막 인사조차 못했다. 그 이후 저는 모든 업무에서 배제된 채로 회사 모처 조명기구 창고에서 업무 발령을 기다리며 대기 상태로 지내왔다. 그래도 저는 그간 큰 책무를 내려놓고 개인의 삶을 되찾을 수 있다는 기대를 가지고 즐거운 마음으로 지내왔다"며 다음과 같이 말했다.

"하지만 저와 마찬가지로 파업을 반대했던 제 동료 언론인들은 세상이 잘 알지 못하는 부당한 일들을 온몸으로 감당하는 처지가 되었다. 애석한 일이다. MBC 안에서 각자의 생각과 의견이 존중받을 수 있는 자유는 사라졌다. 저는 이런 현상이 비단 저희 방송사만의 문제가 아니라 생각했고 대한민국을 일궈온 가장 기본적이고 중요한 가치 이를테면 자유민주주의, 자유시장경제에서 이야기하는 자유라는 가치가 파탄 위기에 놓여 있는 것 아닌기 하는 걱정과 위기감을 느꼈다."[32]

배현진을 포함해 전직 보도 간부 6명이 조명기구 창고에서 몇 달을 견뎠다는 사실이 세상에 알려지면서 화제가 되자, MBC 측은 "사무실 바깥쪽 복도에 조명기구가 쌓여 있긴 했지만 창고가 아닌 빈 사무실"이라고 반박했다.[33] 언론노조는 "자유한국당이 정권을 갖고 있던 지난 10년 동안의 일을 모른다고 할 것인가"라면서 "한국당이 지금처럼 소위 '언론 장악'을 운운하며, 길 전 사장과 배 전 앵커에 대해 '피해자 코스프레'를 하는 것은 위선"이라고 비판했다.

민주당 대변인 김현은 서면 브리핑을 통해 "두 사람은 세월호에 대한 왜곡 보도를 지휘하거나 왜곡 보도의 나팔수 역할을 해온 사람"이라며 "배 전 앵커는 박근혜의 국정농단 보도 당시에도 국민들의 눈과 귀를 막기 위해 엉뚱한 보도로 실소를 자아냈다"고 비판했다. 정의당 부대변인 김동균은 "적폐의 아이콘들이 적폐의 본진으로 돌아가는 것이니 놀랄 일은 아니다"며 "자숙해야 마땅할 두 사람이 정치권 입성으로 인생 역전을 해보겠다는 처신이 매우 아쉽다"고 비판했다.

진보적 언론 전문지인 『미디어오늘』은 「배현진, 이제 자유한국당의 꼭두각시가 될 텐가」라는 기사에서 "지난 이명박·박근혜 정권에서 MBC 경영진들은 청와대를 비롯한 정치 권력과 삼성 등 자본 권력에 긴밀하게 유착하고 이들의 이해를 대변했다. 이에 비판적 목소리를 내온 내부 직원들을 무차별 해고하거나 징계·전보 조치 등으로 온갖 부당노동행위를 자행했다. 배 전 앵커는 그런 모든 '적폐'와 '악행'들을 지켜보면서도 침묵했다. 외려 뉴스까지 사유화하려는 경영진의 '입'이 돼 적극적으로 옹호했다. 배 전 앵커는 지금 각종 위법 행위로 검찰에 기소된 전직 경영진들과 '한패'였다"며 다음과 같이 말했다.

"이런 적폐 인사들은 진작 MBC에서 축출당하고 법적인 대가를 치르고 있지만, 배 전 앵커 등 이른바 부역 언론인들은 '개인의 삶을 되찾을 수 있다는 생각으로 즐거운 마음으로' 지내고 있다.……자신과 함께 파업에 반대했던 동료들이 부당한 일들을 온몸으로 당하고 있었다면 적극적으로 세상에 알렸어야 한다. 그가 자신을 음해·공격했다는 동료 기자·PD·아나운서들은 지난 9년간 회사의 부당한 인사 조치에 저항하고 수없이 좌절하면서 싸웠다. 햇수로는 6년, 2,000여 일이 넘도록 해고된 채 월급 한 푼도 못 받고, 항암 투병까지 했던 동료도 있었다. 배 전 앵커는 이들에게 한 번이라도 애석해본 적이 있는가."[34]

MBC에서 자행된 '보복의 악순환'

'조명 창고' 논란 이후 한 달이 지난 4월 16일, MBC는 보도본부 산하에 '뉴스데이터팀'을 신설했다. 이 팀에는 '조명 창고'에서 지냈던 사람들과 귀국한 특파원 일부, 전임 보도본부장과 시사제작국장 등이 모였다. 언론노조는 이들에게 파견직 직원들이 맡았던 '복사'와 '첨부' 등의 단순 업무를 맡겼다. 〈뉴스투데이〉를 리포트별로 편집, 서버에 등록하며 색인을 입력하는 게 이들이 하는 일의 전부였다. 20~30년 경력의 취재기자들은 "조롱과 멸시를 넘어서는 모멸감에 하루하루가 아득해졌다"고 한다.

'뉴스데이터팀'에 발령받지 않은 비파업자 가운데 일부는 보도 NPS Network Production System부 산하 '영상관리팀'에 배치되었다. 이곳에서 차장급 기자들은 사실상 '속기사' 업무를 수행했다. 이 업무 역시 카메라 기자가 촬영한 원본 파일에 담긴 질의응답 내용을 워딩 그대로 받아쳐서 입력하는 단순 작업이었다(2021년 10월 27일 서울고등법원은 "뉴스데이터팀의 업무가 기자 업무로 볼 수 없는 단순 반복 작업이었다"며 "종사했던 기간 기자 업무 수행을 통해 이뤄지는 인격적 실현의 본질적 부분을 침해당했다"고 판시했다. 2022년 8월에는 뉴스데이터팀과 영상관리팀에서 일했던 6명에게 1인당 700만 ~1,000만 원의 위자료를 지급하라는 판결이 나왔다).[35]

왜 이렇게까지 해야 했던 걸까? 새 MBC 경영진은 '어용 방송'을 강요했던 권력보다는 자신들처럼 권력에 저항해 싸우지 않은 동료 방송인들에게 더 큰 책임이 있다고 보는 듯했다. 앞서 지적했듯이, 보도국 국·부장단 전원이 보직 해임되었고, 파업에 동참하지 않았던 약 80명의 기자는 이제 뉴스 마이크를 잡지 못하게 되었다. 이후 16명이 해직되고 6명이 정직 6개월의 중징계를 받았다.[36] 이명박·박근혜 시절에 친親노조 방송인들에게 가해졌던 보복이 이젠 반反·비非노조 방송인들을 향해 가해지는 비극이 재현된 것이다. 보복의 악순환이었다.

강압과 차별이 더욱 집요했던 경력 기자들을 향해선 "너희가 MBC에 있어야 할 이유를 대라"는 모욕과 "조사 결과에 따라 채용이 무효가 될 수 있다"는 겁박이 매일매일 반복되었다고 한다. 살려고 도망치듯이 회사를 떠났던 한 명예퇴직자는 "2017년 언론노조가 저렇게까지 잔인하고 잔혹하게 보복한 이유 중의 하나가 자신들의 빈자리를 경력 기자들이 채웠기 때문"이라며 "오랜 파업의 동력으로도 볼 수 있는 MBC라는 드높은 자부심, 이 근간을 이루는 순혈주의의 틈새를 경력직들이 무임승차하듯이 파고드는 현실을 도저히 묵과하기 힘들었을 것"이라고 술회했다.[37]

'정치 과잉'도 보복의 악순환을 낳은 주요 이유였을 게다. 앞서 살펴본 배현진을 둘러싼 논쟁도 그렇다. 배현진에 대한 비판은 지나치게 정치적이다. 사원에 대한 인사 조치에서 가장 중요하게 생각해야 할 것은 그런 조치가 법과 규칙을 준수했느냐 하는 것이어야 한다. 합법적인 행위에 대해 이전 정권에 대한 분노가 개입되어서는 안 된다. 그러나 앞서 보았듯이, 배현진에 대한 비난은 '정치 과잉' 일변도가 아닌가?

배현진과 함께 '조명 창고'에 있었다는 전 논설실장 박용찬을 보자. 그는 자신에게 가해진 정직 6개월이라는 징계에 대해 정직 처분 무효 확인소송을 냈다. 1심인 서울서부지방법원은 정직 6개월 처분과 관련해 피고 MBC는 박 전 실장에게 미지급 임금 4,500여만 원을 지급하라고 판결했고, 2심인 서울고법은 이 외에 조명 창고 발령 등 부당 인사와 관련해 정신적 손해배상으로 500만 원을 지급하라고 판결했다. 대법원은 2020년 9월 항소심 판결을 확정했다.[38] 이뿐인가? 여야를 막론하고 정권 교체 후 우격다짐으로 저질러진 공영방송사의 인사가 대부분 법원에 의해 패소 판결을 받아 부정되었다는 건 무엇을 의미하는가? '정치 과잉'의 청산, 그게 진정한 방송 민주화의 선결 조건이었던 건 아닐까?

보수 정권과 진보 정권 중 어느 정권하에서 더 가혹한 탄압이 이루어졌는지를 따져볼 필요가 있을까? 그런 비교 평가가 전혀 의미가 없다고 볼 수는 없겠지만, 그 틀에 갇히게 되면 이 문제는 영영 해결되지 않는다. 정권 권력에 의해 결정된 구조적 상황에서 을乙에 지나지 않는 방송인들끼리 서로 탄압을 주고받는 것 자체를 부끄럽게 여기는 자세를 가질 수는 없었던 걸까?

'어용 방송'보다 더 위험한 '노영 방송'

KBS에서도 경영진이 교체되었다. 사장 고대영은

2018년 1월 22일에 해임되었고, 그 자리엔 2월 26일 양승동이 임명되었다. MBC에 비해 사장 교체가 늦어진 건 KBS 이사인 강규형이 끝까지 버티면서 저항한 끝에 2017년 12월 27일에서야 강압적으로 해임되었기 때문이다(2021년 9월 9일 대법원은 "문재인 대통령의 강규형 KBS 이사 해임은 부당"하다는 최종 판결을 내렸다). 이런 일련의 과정에 대해『조선일보』기자 신동흔은 문재인 정권은 언론노조와 시민단체를 앞세워 KBS와 MBC에서 각각 전 정권이 추천한 이사 2명을 사퇴시키고, 자신들이 추천한 인물로 그 자리를 채웠다며 다음과 같이 말했다.

"그렇게 자신들이 다수인 이사회를 만든 뒤, 양대兩大 공영방송 사장을 교체했다. 모두 언론노조 출신들이었다. 당시 여당 일각에서 돌았던 '시나리오'대로 차근차근 진행된 것이다. 언론노조가 보여준 행동은 홍위병을 연상케 했다. 이른바 '축출 타깃'이 된 이사들의 직장이나 집을 찾아가 시위를 벌이고, 동네에 벽보를 붙여 망신을 주는 등 소동을 일으켰다. 강규형 전 KBS 이사는 수업 중인 강의실 입구로 언론노조원들이 찾아와 소란을 피우는 일까지 겪었다. 그는 테러에 가까운 집단행동에도 버티다가 해임되는 길을 택했고, 이후 해임 무효 소송을 벌여 승소했다. 하지만, 나머지 이사들은 언론노조의 위세와 압력에 못 이겨 모두 자진 사퇴했다."[39]

언론노조의 힘은 KBS보다는 MBC에서 더 강했는데, 강릉

MBC 사장을 지낸 원로 방송인 김영일은 그 이유에 대해 다음과 같이 말했다. "1988년과 1992년 대규모 파업 등의 영향으로 원래 노조가 강한 분위기였던 차에 언노련(전국언론노동조합연맹) 결성 핵심인 최문순 전 노조 위원장이 (노무현 정권 시절이던 2005년 2월) 차장급에서 사장으로 발탁되면서 노조의 위세가 몇 단계 상승했어요"라면서 다음과 같이 말했다.

"그때부터 망조가 든 거예요. 노영勞營 방송이 된 거죠.……제 아무리 임원이라고 해도 노조가 비판하면, 목구멍이 포도청이라 조합원에게 얹혀서 갈 수밖에 없는 구조가 됐어요. 조금 뭐하면 노조 탄압이다, 뭐다, 하니까요. 민노총에 가입해서 울타리를 쳐놨는데, 연봉 1억 원 가까이 받는 노조원이 무슨 얼어 죽을 노동자입니까. 운전기사, 비정규직까지 노조 가입하는 조건으로 죄다 정규직이 된 거 아닙니까. 참담하죠."[40]

비록 노영 방송, 즉 노조가 지배하는 공영방송을 만든 데에 큰 책임이 있는 최문순이었지만, 노조의 문제를 모르는 건 아니었다. 최문순은 취임사에서 노조를 겨냥해 "생존을 위해 고통을 분담하자"고 했으며, 확대 간부회의 석상에선 회사와 노조의 관계 재정립을 주장하고 나섰다. "MBC에서 노조의 탄생은 공조직이 제 역할을 못했기 때문이다. 그래서 공조직이 행사해야 할 힘과 권위를 노조와 직능단체가 가져갔다. 이제는 여러분이 이를 바로잡아 공조직을 다시 일으켜 세워야 한다. 공조직과 노조·직능단체는 생산적인 길항拮抗 관계여야 한다."[41]

　최문순은 '노조와의 대결'을 내세우며 임금 삭감 10퍼센트, 단일호봉제 폐지, 조직 개편 등 여러 공약을 내세웠지만, 뜻을 이루진 못했다. 아마도 노조의 반대 때문에 좌절되었겠지만, 방송이 정권에 충성하는 한 내부의 그런 문제까지 신경 쓰고 싶진 않다는 정권의 태도도 적잖은 영향을 미쳤을 게다. 최승호가 이끄는 새로운 경영진은 두 번 다시 2016년 11월의 비극이 반복되지 않게끔 제도적 변화를 추구했을까, 아니면 적폐 청산에 주력했을까? 비극적이게도 답은 후자였다.

　노조는 선과 정의를 대변하는가? 진보 진영엔 그렇게 생각하는 사람이 많았다. 이런 사람들은 노영 방송에 별 문제의식이 없거나 바람직스럽게 생각하기도 했다. 그러나 노영 방송도 위험하기는 마찬가지였다. 아니 더 위험한 점도 있었다. 노조가 특정 정권을 지지하면 노영 방송은 사실상 어용 방송이면서도 그걸 위장함으로써 저항 자체를 어렵게 만들 수 있었다는 점에서 말이다.

죽어가던 MBC를 살려준 '조국 사태'

　MBC 〈뉴스데스크〉는 거창하게 재출범했지만, 시청률 성과는 신통치 않았다. 2018년 5월까지의 시청률을 보면, 2월 한 달만 5퍼센트대의 시청률을 기록했을 뿐, 나머지 4개월은 3퍼센트대의 시청률을 보였다. 김장겸 사장 시절인 2017년 상반기의 평일 5.4퍼센트와 주말 6.2퍼센트 시청률에 비해 크게 떨어진 것이다.

6월 보도국장 한정우가 임명된 지 불과 7개월 만에 전격 교체되었다. 후임으로는 최승호와 같은 해직자 출신인 데다 노조 위원장 출신이라서 실세라 평가받던 취재센터장 박성제가 임명되었다. 현직 청와대 디지털소통센터장의 남편이 MBC 보도국장이 되는 것에 대해, 권력에 대한 감시가 제대로 되겠느냐는 우려의 목소리가 나왔지만, MBC 홍보실은 이에 대해 "앞으로 MBC 뉴스 보도를 보면 그런 말을 하지 못할 것"이라고 했다나?

보도국장의 교체에도 〈뉴스데스크〉의 시청률 하락은 계속되어, 8월 5일에는 1.97퍼센트라는 바닥을 치기에 이르렀다. 이 수치가 특히 뼈아팠던 것은 과거 자신들이 보수 경영진에게 퍼부었던 조롱과 비난이 고스란히 부메랑으로 돌아왔기 때문이다. 2016년 12월 8일 〈뉴스데스크〉의 시청률이 2.8퍼센트를 기록하자, 당시 MBC 기자협회장 김희웅은 "2%대로 추락했다는 얘기를 듣고 '이 정도면 〈뉴스데스크〉를 폐지해야 하는 수준이 아닌가'란 생각까지 들었다"고 하면서, 보도 책임자의 사퇴를 요구한 적이 있었다. 이번에는 1퍼센트대의 시청률을 기록했지만, 보도 책임자의 사퇴를 요구하는 목소리는 들리지 않았다.

2019년 3월부터는 〈뉴스데스크〉의 방송 시간을 30분 앞당

겨 저녁 7시 30분부터 8시 55분까지로 확대 개편을 했다. 광고 수입의 감소를 무릅쓰고, SBS 〈8뉴스〉 전 광고가 나가는 시간에 시청자들을 흡인하려는 고육지책苦肉之策의 성격이 강했다. 하지만 개편 후에도 시청률 부진 현상은 여전해서, 우파 성향의 MBC 노조에서 9월 6일 "〈뉴스데스크〉가 종편을 이기면 뉴스다"와 같은 조롱을 당하기도 했다.[42]

그럼에도, 문재인 정권은 국정농단에 대한 국민적 분노를 먹고 들어선 정권이었기에 높은 지지율을 누리면서 적어도 초기 2년간은 순항하는 것처럼 보였고, MBC도 큰 문제는 없는 것처럼 보였다. 물론 정권에 충성하는 보도가 문제이긴 했지만, 그렇지 않은 적이 한 번도 없었기에 그러려니 하고 넘어간 사람이 많았다는 뜻이다.

문제는 2019년 8월 27일 오후 법무부 장관 후보자 조국에 대한 인사청문회를 앞두고 윤석열 검찰이 전격적으로 조국에 대한 압수수색을 감행하면서 일어났다. 민주당은 이를 '검찰 쿠데타'로 규정했다. 민주당과 그 지지자들은 이후 수년간 '검찰 쿠데타', '사법 쿠데타', '법조 쿠데타', '연성 쿠데타', '2단계 쿠데타', '조용한 쿠데타', '조폭 검사들의 쿠데타' 등 다양한 용어로 윤석열을 쿠데타의 수괴로 몰아가는 폭격을 퍼붓게 된다. 이런 일련의 폭격이 다 죽어가던 MBC를 살려주는 (그러나 종국적으론 더 망치는) 계기가 되었으니, 이건 희극인가 비극인가?

MBC의 야비한 '직장 내 괴롭힘'

다 죽어가던 MBC를 살려준 '조국 사태'에 대해 말하기 전에 MBC 내에서 정파적 이유로 자행된 "직장 내 괴롭힘"의 한 장면을 기록해두기로 하자. 2019년 7월 16일 오전 9시 서울지방노동청 본청 앞에 MBC 계약직 아나운서 7명이 모였다. 노동청이 문을 열자마자 '직장 내 괴롭힘 방지법' 시행 첫날을 맞아 진정을 제출하려고 집결한 것이었다.

이들은 2016~2017년 입사했다가 새 경영진이 들어선 이후 계약 해지되었고, 법적 공방 끝에 중앙노동위원회에서 부당해고 판정을, 법원에서 근로자 지위 인정을 받았다. 그래서 약 2개월 전인 5월 27일부터 MBC에 다시 출근했지만, 회사는 사실상 "직장 내 괴롭힘"으로 대응했다. 일터에 나가지만 '맡겨진 일'이 없었고, 출근은 9층 아나운서실이 아닌 12층 콘텐츠 부서 옆 비좁은 공간으로 하는 이상한 일이 벌어지고 있었다.

"회사에서는 우리가 출근하지 않아도 상관없다는 입장이다. 근태 관리도 안 해준다. 사내 인트라넷에 접속하지 못하니 뉴스 체크도 제대로 못한다. 포털사이트에서 뉴스를 검색해 방송을 연습한다. 노동 문제인데 회사에서는 아직도 우리를 정치적인 시선으로 바라본다. 직장 내 괴롭힘을 당하고 있다."

회사는 대화를 거부한 채 '투명 인간' 취급을 하면서 그들이 스스로 지쳐 포기하기를 기다리겠다는 자세를 취했으니, 참으로 야비한 괴롭힘이었다. 복직한 7명 중 1명인 이선영은 "회사에서 업무를 주지 않으니 (출근해도) 할 일이 없다. 20대 중후반에서 30대 초반 젊은이들이 한창 일해야 하는 시간을 방치당한다는 생각이 들어 힘들다"며 이렇게 말했다. "선배들의 파업 뜻에 공감했지만 계약직이라는 현실에 함께할 수가 없었다. 하기 싫은 방송도 회사가 시키면 계약직이기 때문에 했다. 우리는 그저 취직하고 싶었던 수천 명 아나운서 지망생의 한 명일 뿐이었다."[43]

이들은 자신들이 머무르고 있는 곳을 자조적으로 골방, 격리소, 징벌방 따위로 불렀다. "부당한 일을 당했던 사람들은 그동안 다 어떻게 버텼는지 감히 헤아려볼 수 있게 됐어요. 근데 그 사람들에게는 노조가 있었더라고요. 우리는 서로밖에 없어요(이선영)." 실제로 이들이 가처분 신청을 준비하며 법원에 제출할 탄원서를 받기 위해 사내를 종횡무진했지만 작성해준 사람은 5명에 불과했다.[44]

아니 공개적인 비판이나 비난을 하지 않는 것에 감사해야 할 정도로 이들에 대해 적대감을 드러내는 사원들도 있었다. 어떤 이는 "어떻게든 MBC에 다시 돌아와야겠다며 몸부림치는 너희의 모습이 더이상 안쓰럽게 느껴지지 않는다", "언론플레이를 하고 있다"고 했고, 또 어떤 이는 이런 말까지 했다. "2016~17년 누군가는 대체 인력이 되길 거부하며 입사 지원서를 쓰지 않았을 것이다. 시기를 놓쳐 방송사 입사가 좌절될 수도 있고, 어디선가 비정규직 노동자로 일하고 있을 수도 있다."[45]

그간 몹쓸 짓을 해온, 여야를 막론한 권력과 그 직계 하수인들을 외면한 채 힘없는 을들을 향해 이렇게까지 상처를 줄 필요가 있었을까? 심지어 노동운동계에서조차 "파업 때 비정규직이 업무에 참여한다고 해서 정규직이 그들을 원망하거나 내치지 않는다. 이번 사태는 인권, 노동, 약자의 세 측면에서 모두 낙제"라는 비판이 나왔다고 하니,[46] MBC라는 조직 자체에 그 어떤 근본적인 문제가 있었던 걸까?

참으로 이상하거니와 놀라운 일이었다. 그런 핍박을 당하는 7명의 소송대리인인 변호사 류하경의 다음과 같은 호소이자 질책에 MBC 경영진의 그 누구도 전혀 공감할 수 없었단 말인가? "원직 복직을 안 시켜주고 계속 괴롭히는 이러한 괴로움. 누구보다 잘 아는 현 경영진입니다. 제발 그만하세요. 제발 그만 좀 하십시오."[47]

MBC와 JTBC의 위상을 뒤바꾼 촛불집회

9월 28일 서울 서초동 검찰청사 앞에서 '촛불집회'가 열렸다. 민주당 측은 "200만 명이 참여했다"고 주장했다. 친문 네티즌들은 MBC가 드론으로 집회 현장 상공에서 사전 허가 없이 불법 촬영한 영상을 인터넷에 퍼 나르며 "200만이 참가

한 것이 확실하다"며 "MBC가 돌아왔다", "MBC는 믿을 수 있는 유일한 언론"이라고 찬양했다. 이런 찬양에 고무된 MBC는 8월 29일 뉴스에서 추가로 드론 영상을 공개하고 "날이 완전히 어두워지자 촛불의 물결이 더 뚜렷하다"고 했다. 뉴스 앵커는 "하늘에서 본 영상으로 집회의 규모와 위치를 파악할 수 있다"며 '200만 명이 모였다'는 주최 측 주장을 다시 보도했다.[48]

9월 28~29일의 촛불집회 관련 보도를 계기로 MBC는 다 죽어가던 빈사 상태에서 회복하는 계기를 맞아 JTBC를 제치고 친親문재인, 친親조국 진영을 대변하는 매체로 우뚝서게 된다. 집회 전체 모습을 담은 MBC의 영상은 엄청난 반향을 불러일으켰다. 9월 29일 하루 만에 유튜브 조회수는 42만 회를 넘었고, 친조국 진영에서는 "마봉춘이 돌아왔다"고 환호하며 SNS로 영상을 퍼날랐다. 이는 JTBC가 9월 28일 현장에 나가 있는 기자를 중계차로 연결했을 때, 집회 참가자들이 '진실 보도'를 연호하고, '돌아오라 손석희'라는 손팻말을 흔들며 항의하던 모습과는 대비되는 것이었다.[49]

손석희가 도대체 어딜 갔다고 돌아오라는 것인지, 기가 막힐 노릇이었다. 2019년 7월에서 9월까지 단 두 달 사이에 『뉴스타파』를 매개로 벌어졌던 '대깨문 코미디'의 재연이었다. 이는 어떤 사건인가? 공정 보도를 실천하려다 부당하게 해고된 해직 기자들이 모여 만든 진보적 독립언론 『뉴스타파』는 민주당 지지자들, 특히 조국을 지지했던 촛불 군중이 열렬히 지지해도 좋을 언론이었다. 『뉴스타파』는 그들의 지지를 받기는 했지만 동시에 수시로 그들에 의해 박해를 받기도 했다. 이유는 단 하나. 맹목적盲目的이지 않다는 것이었다. 진실 보도라는 저널리즘의 원칙에 충실하되 이른바 '대깨문(대가리가 깨져도 문재인)' 정신에 충실하지 않은 보도를 할 땐 어김없이 '불매운동'이라는 보복 조치가 가해졌다.

이 '대깨문 정신'을 이론화한 유시민의 '어용 지식인론'에 따르자면, 어느 언론이건 스스로 언론임을 포기하고 문재인을 위한 어용 선전 도구 노릇에만 충실하라는 게 그들의 요구였다. 『뉴스타파』에 대한 불매운동은 이미 2014년 7월 당시 새정치민주연합 의원 권은희의 재산 신고 축소 의혹 보도, 2015년 11월 당시 국회 산업통상자원위원회 위원장 노영민의 피감기관 책 판매 보도 때 나타났다. 권은희 보도 때는 한 달에 1,000명가량의 후원자들이 이탈했다.

『뉴스타파』가 문재인 대선 후보 캠프 검증 보도를 했을 땐 월 2,000명가량의 후원자가 이탈해 큰 타격을 받았다. 문재인 정권 출범 후에도 그런 짓은 계속되었다. 2018년 3월 민주당 의원 민병두의 성추행 의혹 보도, 2019년 7월 검찰총장 후보 윤석열의 위증 논란 보도 때도 마찬가지였다. 옳고 그름에 관계없이 정부·여당에 불리한 보도만 했다 하면 항의 전화와 후원 중단 사태가

일어났다.[50]

문재인·조국 지지자들이 『뉴스타파』에 사죄한 이유

윤석열의 위증 논란 보도를 좀 자세히 들여다보자. 당시 『뉴스타파』는 윤석열 검찰총장 후보자 인사청문회 말미에 후보자 '위증'과 관련된 통화 녹음 파일을 공개했다. 당시는 문재인 지지자들 사이에서 윤석열의 인기가 하늘을 찌르던 때였다. 문재인·윤석열 지지자들은 "『뉴스타파』와 자유한국당이 야합했다"고 비난하면서 『뉴스타파』 후원을 끊거나 댓글로 보도를 비난했다. "2012년에 시작했던 후원을 오늘부로 종료한다", "아무 데나 총질하면 공정 언론인가", "이번 기회에 『뉴스타파』 기레기들 후원금 모두 받아내야 한다" 등 『뉴스타파』 홈페이지엔 900여 개의 댓글이 달렸다.

논란이 확산하자 『뉴스타파』 대표 김용진은 이례적으로 '대표 서한'을 통해 "저희는 윤 후보자가 청문회에서 윤우진 관련 부분을 이런 식으로 넘겨버린다면 앞으로 본인이나 검찰 조직에 두고두고 부담이 될 수 있고, 국민과 임명권자에 대한 후보자의 도리가 아니라는 판단을 했다"며 취재 이유를 밝혔다. 김용진은 "그가 어떠한 흠결이나 의혹도 깔끔하게 털어내고 모든 국민들의 여망인 검찰 개혁을 이끌어가는 주역이 되기를 바라는 마음으로 이번 보도를 한 것"이라고 해명했다.

그러나 이런 해명은 전혀 받아들여지지 않았으며, 광고 없이 후원으로 유지되는『뉴스타파』는 엄청난 타격을 입었다. 전체 후원자 8~9퍼센트에 달하는 3,000여 명이 후원을 끊어버렸으니 말이다. 이렇게 매몰찼던 어용파들은 '조국 사태' 이후 윤석열을 타도해야 할 적으로 지목하면서 180도 달라졌다. 2개월 전에 나왔던『뉴스타파』7월 8일자「윤석열 2012년 녹음 파일… '내가 변호사 소개했다'」기사엔 다음과 같은 후속 댓글들이 달렸다.

"『뉴스타파』에 사과합니다. 윤석열을 인사이트로 본 언론이 『뉴스타파』가 유일했네요." "너무 미안하네요. 대중의 어리석음. 저도 그 대중의 1인. 후원 증액합니다. 그게 제 반성의 도리인 것 같네요. 계속 검찰과 검사 집단 심층 취재 부탁드려요." "지난 윤석열 씨 청문 소란 때 후원을 접을까 잠깐 고민했던 제 자신이 어리석었습니다. 윤석열 씨에 관한 후속 기사 있으면 올려주세요."

『뉴스타파』홈페이지와 각종 커뮤니티에도『뉴스타파』에 사과의 뜻을 전하는 댓글이 줄을 이었다. 진정한 사과였을까? 아니었다. 다음 댓글을 보자. "그 당시 윤석열 녹취록을 청문회 막판에 공개한 게 다 이유가 있었던 것 같네요.『뉴스타파』에 사죄드립니다."[51] 이런 '대깨문 코미디'에 웃어야 할까, 울어야 할까?

쓰레기 같은 '기레기' 판별 기준

그런 '대깨문 코미디'의 소품으로 등장한 '돌아오라 손석희'라는 손팻말이 등장한 9월 28일의 취재 현장으로 다시 돌아가보자. 손석희는 2년 후에 출간한 『장면들』(2021)이라는 책에서 당시의 심정을 밝혔다. 손석희는 "잠시 당황하지 않을 수 없었다. 아마 나보다도 현장 기자나 앵커, 그리고 뉴스 제작진이 더 그랬을 것"이라며 이렇게 말했다. "보도국으로 전화를 걸어 모든 걸 그냥 있는 그대로 담아내 달라고 얘기했다.……뉴스 후반에 다시 현장을 연결하게 되어 있었다. 그때 현장 기자가 자리를 피해 옮길 필요도 없고, 또다시 그 문구가 나가도 그냥 담으라고 했다."

손석희는 "그날의 상황은 어찌 됐든 조국 정국하에서 JTBC 뉴스의 현주소였다"며 "서초동에 모인 사람들에게는 원망의 대상이었다"고 했다. 왜 그렇게 되었을까? 이유는 단 하나. '대깨문의 어용 선전 기관' 노릇을 거부하고 언론답게 굴었기 때문이다. 그는 "드러난 사실과 발표된 의혹, 그리고 그에 대한 반론이 뒤엉켰다"며 다음과 같이 말했다.

"그 포화 속에서 우리가 택한 것은 수사 상황은 전하되, 반론도 분명히 담아야 한다는 것이었다. 그 과정에서 반론에 의해 보도 내용을 정정하는 일도 있었다. 물론 단지 벌어지고 있는 상황을 전하거나 반론을 다루는 데에만 그치진 않았다. 정경심 교수의 PC 은닉 등 몇 가지의 단독 보도도 이어졌다. 그러니 조 장관 지지자 입장에서는 '충분히 감싸지 않았다'기보다는 '전혀 감싸지 않았다'고 느꼈을 것이다. 내가 그런 보도들을 막았다면, 나는 '돌아온' 것이었을까."[52]

일부 대깨문들에 의해 '기레기'로 매도당하고 있었음에도 손석희는 그런 문제 제기에만 머물렀을 뿐 자신의 솔직한 심정은 자제하면서 『한국일보』 정치부 차장 최문선이 10월 3일에 쓴 「'기레기' 없는 세상에 살고 싶다면」이라는 칼럼 전체를 소개하는 것으로 자신의 심정을 전했다. 기레기? 말이야 바른말이지만, 당시 유행하던 '기레기'라는 말의 용법은 그야말로 쓰레기 수준이었다. 기준은 딱 하나, 자신의 마음에 드느냐 들지 않느냐였다. 마음에 들면 '참 언론', 마음에 들지 않으면 '기레기'였다. 이건 농담이 아니다. 정말 그랬다. 최문선은 이 점을 다음과 같이 재미있게 지적했다.

"'기레기'라고 내뱉는 당신의 마음은 선량하기만 한가. 지난 주말 서울 서초동 촛불집회 규모를 따지느라 페이스북이 두 쪽으로 갈렸다. '이렇게 엄청난데 100만 명이라고 보도 안 하면 기레기다.'(문학평론가인 대학 교수) '턱도 없는데 100만 명이라고 보도하면 기레기다.'(자유한국당 의원) 이래도 저래도 기레기가 될 운명에 웃어버렸다."

이어 최문선은 다음과 같이 말했다. "조국 법무부 장관 보도에 관한 한, 기레기 판별 기준은 '기자다움'보다는 '내 편다움'에 가깝다. 2016년 박근혜 전 대통령의 '변기 취향' 보도에 환호했던 사람들이 조 장관을 겨누는 '모든' 보도를 쓰레기 취급한다. 태블릿PC 보도로 박근혜 정권을 허물어 칭송받은 종편은 조 장관을 충분히 감싸지 않는다는 이유로 기레기 리스트에 올랐고, 후보자 시절 윤석열 검찰총장의 의혹을 캔 죄목으로 기레기가 된 독립언론은 윤 총장이 역적으로 몰린 덕에 사면받았다."[53]

나는 최문선이 "이 글을 쓰겠다고 했을 때, 동료 여럿이 말렸다는 것을 밝혀둔다. 이 말을 하고 싶어서 그래도 썼다. '누군가에게 침을 뱉는 것으로는 세상을 바꿀 수 없다'"는 말로 칼럼을 끝맺은 게 의미심장했다. 그렇다. 그게 현실이었다. 내가 최문선의 동료라도 말렸을 것이다. 내가 앞서 "'어용 언론' 바람이 불면서 진보 언론은 사실상 자기 검열 체제로 들어가 문재인 정권이 망가지는 것에 그 어떤 목소리도 내지 못하는 비극에 처하게 된다"고 말했던 걸 상기해주시기 바란다. 똥이 무서워서 피하건 더러워서 피하건 피하는 건 피하는 거다. 온갖 악플로 괴롭히거나 불매운동을 부르짖는 검열 세력은 바로 그 점을 노린다. 이에 굴복하지 않은 최문선에게 경의를 표하지 않을 수 없다.

'조국 수호'의 선동 전위대가 된 MBC

서울 서초동 '촛불집회'의 참가 인원의 규모를 둘러싼 논란은 계속되었다. 9월 29일 서초구청장을 지낸 자유한국당 의원 박성중이 기자회견을 열고, "경찰이 쓰는 '페르미 기법'을 적용하면 사람이 서 있을 때를 가정해 평당 최대 9명을 계산해보니 총 5만 명이 된다"고 주장하면서, 북한의 10만 군중대회와 5만 5,000명이 참석했다는 빅뱅 콘서트 사진을 제시했다. 그래서 100만 인파를 주장했던 조국 지지자들의 입장이 궁색해진 상황이었다.[54]

그러자 다음 날인 9월 30일 MBC 보도국장 박성제는 MBC 라디오 〈시선집중〉이 아니라 '진영 방송'의 본거지인 〈김어준의 뉴스공장〉에 출연해 "면적 계산하고 이런 거 별로 중요하지 않아요. 경험 많은 사람은 감으로 압니다"라며, 9월 28일 100만 명, 9월 29일 200만 명이라는 주최 측 주장에 힘을 실어주었다.

박성제는 28일의 '조국 지지 집회'에 대해 "'이건 10만 명 이상 올 수도 있겠다. 드론 촬영을 한번 해보자'고 했던 것"이라며, "고故 노무현 전 대통령 장례식을 다 봤지 않나. 100만 명 정도 되는 숫자가 어느 정도인지 느낌이 있다. (집회를 드론으로) 딱 보니까 '이건 그 정도 된다'"고 했다. 그는 "검찰이 언론플레이를 하고 있다"며 검찰을 비판하기도 했다.[55] MBC가 문재인 정권을 대변하는 방송의 총본산임을 분명히 한 셈이었다.

아니 이래도 되는 건가? 공영방송이 '조국 수호'의 선동 전위대 노릇을 해도 괜찮단 말인가? 채 2년도 안 된 2017년 12월 MBC가 '참회 방송'에서 했던 다음 말을 잊었단 말인가? "촛불집회는 축소하고 태극기 집회는 지나치게 확대해 보도했습니다. 많은 시민들은 MBC 뉴스에 등을 돌렸습니다. 대통령과 태극기 집회는 국정농단 국면에서 MBC가 지켜야 했고 띄워야 했던 대상이었습니다. 태극기 집회 51만 명 참가라는 터무니없는 숫자를 그대로 전했고……."[56]

이제는 그 반대로 가는 게 '공정 방송'이란 말인가? 이상한 일이었다. 역대 어느 방송사의 보도국장이 그런 정치적 발언을 다른 방송사에 나가 공개적으로 한 적이 있었던가? 보수 정권 치하에서 정파적 보복으로 온갖 고초를 겪었던 피해자가 왜 세상 바뀌었다고 정파적 보도의 선두에 서야 한단 말인가? 박성제는 2017년 7월에 출간한 『권력과 언론』이라는 책의 결론에서 "권력을 감시하고 비판하는 것은 언론의 숙명이다"며 "문재인 정권을 어떠한 각도에서 감시하고 비판할 것인가?"라고 물었다. 그는 "신뢰를 회복해가려는 언론인이라면 이 같은 질문을 외면해서는 안 된다. 스스로 묻고 답을 고민해야 한다"고 했다.[57]

이 책을 감명 깊게 읽었던 나로서는 MBC가 대부분 국민의 신뢰를 회복하기를 염원했다. 그러나 MBC는 정반대의 방향으로 치닫고 있었다. 경영난에 허덕이는 MBC가 친문 나꼼수 출신의 주진우에게 사장 연봉과 맞먹는 출연료(회당 600여 만 원)를 준다는 비판이 나왔다.[58] 나중에 보수 정권이 들어서서 공영방송을 이런 식으로 이용해도 괜찮다는 것이었을까?

"유시민 앞에 벌벌 떤 국가 공영방송"

10월 1일 MBC 〈PD수첩〉은 '장관과 표창장' 편에서 검찰이 조국의 부인인 동양대학교 교수 정경심을 사문서 위조 혐의로 기소한 사건을 다루었다. 『한겨레』는 사설을 통해 "〈피디수첩〉 보도는 검찰의 '동양대 표창장 위조' 주장을 의심하지 않을 수 없게 한다. 동양대 직원 등의 증언은 검찰 '졸속 기소'의 허점을 적나라하게 폭로하고 있다는 점에서 이번 수사의 신뢰도를 뿌리부터 뒤흔들고 있다"고 주장했다.[59]

나중에 이른바 '조국 백서'도 "검찰의 주장을 일방적으로 보도하는 '받아쓰기' 언론 행태에 대한 비판이 높아지던 중에 이런 흐름을 뒤바꾸는 보도가 나왔다"며 4쪽에 걸쳐 〈PD수첩〉의 '장관과 표창장' 편을 자세히 소개하면서 높이 평가했다.[60] 그러나 당시 동양대학교 교수로서 이 사건에 대해 잘 알고 있던 진중권은 이 방송에 대해 매우 비판적인 입장을 취했는데, 이에 대해선 나중에 자세히 이야기하기로 하자.

그다음 날인 10월 2일 〈PD수첩〉 김재영 PD 역시 〈김어준의 뉴스공장〉에 출연해, '장관과 표창장'을 제작하기까지 김어준이 방송에서 주장하던 내용에서 많은 도움을 받았다고 사의를 표했다. MBC의 보도국장과 〈PD수첩〉 담당 PD가 연거푸 〈김어준의 뉴스공장〉에 출연해 친조국 성향을 과시한 것은, '나꼼수'의 팬덤이 MBC 시사·보도 프로그램으로 이전되는 효과를 가져왔다. 한때 '주털야손', 즉 '아침에는 〈김어준의 뉴스공장〉, 저녁에는 손석희의 〈JTBC 뉴스룸〉'이라는 말이 나올 정도로, 〈김어준의 뉴스공장〉의 청취자들이 〈JTBC 뉴스룸〉을 선호했는데, 이제는 MBC 〈뉴스데스크〉로 흐름이 바뀐 것이다.[61]

10월 3일 광화문에선 대대적인 '조국 반대' 집회가 열렸지만, 이는 공영방송의 주목을 받지 못했다. '조국 사수' 집회엔 헬기까지 띄우고 50미터 높이의 카메라용 크레인까지 세워 톱뉴스로 다룬 MBC는 광화문 조국 반대 집회는 아홉 번째 뉴스로 보도하면서 "쿠데타 선동"이라고 한 여당 지도부의 목소리도 함께 보도했다. 이에 MBC 소수파 노조는 "서초동 집회는 자발적이고 광화문 집회는 '야당의 동원'이란 프레임을 짜고 있다"고 비판했다.[62]

10월 5일 서울 서초동 서울중앙지검 주변에서 '조국 수호'와 '조국 사퇴'를 요구하는 진보·보수 단체의 집회가 잇따라 열렸다. 방송은 이 집회를 어떻게 다루었을까? KBS 〈저널리즘 토크쇼 J〉 기자인 김덕훈은 "방송의 경우 대다수 언론사들이 검찰 개혁 촉구 집회를 비중 있게 전하면서도 동시에 보수 단체의 집회를 진영 간의 대결 구도로 봤습니다"라면서 다음과 같이 말했다.

"KBS는 「우리공화당 보수 단체, 조국 사퇴 맞불 집회」라는 제목으로 관련 소식을 단신으로 보도를 했고요. SBS는 서초동 집회 소식을 다룬 첫 번째 보도에서 '이틀 전 광화문 집회에 이어서 다시 한번 진보와 보수가 거리 집회로 세 대결을 이어가는 분위기'라면서 우리공화당이 주최한 맞불 집회를 함께 다뤘습니다.……반면 MBC는 다른 방송사들과 상반됐는데. MBC는 당일 저녁 종합 뉴스에서 검찰 개혁 집회를 톱뉴스로 전했지만 보수 단체 집회에 대해서는 다루지 않았습니다."[63]

KBS가 MBC에 비해 조금이나마 나은 모습을 보이긴 했지만, 공영방송의 치욕이라는 점에선 차이가 없었다. 10월 초순 조국 사태의 와중에서 정신 줄을 완전히 놓아버린 듯한 유시민이 KBS의 조국 사태 취재팀을 문제 삼으면서 KBS 사장의 이름을 거론하며 경고하는 일이 벌어졌다. 아니 자기가 뭐길래? 그냥 비웃으면서 넘어가면 될 일이었지만, 겁을 먹은 KBS 경영진은 조사위원회를 구성해 보도 경위를 규명하고 조국 사태 보도를 위한 특별취재팀을 구성하겠다고 밝혔다가 사내 반발에 부딪혀 한발 물러서는 어이없는 사건이 벌어졌다. 『조선일보』가 「유시민 앞에 벌벌 떤 국가 공영방송, 이게 나라 맞나」라는 사설에서 다음과 같이 개탄할 만했다.

"유씨가 KBS 운영을 총괄 책임지는 이사장인가 아니면 방송의 공정 보도를 감시하는 방송통신위원장인가. 그가 무엇이기에 그의 한마디에 국가 공영방송이 자사 기자들을 범죄자 취급을 하나. 이게 정상적인 나라인가.……조국 법무부 장관이 지명된 8·9 개각 이후 집권 세력과 그 비호 세력은 조국 한 사람을 살리기 위해 검찰, 법원, 언론 같은 국가의 중요 기능을 난도질하고 있다. 그가 없으면 정권이 무너지나. 국민, 국정보다 조국이 더 중요한가. 왜 이렇게까지 하나."[64]

왜 시스템은 놔두고 을들끼리 싸우는가?

12월 13일 MBC 〈뉴스데스크〉는 「현대판 장발장」이란 제목으로 인천의 한 편의점에서 벌어진 절도 사건을 보도했다. 34세 아버지와 12세 아들이 우유와 사과 등을 훔쳤다가 잡혔는데 "너무 배고파서 한 일"이라는 사연을 들은 편의점 주인이 용서하고 경찰은 국밥을 먹여 훈방했다는 내용이었다. 사흘 뒤인 16일 문재인은 이 기사를 언급하며 "국민에게 큰 감동을 줬다. 희망 있는 따뜻한 사회라는 것을 보여줬다"고 말했다. MBC 〈뉴스데스크〉는 대통령의 발언을 주요 뉴스로 다시 소개했다. 그러나 이 뉴스는 며칠 뒤 '장발장'의 과거 행적이 드러나면서 사실상 '가짜뉴스'가 되었고, MBC 뉴스를 한껏 추어올린 문재인도 체면을 구겼다. 『조선일보』는 이를 "'문文비어천가' 일

색…낯 뜨거운 공영방송"의 한 사례로 지적했다.[65]

2019년 11~12월 정국은 청와대의 울산시장 선거 공작 사건으로 떠들썩했지만, 공영방송만 보면 이 사건은 아예 존재하지 않는 듯했다. 12월 중순 청와대 비서진이 후보 매수 등에 개입했고 이는 송철호 후보 출마가 대통령 뜻이었기 때문이라는 사실이 드러났지만, KBS는 12월 18일 메인 뉴스에서 이를 전혀 보도하지 않았으며, MBC 〈뉴스데스크〉는 지난 일주일간 울산시장 선거 관련 기사를 단 한 꼭지도 보도하지 않았다.[66] 그리고 이런 불공정과 편파성은 문재인 정권 내내, 아니 문재인 정권 이후에도 지속된다.

이전의 보수 정권들과 그 지지자들이 악惡이라면 이 모든 건 정당화될 수 있었을지도 모른다. 그러나 어이하랴. 진보 진영엔 선악善惡 이분법에 중독되어 자신을 선善, 반대편을 악惡으로 여기는 이가 많긴 했지만, 그건 마약중독이나 알코올중독과 다를 바 없는 것이었으니 말이다.

독일 철학자 프리드리히 빌헬름 니체Friedrich Wilhelm Nietzsche, 1844~1900는 "괴물과 싸우는 사람은 그 과정에서 자신마저 괴물이 되지 않도록 주의해야 한다"고 했고, 미국 사회운동가이자 작가인 에릭 호퍼Eric Hoffer, 1902~1983는 "억압받는 사람들이 거의 예외 없이 자신들이 증오하는 억압자를 얼마나 닮아가는지 보면 경악스러울 정도다"고 했다.[67] 이 두 경고를 원용하자면, 우리는

'괴물과 싸우다 괴물이 된 MBC의 비극'을 목격하고 있었던 건지도 모른다.

사람들은 몇 년이 지나면 너무도 쉽게 망각했지만, 정권이 교체될 때마다 MBC에서 벌어진 일들은 놀라울 정도로 비슷했다. 'MBC의 6·25전쟁'은 제도와 시스템의 문제였건만, MBC 사람들은 그걸 근본적으로 바꿔보려고 하기보다는 인적 보복 중심의 적폐 청산으로 대응하는 잔인함과 어리석음을 반복했다. 적폐 청산을 내면화한 못나고 못된 권력자들의 농간에 놀아난 '을들끼리의 전쟁'이었다. 이런 추한 유산을 극복하기 위해서라도 'MBC의 비극'은 자세히 기록되어야 하지 않겠는가?

제2장

문재인 정권과 MBC의 권언유착

왜 진중권은 〈PD수첩〉을 '야바위'라고 했는가?

2020년 1월 1일 JTBC 〈신년 특집 토론회〉에서 진중권은 조국을 일방적으로 옹호한 MBC 〈PD수첩〉에 대해 "굉장히 실망했다"며 '야바위'라고 비판했다. "동양대 교수 중 (조민) 표창장이 위조되지 않았다고 본 사람은 두 명이다. 모든 사람은 위조라고 생각한다. 그런데 〈PD수첩〉은 두 명에게만 인터뷰를 시도했다. 우연의 일치인가. 나한테는 연락해야 했는데 연락이 없었다. 처음부터 (방향을) 정해놓고 갔다.……〈PD수첩〉은 직인을 만들어주는 주물공장을 찾아가 똑같이 만들 확률을 물어봤다. 인주 묻은 표창장이 없는데 하나 마나 한 보도를 했다. 프린트 금박지의 위조가 불가능하다고도 했는데, 그건 그냥 (학교에) 남아서 돌아다닌다."[1]

KBS의 '미디어 신뢰도 조사'에서 2019년 하반기 JTBC는 신뢰도가 급락(20.6퍼센트→11.7퍼센트)한 반면, MBC는 신뢰도가 대폭 상승(5.1퍼센트→12.7퍼센트)한 것으로 나타났다. 도대체 그간 무슨 일이 있었길래 이런 큰 변화가 일어난 걸까? 서초동 집회 현장에서 군중이 보도를 하는 JTBC 기자에게 몰려가 '물러가라'고 외치던 장면을 기억하는가? 이들은 박근혜 탄핵 정국에선 JTBC를 영웅으로 떠받들었고, MBC를 악당으로 매도했다. 그랬던 이들이 JTBC가 도대체 무슨 잘못을 했다고 그런 몹쓸 변덕을 부린 건가? 진중권은 『한국일보』 칼럼에서 그 이유를 다음과 같이 분석했다.

"돌아보건대 조국 국면에서 JTBC는 저널리즘 원칙에 충실하게 '사실'을 보도했다. 그런데 결과는 신뢰도의 급락으로 나타났다. 반면 MBC는 노골적으로 당파적 입장에 서서 피의자에 유리한 '대안적 사실(허구)'을 창작했다. 특히 〈피디수첩〉은 그 목적을 위해 야바위에 가까운 날조도 서슴지 않았다. 그런데도 MBC의 신뢰도는 이 시기에 급격히 상승했다. 이처럼 한국의 대중은 사실보다 허구를, 대안적 사실을 더 신뢰한다. 새로울 것도 없는 일이다. 과거에 '나꼼수'도 신뢰도 최고를 자랑했었으니까."[2]

어디 신뢰도뿐인가? '공정'이라는 개념마저도 진영 논리에 오염되고 말았다. 『미디어오늘』과 리서치뷰가 2019년 10월 27일부터 30일까지 4일간 공동으로 실시한 조사에 따르면, '조국 사태'

보도와 관련해 가장 공정했던 방송사 1위는 MBC(19퍼센트), 2위는 TV조선(17퍼센트)이었다. JTBC는 14퍼센트로 3위였고, 채널A와 YTN은 6퍼센트, SBS·KBS·MBN·연합뉴스TV는 5퍼센트를 기록했다. 조국을 가장 옹호했거나 반대한 방송사가 1, 2위를 차지한 반면, 나머지 방송사는 아예 주목을 못 받은 것이다.

지역별로는 MBC가 가장 공정했다는 답은 광주·전남·전북에서 29퍼센트로 가장 높았으며, TV조선이 가장 공정했다는 답은 부산·울산·경남과 강원·제주에서 22퍼센트로 가장 높았다. 이념 성향별로 볼 때 보수층에서는 TV조선이 가장 공정했다는 의견이 34퍼센트였고, 진보층에서는 MBC가 가장 공정했다는 의견이 32퍼센트로 가장 많았다. 중도층에서는 JTBC(12퍼센트)와 TV조선(11퍼센트)과 채널A(11퍼센트)에 비슷한 점수를 주었다.[3]

"이카루스의 추락이 이보다 극적일까"

미디어 질서와 시청자의 인식 수준이 속된 말로 '개판'이 된 것과 관련, 진중권은 2017년 정권 교체 이후 대안 매체의 운영자들이 대거 레거시 매체로 진출했다는 점에 주목했다. 나꼼수 멤버 정봉주는 SBS의 〈정봉주의 정치쇼〉, 김어준은 SBS의 〈김어준의 블랙하우스〉와 TBS의 〈김어준의 뉴스공장〉, 주진우는 MBC의 탐사 기획 〈스트레이트〉, 김용민은 SBS 〈뉴스 브리핑〉과 KBS의 〈김용민 라이브〉의 진행을 맡았다. 이들을 통해 이른바 '나꼼수 스타일'이 그대로 레거시 매체로 옮겨졌다는 것인데, 진중권은 최악의 사례로 2018년 3월 22일 김어준이 SBS 〈김어준의 블랙하우스〉까지 동원해 당시 성추행 의혹을 받던 전 의원 정봉주의 알리바이를 조작해주었다가 들통이 난 사건을 들었다. 그는 다음과 같이 개탄했다.

"김어준이야 그렇다 치자. 문제는 다음이다. 1년 반 후 MBC 〈피디수첩〉도 같은 수준의 조작 방송을 내보냈다. 수법도 비슷했다. 전문가를 내세워 존재하지 않는 원본 표창장에 실제 인주가 묻었음을 증명(?)한 것이다. '고로 위조일 리 없다.' 충격적인 것은 이 날조의 주인공이 한학수 피디였다는 사실. 황우석 사태의 저널리즘 영웅이 일거에 제2의 김어준으로 전락한 것이다. 하나의 극에서 반대의 극으로. 이카루스의 추락이 이보다 극적일까."[4]

이에 한학수는 1월 30일 오후 자신의 페이스북에 입장문을 올리고 "검찰은 정경심 교수가 딸의 동양대 표창장을 위조했다면서 이례적으로 소환 조사 없이 기소했다. 〈PD수첩〉은 검찰이 당시 제시한 기소장이 어디까지 사실에 기초한 것인지 그리고 그 뒤에 이어진 검찰발 기사 가운데 논란이 되는 쟁점은 무엇인지 살폈다"고 방송 취지를 설명하며 "정경심 교수의 무죄를 입증하거나 혹은 표창장 위조 가능성이 전혀 없다고 단언하는 프로그램이 아니"라고 밝혔다.

한학수는 "진 교수 또한 〈PD수첩〉의 시청자"라며 "겸허하게 성찰하는 계기로 삼겠다"면서도 "〈PD수첩〉을 야바위라고까지 말하며 조작 방송이라고 할 때에는 논거와 사실이 정확했으면 한다"고 밝혔다. 그는 "〈PD수첩〉은 지난 2년여 동안 미디어의 위기를 '신뢰의 위기'로 보았고 '따옴표 저널리즘'이나 '검증 없는 경마식 보도'를 지양해왔다"며 "'진영이나 국익이라는 논리에 갇혀서 진실을 가려서는 안 된다'는 것은 저의 신념일 뿐 아니라, 〈PD수첩〉 제작진들이 지난 30년간 지켜가려고 꾸준히 노력하고 있는 원칙"이라고 밝힌 뒤 "〈PD수첩〉에 성역은 없다"고 강조했다.

그러자 진중권은 자신의 페이스북에서 "시간 나는 대로 〈PD수첩〉의 '야바위'를 꼼꼼히 분석하겠다. 〈PD수첩〉은 거대한 사기극의 작은 일부일 뿐"이라고 응수했다. 이어 "〈PD수첩〉에서 모르고 그랬을 거라 믿지 않는다"며 〈PD수첩〉이 고의적으로 조국에게 유리한 방송을 내보냈다는 뉘앙스의 글을 남겼다.[5]

"딱 보니 100만 명"의 박성제, MBC 사장이 되다

2월 22일 MBC 대주주인 방문진은 이사회를 열고 "조국 지지 집회 딱 보니 100만 명"이라는 발언으로 논란이 된 보도국장 박성제를 MBC 새 대표이사 사장 내정자로 선정했다.

그 역시 최승호처럼 전국언론노동조합 MBC본부 노조위원장 출신으로 2012년 6월 MBC 파업을 주도했다는 이유로 해고되었다가 2017년 12월에 복직한 방송 민주화 투사였다.

2월 24일 사장에 취임한 박성제는 『미디어오늘』 인터뷰에서 "MBC 보도 편향성 문제가 있다. 야당이나 보수 신문 중심으로 비판의 목소리가 크다. 특히 지난해 조국 사태에서 '친조국' 편향이었다는 지적이다"는 기자의 질문에 대해 다음과 같은 의미심장한 답을 내놓았다.

"보수 야당이나 언론을 중심으로 MBC 뉴스가 한쪽만 대변하는 것 아니냐고 비판하는데 난 생각이 다르다. 이를테면 우리는 조국 국면에서 검찰 주장은 재판에서 깨질 수 있기 때문에 일방적 검찰 받아쓰기는 지양해야 한다는 입장이었다. 국민들에게 선입견을 주면 안 되기 때문이다. 실제 재판 과정에서 검찰 주장 일부가 논박당한 것으로 안다. 그런 보도 원칙을 지켰기 때문에 신뢰도가 상승한 것이다."[6]

이 답은 앞으로 심화될 MBC의 비극을 예고한 것처럼 보였다. 그가 말한 '신뢰도'는 '특정 정치 팬덤의 신뢰도'였을 뿐이니 말이다. 이는 진중권이 앞서 거론한 『한국일보』 칼럼에서도 지적했던 것인데, 그의 말을 더 들어보기로 하자. 진중권은 "여기서 말하는 '신뢰도'란 보도의 객관성, 공정성 따위와는 그다지 관계가 없다고 봐야 한다"며 다음과 같이 말했다.

"즉, 그 매체의 보도가 설사 허위 · 왜곡 · 날조임이 밝혀진다 해도 그놈의 신뢰도는 절대 떨어지지 않을 거라는 얘기다. 그런 의미에서 그것은 신뢰도라기보다는 차라리 호감도에 가깝다. 뉴스의 비판적 수용자는 사라졌다. 오늘날 대중은 자신을 콘텐츠의 소비자로 이해한다. 그들이 매체에 요구하는 것은 사실의 전달이 아니라 니즈의 충족. 그 니즈란 물론 듣기 싫은 '사실'이 아니라 듣고 싶은 '허구'다. 그 수요에 맞추어 매체들은 대중에게 듣기 좋은 허구, 흥미로운 대안적 사실을 창작해 공급하게 된다. 이번 조사에서 신뢰도가 오른 매체들은 대체로 다 그랬다. MBC의 상승 폭이 컸던 것은 날조의 정도가 가장 심했다는 뜻이리라."[7]

3월 9일 MBC는 시사 프로그램 〈스트레이트〉를 통해 윤석열의 장모 의혹 사건을 보도하고 나섰다. 여권이 2019년 7월 인사청문회 때 "문제가 없다"고 했던 의혹들이었다. 당시 민주당 의원 박주민은 "박근혜 청와대가 윤 총장 장모를 수차례 고소했던 정씨를 접촉했다"는 의혹을 제기하면서 "위협 인물(윤 총장)에 대한 고의적인 흠집 내기"라고 했다. 그러나 MBC 보도 후 분위기가 확 달라졌다. 사건 당사자들이 일제히 고소 · 고발장을 제출하면서 검경이 동시에 수사에 들어간 것이다. 한 법조인은 "'조국 사건'과 '청와대의 울산 선거 개입 사건' 수사에 대한 보복 차원에서 여권의 '윤석열 찍어내기'가 다시 시도되는 것 같다"고 했다.[8]

MBC의 '검언유착 의혹' 단독 보도

4·15 총선을 불과 보름 앞둔 3월 31일 MBC 〈뉴스데스크〉는 이상한 '단독' 보도를 했다. 이른바 '검언유착' 의혹을 제기한 보도였다. MBC는 채널A 법조팀 소속 기자 이동재가 금융 사기죄로 서울남부구치소에 수감되어 있는 밸류인베스트먼트코리아VIK 전 대표 이철을 접촉했다고 보도했다.

제약사 신라젠의 대주주였던 이철은 2011년부터 4년간 금융 당국의 허가 없이 투자자 3만 명에게 7,039억 원을 불법 모금한 혐의로 2019년 9월 대법원에서 징역 12년이 확정되었다. 2016년 보석으로 풀려난 상태에서 같은 수법의 범죄를 또 저질러 1심까지 2년 6개월이 추가된 상태였다. MBC 보도에 따르면 이동재는 이철에게 "검찰이 신라젠 미공개 정보 이용 의혹에 대해 수사를 제기했다"며 만나고 싶다는 의사를 전했다. 이후 이철은 지인 A를 대리인으로 내세워 이동재를 만나게 했다.[9]

보도에 따르면, 이동재는 검찰총장 윤석열의 최측근 검사장과 통화했으며 노무현재단 이사장 유시민 수사에 협조하면 이철의 수사를 막거나 수사팀에 이철의 입장을 전해주겠다고 회유했다. 이에 대해 채널A는 저녁 뉴스 클로징 멘트에서 "사회부 이모 기자가 이 전 대표로부터 검찰의 선처 약속을 받아달라는 부탁을 받아온 사실을 파악하고 즉각 취재를 중단시켰다"며 "이 기자가 취재원의 선처 약속 보장 등 부당한 요구를 받아들인 적은 없지만 취재 방식에 문제가 있었는지 진상을 조사하겠다"고 밝혔다.

채널A는 다만 "MBC가 신라젠 사건 정관계 연루 의혹과 무관한 취재에 집착한 의도와 배경이 의심스럽다"며 MBC의 보도에 강경 대응하겠다고 했다. 채널A는 MBC가 검찰에 선처 약속을 요구한 취재원과 채널A 기자가 만나는 장면을 몰래카메라로 촬영하고 기자와의 대화를 몰래 녹음한 것을 보도했다는 점을 문제 삼았다.[10]

이 사건의 전모를 이해하기 위해선 5년 전으로 되돌아갈 필요가 있다. 유시민은 2015년 1월 신라젠의 기술 설명회 행사에 등장해 이런 이야기를 했다. "대한민국 기업이 글로벌 임상을 직접 한다? 이거는 참 '놀라운 일'이라는 생각이 듭니다!" "우리나라가 기업이 이거를 하고 있다는 게 많이 신기했어요! 뭐, 미국 FDA의 승인을 받아서 글로벌 3상까지 갔다는 자체가 효과가 상당 부분 이미 입증되었다는 증거이기도 하고, 일반적으로 볼 때."

이후 어떤 일이 벌어졌던가? 이동재가 3년 후 『월간조선』(2023년 4월호)에 기고한 「[토로] '검언유착' 공작에 맞선 어느 기자의 2년여 소송기」라는 글을 참고하기로 하자. 이동재는 "보건복지부 장관을 지낸 유시민이 비상장 무명 제약사 행사에 등장해 '극찬'했다. 행사 후 한 달간 신라젠의 장외 주가는 두 배 넘게 상승했고, 2년 후엔 코스닥에서 15만 원을 돌파하며 코스닥 상장기업 시가총액 2위까지 올랐다. 그러나 유시민이 '효과가 상당 부분 이미 입증되었다'던 임상이 실패해 주가는 폭락했고, 주주들은 수조 원대 투자 손실을 떠안았다"며 다음과 같이 말했다.

"유시민이 극찬했던 바로 그해 국정감사에서 배재정 민주당 의원의 입을 통해 이미 신라젠·VIK 문제가 제기됐다. 피해는 예견됐었다. 이철 VIK 대표는 노사모 출신으로, 유시민이 창당한 '국민참여당'의 의정부 지역위원장을 맡았었다. 이철은 친노 인사인 김창호 전 국정홍보처장에게 불법 정치자금 6억 2,000만 원을 건네 유죄를 선고받기도 했다. 대형 사기로 구속된 이철은 보석 중에도 또 사기 행각을 벌였고, 내연녀 협박으로도 유죄가 확정됐다. 유시민은 신라젠 행사 외에도 VIK 사무실을 별도로 찾아 '모집책'을 상대로 강연까지 벌였다. 상식적인 기자들은 사기 집단의 편에 서는 대신, 수조 원대 피해를 낳은 권력형 비리 의혹 사건에 의문을 가졌다."

신라젠 수사 보도에서 연거푸 이름이 거론되자 유시민은 "국민참여당 지역위원장이었던 분이 요청해서 뜻있는 행사라고 생각해, 거절하지 못하고 덕담하고 돌아온 게 전부"라고 주장했다. 이후 MBC 라디오에 출연해선 강연료로 60~70만 원을 받았다고 밝혔다. 이에 이동재는 "대전 대덕구청에서 2시간 강연 대가로 1,550만 원을 받은 개그맨 김제동에 비하면 정말 착한 금액이다"며 다음과 같이 말했다.

"취재할수록 방대한 서민 피해가 드러났다. 그러나 통상적으로 서민 피해 사건은 대중의 관심을 받기 어렵다. 이미 정관계 인사 연루 의혹이 제기된 만큼, 이를 공론화해야 사건이 관심을 받을 것으로 봤다. 이철은 각종 범법 행위로 이미 중형이 확정된 상황. 본인도 억울한 게 있다면 허심탄회하게 풀고, 피해자들에게 사과한다면 공익이 실현될 것으로 기대했다."

그래서 이동재는 이철이 수감 중인 구치소에 편지를 보냈다는 것인데, 결과론이지만 순진한 생각이었다. 그의 말을 직접 들어보자. "이철에게 편지를 보내자 누군가 접촉해왔다. 조희팔급 '최대 다단계 금융사기 사건'의 주인공인 만큼 그가 보내는 대리인도 사기꾼 부류일 것이라 생각은 했지만, MBC 몰카를 대동하며 엄청난 일을 꾸미는 '전과 5범'일 줄은 몰랐다."[11]

MBC 보도에 따라 움직인 법무부 장관 추미애

다음 날인 4월 1일 진중권은 페이스북에 "MBC 뉴스도 세팅된 것 같다"며 "프레임을 걸고 있다는 느낌"이라고 밝혔다. 그는 "언론은 보수적 논조를 취할 수도 있고, 진보적 논조를 취할 수도 있지만 언론은 언론이어야 한다"며 "얼마 전부터 MBC는 아예 사회적 흉기가 되어버린 느낌"이라고 썼다. 그는 "툭하면 권력과 한 팀이 되어 조직적으로 프레이밍(틀 짜기) 작업을 하는 게 심히 눈에 거슬린다"며 "굳이 그 짓을 해야겠다면 제발 눈에 안 띄게 기술적으로 했으면 한다. 속이 너무 뻔히 들여다 보여서 눈 뜨고 봐주기 괴롭다"고 했다.

진중권은 "(이런 여권의) 일사불란한 움직임의 타깃은 물론 윤석열 총장일 것"이라며 "선거가 끝나면 본격적으로 파상 공세가 시작될 것으로 보인다"고 했다. 그러면서 "그가(윤석열) 끝까지 버티기를 기원한다. 진실은 언젠가 밝혀진다"며 "검사는 검사, 기자는 기자, 그저 자기의 자리에서 흔들림 없이 자기 일만 하면 된다. 그 이상의 장난을 치는 인간들이 세상을 혼탁하게 만든다"고 했다.[12]

진중권이 잘 보았다. MBC 보도 이후, 여권과 정부 인사들이 일제히 '검찰 때리기'에 나섰으니 말이다. 법무부 장관 추미애는 4월 1일 KBS 라디오에 나와 "(MBC 보도가) 사실이라면 심각한 문제"라며 감찰 가능성을 거론했다. 그는 "사실 여부에 대한 보고를 먼저 받아본 뒤 드러난 문제에 대해서 감찰 등 여러 가지 방식으로 조사를 할 필요가 있다"며 MBC 보도에 힘을 실어주었으며, 이후 사실상 MBC 보도에 따라 움직이게 된다.

열린민주당 비례대표 후보인 전 법무부 인권국장 황희석도 이날 페이스북을 통해 "채널A 기자들은 조국 전 장관 가족 수사가 한창일 때 대검과 직접 소통한 흔적이 아주 역력하게, 그리고 증거로 남아 있는 사람들"이라며 "이제 윤 총장이 대답해야 한다"고 주장했다. 조국 자녀의 허위 인턴 증명서 발급 혐의로 기소된 열린민주당 비례대표 후보 최강욱은 전날 보도가 나온 직후 "MBC의 대특종", "(채널A의) 빨대는 한곳으로 누군지 다 아는 그놈"이라는 글을 페이스북에 올렸다.[13]

이렇듯 여권은 일사불란—絲不亂하게 움직였다. 이 시점에서 알려진 객관적 사실만 놓고 보자면, 언론 윤리를 어긴 건 이동재나 MBC 모두 마찬가지였지만, 그 결과는 하늘과 땅 차이였다. MBC 기자는 잘했다고 상을 받게 되지만 이동재는 이후 직장에서 쫓겨나고 202일간(2020년 7월 17일~2021년 2월 3일) 감옥에 갇히는 등 모진 시련과 고통을 당하게 된다. 이동재는 3월 31일에 나온 MBC의 '단독' 보도 직후에 벌어진 일을 회고했다.

이동재는 "보도가 끝나자마자 범여권에선 미리 준비한 성명을 내고 공격에 나섰다. 법무부 장관 추미애는 기다렸다는 듯 다음 날 이른 아침부터 KBS 라디오에서 '심각하게 보고 있다. 감찰 등 여러 방식으로 조사할 필요가 있다'며 즉각 호응했다. 공영방송·범여권·추미애 법무부는 일사불란하게 십자포화를 쏘아댔다"며 다음과 같이 말했다.

"범법자의 폭로와 언론의 검증 없는 보도, 권력자들의 허위사실 유포. 지난 수년 동안 너무나도 익숙해진 패턴이다. 그 패턴 그대로 허위사실 유포가 '핵심 무기'로 동원됐다. 최강욱·유시민·김어준·민주언론시민연합 등의 동시다발적 허위사실 유포로 순식간에 '검언유착 프레임'이 형성됐다. 그들은 총선 직전 가짜뉴스를 전면에 내세우며 프레이밍할 정도로 간절하고 집요했다."[14]

'검언유착' 제보자의 활약

4월 3일 유시민은 MBC 라디오 〈김종배의 시선집중〉에 출연해 그간 익명으로 거론되던 한동훈 검사장 실명을 처음으로 거론했다. 또 이날 이철의 대리인 노릇을 했던 A는 평소 페이스북을 통해 '윤석열 검찰'을 격하게 비난해온 문재인 정권 골수 지지자 지모 씨인 것으로 확인되었다. 나중에 밝혀진 이름 그대로 쓰자면, 지현진이다.

사기·횡령 전과 5범이었던 지현진은 2014년 2월부터 2018년 7월까지 교도소 복역 후 인터넷 매체 『뉴스타파』를 찾아갔다. 그는 수감 기간 목격했다는 검찰 내부 비리를 제보했다. 『뉴스타파』는 이를 토대로 2019년 「죄수와 검사」라는 기사를 보도했다. 이 기사로 언론상을 받은 『뉴스타파』 측은 수상 소감에서 "지씨는 정의正義에 대한 매우 특별한 감각을 갖고 있는 사람"이라고 했지만, 그의 사기 피해자들은 혀를 찼다고 한다.[15]

『조선일보』 기자 박국희는 「사기꾼 영웅 만든 『뉴스타파』」라는 칼럼에서 "지씨는 복역 중이던 2014년 사기 피해자에게 편지를 보내 '자본주의 자체가 큰 틀의 사기판'이라는 지론을 폈다"

며 이렇게 말했다. "그는 MB 정권 때부터 '명까교'라는 모임의 '교주'로 활동하며 보수 진영에 적대감을 표출해왔다. 『뉴스타파』가 '제보자 X'라는 별칭을 붙여준 뒤 그는 〈PD수첩〉, 김어준 라디오에 나와 '정의의 사도' 행세를 했다. 그는 최근 MBC에 채널A 기자가 '윤석열 최측근' 검사장과 결탁해 유시민 노무현재단 이사장 비위를 캐려 했다는 '검·언유착' 의혹도 제보했다."

이어 박국희는 "MBC는 '검·언유착' 실체는 검증 않고 지씨가 준 녹취록 중 유리한 부분만 골라 방송했다. 전체 과정을 짚어보면 보수 진영과 윤석열 검찰총장을 증오했던 지씨의 의도가 곳곳에 드러난다. 진실은 가려질 것이다"고 했다. 지현진이 저지른 사기 사건의 피해자는 "윤석열을 잡겠다는 목표 하나로 사기꾼까지 동원해 수단과 방법을 안 가린 것 아니냐"고 했다는데,[16] 이 또한 언젠간 밝혀질 일이었다.

지현진의 활약은 눈부셨다. 그는 한때 검찰 수사에 협조했던 경험을 바탕으로 검찰의 내밀한 부분을 아는 금융 전문가 행세를 하며 친여 매체에 출연해 문재인 정권을 적극 옹호했다. 그는 『뉴스타파』에 윤석열을 비롯한 검찰 관련 제보를 하고 김어준의 라디오에 출연해서는 조국의 아내 정경심을 옹호하기도 했다. 『뉴스타파』 기자 김성수가 자신의 페이스북에 올린 글에 따르면, 지현진이 이 '검언유착' 건에 대해서도 최초로 제보한 곳은 『뉴스타파』였다. 『뉴스타파』가 제보의 근거가 박약하다고 판단해 취재에 나서지 않겠다는 뜻을 전하자, 지현진은 "그럼 MBC로 가겠다"며 발길을 돌렸다는 것이다.

지현진이 해온 그간의 활약을 좀더 살펴보기로 하자. 지현진은 2월 16일 페이스북에 "개검총장 윤석열아 오늘 개꿈 꾸면 내 덕인 줄 알아라"고 썼는데, 다음 날 『뉴스타파』는 윤석열의 부인 김건희의 주가 조작 연루 의혹을 보도했다. 보도가 나오자 그는 "그거 봐여 제 말이 맞져? 윤석열이 어제 개꿈 꿀 거라고"라고 썼다. 지현진은 열린민주당 비례대표 기자회견 날인 3월 22일 자신의 페이스북에 "윤석열 검찰총장은 공수처 수사 대상 1호"이며 "조국은 무죄"라고 주장해온 열린민주당 비례대표 후보 최강욱·황희석이 함께 찍은 사진을 올려놓고 "부숴봅시다! 윤석열 개검들!! ㅋㅋㅋ"라고 썼다. 그 사진에는 황희석이 써놓은 "이제 둘이서 작전에 들어갑니다"는 문구도 보였다.

지현진은 페이스북에서는 '이○○'라는 가명으로 활동했다. 그는 자신이 MBC 보도의 제보자이면서도 제3자인 것처럼 관련 보도를 해석하고 홍보했다. MBC의 첫 보도가 나가기 일주일 전인 3월 24일 그는 페이스북에 "이번 주말에는 유시민 작가님한테 쐬주 한잔 사라고 할 겁니다. 왜 사야 되는지 금요일쯤은 모두가 알게 될 결요? ㅋㅋㅋㅋ"라고 썼다. MBC 보도를 예고한 것이다.

MBC 보도가 늦어질 것 같자 지현진은 다음 날인 3월 25일 "아……유시민 작가한테는 다음 주에 쏘주 한잔 사달라고 해야겠다.……이번 주에 마실 수 있었는데 일정이 좀 아쉽네 ㅋㅋㅋ"라고 썼다. MBC 측에서 다음 날 자신이 제보한 내용이 보도된다는 사실을 전달받은 걸까? 그는 MBC 보도 하루 전인 3월 30일에는 "갑자기 꿈에 내일 MBC 〈뉴스데스크〉를 보라는 신의 메시지가……모지? 왜지? ㅋㅋㅋㅋ"라고 썼다.[17]

과연 누가 '괴물'이고 누가 '악마'였던가?

MBC 보도는 3월 31일부터 4월 2일까지 연이어 나왔다. 지현진은 4월 2일 MBC 뉴스 시작 전에는 "오늘 〈뉴스데스크〉에서 채널A와 검찰의 협박 취재 3탄을 내보낸다고 합니다. 오늘도 본방사수"라고 썼다. 자신이 직접 만났던 채널A 기자 사진을 올려두고는 "과연 이놈 혼자서 악마 같은 짓을 저질렀을까요. 채널A 이모 기자 이놈에게 빨대를 시킨 윤석열 최측근 검사장 그놈도 잡아서 산 채로 ○○○ 해야 합니다"고 했다.[18]

지현진은 2월부터 수차례 채널A 기자와 접촉해 모든 대화를 몰래 녹음한 것을 MBC와 열린민주당 측에 제공했는데, 조국 자녀의 허위 인턴 증명서 발급 혐의로 기소된 열린민주당 비례대표 후보 최강욱은 4월 3일 페이스북에 '편지와 녹취록상 채널A 기자 발언 요지'라는 제목으로 이런 글을 올렸다. "이철 대표님, 사실이 아니라도 좋다. 당신이 살려면 유시민에게 돈을 주었다고 해라. 그러면 그것으로 끝이다. 그다음은 우리가 알아서 한다. 우리 방송(채널A)에 특종으로 띄우면 모든 신문과 방송이 따라서 쓰고 온 나라가 발칵 뒤집어진다."[19]

미리 말하자면, 이 말은 허위였다. 이런 허위가 여권 매체들과 선동가들을 통해 널리 반복적으로 퍼져나갔으니, 이동재로선 기가 막힐 노릇이었다. 그는 "최강욱이 물꼬를 트자 유시민 역시 똑같은 '사실이 아니라도 좋다' 허위사실을 유튜브 '알릴레오'에서 수차례 반복 유포하며 이 사건의 '핵심'이라고 강조했다"며 다음과 같이 말했다.

"유시민은 나를 두고 MBC를 통해 '괴물의 모습'이라고 맹비난하기도 했는데, 신라젠 의혹에서 줄곧 거론되던 자신을 순식간에 피해자처럼 변신시켰다. 본인이 '핵심'이라고 떠들던 게 모조리 가짜였는데, 여태 어떠한 사과도 정정도 없다. '프락치 사건'으로 애꿎은 사람 때려잡던 그 모습 그대로였다. 김어준도 〈TBS 뉴스공장〉 등에서 10여 차례에 걸쳐 똑같은 허위사실을 말하며 '이것은 정치 공작'이라고 특유의 음모론을 더했다. 음모가 거짓으로 드러나도 늘 그렇듯 '아니면 말고'로 대처했다."[20]

이 시점에선 누가 과연 '괴물의 모습'을 보였으며, '악마 같은 짓'을 저지른 건지 정확히 알기는 어려웠다. 모르면 잠자코 있으면 좋으련만, 일주일 후엔 KBS까지 허위 전파에 가세했다. 이건 그 결말까지 미리 이야기하고 넘어가는 게 좋겠다.

KBS 기자들의 유튜브 채널 '댓글 읽어주는 기자들'의 출연진인 KBS 기자 정연욱·김기화는 4월 10일 '채널A 검언유착, MBC의 외로운 싸움?'이란 방송에서 최강욱의 게시물을 바탕으로 이런 발언을 했다. "채널A 기자가 '사실이 아니어도 좋다' 그랬다. 그게 '핵심'이다", "언론사 기자 직함을 가진 인간이 '사실이 아니어도 좋으니 이렇게 말해달라'고 한 취재 과정이 드러난 게 문제"(정연욱), "이동재 채널A 기자가 감옥에 있는 이철 전 대표에게 '유시민 씨에게 강연료 말고도 돈을 줬다는 식의 진술을 해라. 그러면 내가 친한 검사에게 얘기해 네 가족은 수사를 안 받게 해주겠다'는 식의 딜을 걸었다."(김기화)

이동재는 2023년 2월 "공영방송 기자들이 허위사실을 유포하고 방송 2년 10개월이 지났는데도 사과는커녕 영상 삭제 및 정정 공지조차 없다"며 정연욱·김기화를 허위사실 유포 혐의로 경찰에 고소했다. 두 기자는 4월 10일 사과문에서 "이동재 전 채널A 기자는 이와 같은 내용을 전혀 발언하지 않았던 것으로 밝혀졌기 때문에 이를 바로잡는다"며 "공영방송 기자로서 해당 발언들에 대해 이동재 전 채널A 기자에게 사과드린다"고 밝혔다. 이들은 이 사과문을 KBS 공식 유튜브에 올렸으며, 별도의 자필 사과문도 작성해 이동재에게 전달했다. 이동재 측은 "공식적으로 KBS 측의 사과를 받았기 때문에 고소 취하 여부를 검토할 것"이라고 밝혔다.[21]

"사기꾼과 MBC의 콜라보"로 본 진중권

4월 3일 진중권은 자신의 페이스북을 통해 MBC 보도를 "사기꾼과 MBC의 콜라보"라고 비판했다. 그는 "이철 씨가 MBC에 제보를 한 동기는 한마디로 자기를 조국 만들어달라는 것"이라며 "자기에 대한 검찰 수사는 '비상식적'이고 법원 판결은 '거대한 음모'이니 자기도 조국처럼 보호해달라는 것"이라고 했다. 그는 "이철은 무려 7,000억짜리 사기 범죄로 징역 14년을 선고받은 사람"이라며 "한마디로 사람을 속이는 것을 직업으로 가진 사기꾼"이라고 했다. 그는 "이 사기꾼이 무슨 의도를 가지고 그런 제보를 했는지, 채널A 기자를 통해 검찰과 무슨 딜을 하려고 했고 무슨 제의를 하려고 했으며 어떤 이유로 제의가 거절당했는지 확인한 다음 보도를 했어야 한다"고 했다.

진중권은 "(내가) 처음부터 세팅한 느낌이 난다고 했다. 정경심 사건 때 봤던 (허위와 조작과 날조의) 그 장면이 그대로 반복되는 것"이라고 했다 그러면서 "이자(지현진)의 말대로라면 조작의 배후에는 최강욱과 황희석이 있다는 얘기다. 감옥에 있는 이철 만나 편지 받아오고 MBC 기자 만나 작전 짜고 이거 자기 독단적으로 할 수 있는 것 아니다"고 했다. 그는 "정경심 때랑 똑같다"며 "사이비 증인을 내세우고 그자에게 어용 언론을 붙여주고 어용 기자들이 보도를 하면서 거대한 가상세계가 만들어지고 그러면 기다렸다는 듯이 여당에서 숟가락을 얹고 이를 받아 법무부가 움직인다"고 했다. 그는 이를 '거대한 정치적 VR 제작 메커니즘'이라며 "이게 저들의 Way of World Making. 세상은 이렇게 만들어진다"고 했다.[22]

4월 4일 진중권은 "(MBC가) 확인도 없이 녹음된 목소리의 주인공을 '윤석열 최측근'으로 단정했다. 이는 사실상 검찰 전체와 윤 총장을 향한 정치적 공격을 시작한 것"이라며 "이번에 (언론과 검찰 유착) 프레임을 짜는 이들은 실제로 '윤석열 검찰'이 죽어야 문재인 정권이 산다고 생각하는 게 틀림없다"고 했다. 또 "그러니 이렇게 필사적인 것"이라고 했다. 그는 "사기꾼(지현진)을 내세워 다가오는 검찰 수사의 예봉을 꺾으려고 온갖 궁리를 하는 모양인데, 복잡할 것 하나 없다. 그냥 원칙대로 하면 된다"며 "취재 윤리를 위반한 이들은 비난을 받고, 법을 어긴 이들은 어느 쪽이든 처벌받으면 된다"고 했다.[23]

"MBC가 사기꾼의 대변인이냐. 사과하라!"

MBC 보도 일주일 만인 4월 6일 김어준은 TBS 〈김어준의 뉴스공장〉에서 이해하기 어려운 이상한 말을 했다. "이 사건을 처음 제보받은 것을 이야기가 나왔으니 할 수 없이 밝히자면. 정확하게 2월 22일입니다. 채널A 기자가 수감된 신라젠 이철전 대표에게 편지를 쓴 게 2월 17일이에요. 5일 만에 제가 편지를 '입수'하게 됐습니다."

왜 이 말이 이상한가? 이동재는 이철은 자신이 보낸 1차 편지를 2월 17일, 2차 편지를 2월 20일 구치소에서 수신했으며, 검찰과 법원에서 "2월 21일 오후 변호인 접견 후 1·2차 편지를 한 번에 아내에게 등기로 발송해 외부에 전달했다"고 일관되게 진술했다고 밝혔다. 이철은 편지에 형광펜까지 쳐서 접견 중 변호사에게 보여주었다고 한다.

이동재는 "2월 21일은 금요일이다. 구속돼본 사람은 알겠지만 모든 교정시설은 금요일 오후 편지를 수거하지 않는다. 위의 경우 월요일 오전에야 발송 가능하며 아무리 빨라도 화요일인 2월 25일에야 편지가 외부에 도달한다. 그런데 김어준은 사흘 빠른 '2월 22일'에 편지를 '입수'했다. 단순히 내용을 접한 게 아니라 '입수'다"며 다음과 같이 말했다.

"이철은 법정에서 '1차 편지는 황당해서 그냥 무시했다'고 거듭 진술했다. '황당해서 무시했다'는 그 편지는 구치소에서 반출조차 불가능했던 날짜에 김어준의 손에 도착했고, 김어준은 '그때 그분'이란 사람에게 '화면이 있는 방송과 하라'고 지시했다. '그때 그분'으로 짐작되는 사기 전과자 역시 검찰 조사에서 '2월 19일 또는 20일경 편지를 (이철 변호인으로부터) 캡처 사진으로 받았다'고 밝혔다. 이철은 아내 외外 타인에게 편지 정본이나 사본을 보낸 적이 없다고 진술했으니 다른 반출 루트도 없다.

왜, 무엇 때문에 시작부터 앞뒤가 안 맞는 진술을 했을까. 이들의 진술은 검찰 조사 시작부터 상당 부분 배치됐다. 조서를 보면 수사팀이 거짓말을 지적하기는커녕 엇갈리는 날짜를 조율해주는 장면마저 나온다. 물론 수사팀은 개입 정황이 명백히 드러났음에도 김어준을 조사하지 않았다."[24]

김어준이 엉겁결에 방송을 통해 이 사건의 조작 의혹에 대한 중요한 '단서'를 남긴 바로 그날, 민주언론시민연합은 이동재를 검찰에 고발했다. 이날 VIK 피해자 연합 회원 5명은 서울 여의도 국회의사당 앞에 모여 "MBC가 사기꾼의 대변인이냐. 사과하라!"며 MBC를 비판하는 구호를 외쳤다. 이는 MBC가 4월 2일 이철의 서면 인터뷰 기사를 보도하면서 "저희 밸류(밸류인베스트먼트코리아)는 결단코 사기 집단이 아니다. 집단 지성의 힘으로 노력한 밸류에 상은 못 주어도 모욕을 주면 안 된다"는 이철의 일방적 주장을 내보낸 것에 대한 항의였다.

VIK 피해자 연합 회원들은 "1조 원대 사기꾼(이철)이 잘못을 인정하지 않고 억울하게 옥살이하고 있다는 파렴치한 주장을 늘어놓고 있다"며 "이 전 대표는 조희팔급의 사기꾼으로 무슨 거짓말이라도 지어내는 인물로, MBC는 신중하게 접근했어야 한다"고 주장했다. 이들은 노사모 출신이자 유시민의 국민참여당 창당 멤버인 이철의 배후에 정·관계 인사가 있을 것이라는 주장도 했다.[25]

4월 14일 MBC 뉴스데이터팀 국장 이보경은 페이스북을 통해 최강욱이 4월 3일 페이스북에 공개한 '편지와 녹취록상 채널A 기자 발언 요지'에 대해 "있을 수 없는 거짓, 엽기적인 일"이라고 비판했다. 그는 "(4월 9일 공개된) 채널A의 56쪽 녹취록을 다 읽었지만, '(채널A 기자가) 사실 아니어도 좋다' 운운했다는 대목은 없다"면서 "걍 오래된 최구라(거짓)의 향기가……"라고 썼다.

이보경은 언론 인터뷰 통화에서 "기자의 입장에서 '사실이 아니어도 좋다'는 말은 떠올릴 수도 없는, 엽기적인 말"이라면서 "MBC 소속이냐 아니냐를 떠나 기자 집단의 한 일원으로서 최 후보가 거짓을 페이스북에 올리고 이것이 마치 사실처럼 받아들여지는 상황을 용납하기 힘들었다"고 말했다. 그는 MBC〈뉴스데스크〉보도에 대해 "도대체 왜 제보 내용을 확인하지 않았는지, 무엇 때문에 그렇게 서둘러야 했는지 의문스러운 곳이 한두 군데가 아니다"라면서 "조국 관련 MBC 보도를 보면서 내가 평생을 몸담았던 방송사의 위상이 추락하는 것이 걱정됐다"고 말했다.[26]

MBC는 빼고 채널A만 압수수색하다니

4·15 총선에서 민주당은 177석을 얻는 압승을 거두었다. 민주당으로선 보름 전 '검언유착 의혹' 보도를 한 MBC가 은인인 셈이었다. 그렇게 부실한 근거로 그렇게 센 뻥을 쳐대

는 보도를 하다니! 이후 MBC가 여권의 '작전' 또는 '공작'에 동참했을 가능성에 대한 의혹이 제기된 건 당연한 일이었다.

총선 2주 전인 4월 1일 MBC는 또 '단독' 타이틀을 걸고 전 경제부총리 최경환이 바이오 기업 신라젠에 65억 원을 투자했다는 의혹을 톱뉴스로 방송했다. 이 기사는 이동재가 이철에게서 최경환 관련 의혹에 대해서도 제보를 받았지만, 유시민의 부정 의혹에만 관심을 보였다면서 '검언유착' 의혹을 강화하는 성격의 보도였다.[27]

최경환 측은 즉각 보도 내용이 사실무근이라며 MBC 기자를 명예훼손 혐의로 고소했고, 기사를 인터넷에서 삭제하고 관련 후속 보도도 막아달라며 방송금지 가처분 신청도 법원에 함께 제기했다. 나중에 밝혀지지만, 이는 문재인 정권을 위해 도움이 될 일이라면 물불을 가리지 않고 달려든 MBC의 광기狂氣를 말해준 엉터리 보도였다. 법조계에서는 "MBC의 무리한 보도는 신라젠 사건 등 검찰의 '정권 수사'를 견제하면서 윤석열 검찰총장을 흔들려는 의도가 담긴 것"이라는 말이 나왔다.[28]

그런데 방송 당시 "저희는 이번 의혹의 실체를 파악하기 위한 취재를 계속해 나갈 것"이라고 했던 MBC는 4월 20일 법원에 방송금지 가처분 신청 관련 답변서를 내고 "이 사건과 관련한 후속 보도를 구체적으로 예정하고 있지 않다"고 했다. 의혹을 제기한 MBC가 관련 취재를 통해 '65억 원 차명 투자' 실체를 밝혀내는 게 상식적이건만 MBC는 총선이 끝나자 "후속 보도 계획은 없다"며 입증 책임을 포기한 것이다. 그사이 MBC 보도를 토대로 '윤석열 때리기'에 나섰던 이들 중 상당수가 국회의원에 당선되었다.[29]

이게 도대체 무슨 짓이란 말인가? 이해할 수 없는 일은 계속 벌어졌다. 4월 28일 '채널A 기자·검사장 간 통화 논란'을 수사 중인 검찰이 MBC와 채널A에 대해 동시에 압수수색 영장을 청구했지만 법원이 MBC는 기각하고 채널A만 발부한 것으로 확인되었다. 검찰은 이날 영장이 발부된 서울 중구 채널A 본사, 이동재 자택 등 5곳을 전격 압수수색했다. 균형 있게 수사하라고 지시한 검찰총장 윤석열은 한쪽만 영장이 발부된 것에 대해 황당하다는 반응을 보인 것으로 전해졌다.[30]

서울중앙지검 형사1부(부장 정진웅)가 애당초 부실한 영장을 청구했다는 지적이 나왔다. MBC 관련 영장 내용에는 '신라젠 65억 원 투자 의혹'의 당사자로 보도한 최경환의 고소 내용, 채널A 기자가 이철 측 제보자 지현진을 만나는 장면을 '몰래카메라'로 촬영한 내용은 빠져 있었으며, 대신 MBC는 채널A 기자의 강요 미수 혐의 참고인으로만 적시되었다는 것이다. 4월 29일 윤석열이 서울중앙지검에 대해 "제반 이슈에 대해 빠짐없이 균형 있게 조사하라"고 지시하자, 법조계에선 "윤 총장과 (친여적인) 이성윤 서울중앙지검장 간의 2차 충돌"이라는 말이 나왔다.[31]

'윤석열 대 이성윤'의 대결 구도는 언론에도 그대로 나타났다. 『조선일보』는 「MBC는 빼고 채널A만 압수수색, 법 집행인가 정치인가」라는 사설을 통해 "MBC 제보자와 최강욱 씨는 아예 압수수색 대상에 포함되지도 않았다"며 "검찰총장을 허수아비로 만들어 정권의 불법 혐의를 덮고 자기들 마음대로 검찰을 부리겠다는 것이다. 선거에 압승하자 일부 검사도 여기에 가세하기 시작했다"고 비판했다.[32]

　　반면 『한겨레』는 「압수수색 자초한 채널A, 진실 밝히는 게 정도다」라는 사설을 통해 "검찰이 문화방송(MBC)도 이 사건의 '참고인'으로 압수수색 영장을 청구한 것은 과도한 조처다"며 "이런 점에서 윤 총장이 29일 '채널에이, 엠비시 관련 의혹 사건을 균형 있게 조사하라'고 지시한 것은 본말을 흐리는 부적절한 발언이다"고 주장했다.[33] 『한겨레』는 「윤석열 "균형 수사" 지시, '측근 검사장·채널A 유착 의혹' 물타기 노렸나」, 「채널A와 MBC, '거짓 등가성'의 오류」 등의 기사를 통해서도 윤석열을 비판했다.[34]

"이명박·박근혜 정부의 MBC와 무엇이 다른가"

　　MBC의 '어용 방송'은 날이 갈수록 그 농도를 더해갔다. 5월 12일 MBC는 〈2시 뉴스외전〉에 정의기억연대를 둘러싼 의혹을 받고 있는 민주당 비례대표 당선자 윤미향을 초대했다.

"보수 언론의 모략극이라는 게 확고하냐", "전반적인 음모가 있다는 거냐"는 질문에 윤미향은 "미래통합당이 스피치하고 일부 언론이 이를 따라 보도하는 게 단순하지 않은 것 같다"고 했다. MBC 〈뉴스데스크〉는 같은 날 15분 분량 오후 뉴스를 짧게 편집해 '할머니와 소통 부족…의혹은 통합당과 보수 언론 모략'이란 제목의 리포트를 냈다. "조국 프레임에 걸렸다고 생각하느냐"는 질문에 윤미향의 "'(조국) 딸과 그 가족이 어떤 아픔이었을까, 엄마로서……'라는 생각이 들었다"는 답변이 재차 전파를 탔다.[35]

고故 한만호 한신건영 대표에게서 9억 원을 받은 혐의로 2015년 대법원에서 징역 2년 판결을 받은 전 국무총리 한명숙에 대한 옹호 방송은 어떠했던가? 여권은 "검찰 강요로 허위 진술을 했다"는 내용의 한만호 옥중 비망록이 일부 언론에 보도되자, 비망록이 세상에 처음 나온 증거인 것처럼 호들갑을 떨며 한명숙 무죄를 주장했다.

비망록은 9년 전 수사팀이 처음 입수해 한만호의 위증 증거로 재판부에 제출했고, 법원 역시 검찰 주장을 인정한 문건인데 이제 와서 비망록이 불법 수사의 징표로 둔갑한 것이다. MBC는 당시 법원이 압수수색 영장을 발부했다는 걸 뻔히 알면서도 사실을 왜곡하는 데 앞장섰다. 5월 14일 전 MBC 사장 최승호가 퇴임 직후 복귀한 매체인 『뉴스타파』가 "한만호 비망록을 단독 입수했다"고 보도하자, MBC는 이날 "『뉴스타파』에서 비망록을 전해 받아 MBC가 공동 취재했다"며 '433·332·333 외워서 진술…검찰의 강아지였다', '빼앗긴 비망록…10년 만에 드러난 1,200쪽' 등 리포트를 두 꼭지에 걸쳐 내보냈다.[36]

6월 10일 열린 '80년 제작 거부 언론 투쟁 40년 세미나'에서 진보적 언론학이자 건국대학교 미디어커뮤니케이션학과 교수인 손석춘은 현 언론의 문제를 지적하면서 "KBS와 MBC는 해직 기자나 언론노조 출신들이 김대중·노무현 정부 때 사장을 맡았고 이명박·박근혜 정부를 거쳐 문재인 정부가 들어서자 공정 언론을 위해 싸웠던 방송인들이 다시 사장으로 취임했다"며 "한국의 공영방송은 영원히 친정부 편향일 수밖에 없는 거냐"는 의문을 제기했다. 그는 "정파적 저널리즘이 『한겨레』·『경향신문』과 KBS, MBC 공영방송에 악영향을 끼치고 있다"며 "시청률과 청취율, 구독률을 무기로 응집력 높은 그들의 저널리즘 이해나 정파적 언행들은 '이명박·박근혜 정부의 KBS·MBC'처럼 역사적 반동을 불러올 가능성이 높다"고 비판했다.[37]

손석춘은 이어 "더불어민주당은 언론개혁을 진영 논리로 공공연히 받아들이고 있다. 시민 언론 운동이 민주당의 하위 조직으로 편입되고 있다는 시민사회 일각의 주장은 정말 기우일까"라고 말했다. 이에 민주언론시민연합 대표를 지낸 세명대학교 교수 정연우는 "손 교수의 주장은 언론개혁 대상이자 개혁 운동에 반대하고 있는 일부 보수 언론의 프레임"이라고 주장했다. 그러

나 손석춘은 "최근 (KBS) 〈저널리즘 토크쇼 J〉가 최강욱 열린민
주당 대표를 불렀는데 문제가 없다고 생각하는가. 누군가는 그
부분을 지적해야 하지 않나"라고 반박했다.[38]

" '검언유착'이 아니라 '권언유착'이다"

　　6월 25일 채널A 인사위원회를 통해 취재 윤리 위
반으로 해고된 이동재는 『조선일보』 인터뷰에서 "이번 사건은
정치권력과 '사기꾼', 이에 부화뇌동한 언론(MBC)의 합작품으
로 '업그레이드된 김대업 사건'"이라고 주장했다. 그는 " '신라
젠 여야 로비 자료'가 있다는 '제보자 X' 지현진의 말에 끌려 들
어가 그의 이름을 확인도 못 한 채 무리한 취재를 한 것을 후회한
다. 일단 로비 자료만 확보하자고 생각했는데 일이 이렇게 커질
줄 몰랐다"며 다음과 같이 말했다.

　　"지금 생각해보면 상대는 정치권과 거대 언론사와 함께 작정
하고 치밀하게 나왔다. 내 입장에서는 잘해보려고 한 거다. 억울
한 사람들(VIK 피해자 3만 명)의 원한을 풀어주려고 했는데. 4월
예정돼 있던 일본 연수 출국 전에 빨리 성과를 내고 가려 하다가
이렇게 됐다. 한 검사장에게도 많이 미안하다."[39]

　　바로 이날 법무부 장관 추미애는 MBC가 보도한 '검언유착'
의혹 사건에 대한 수사 지휘권을 발동해 윤석열에게 대검의 수

사 자문단 소집을 중단하고 수사 결과만 보고받으라고 지시했다. 수사에서 손을 떼라는 것이었다. 이에 『조선일보』는 「추 장관 수사 지휘, '제2의 김대업 사건' 덮으려는 건가」라는 사설을 통해 "이번 사건은 정치권력과 사기꾼, 이에 부화뇌동한 언론(MBC)의 합작품", "제2의 김대업 사건"이라고 한 이동재의 주장을 언급하면서 다음과 같이 말했다.

"여러 증거와 정황들로 볼 때 그렇게 볼 소지가 다분하다. 그런데도 서울중앙지검 수사팀은 이들에 대해서는 전혀 수사하지 않고, 법무 장관은 '검사와 기자가 공모', '증거가 있다'고 몰아가고 있다. 검찰총장을 압박해 쫓아내려는 속내가 뻔히 보인다."[40]

7월 5일 진중권은 페이스북에 "수사 지휘권 발동 사태로까지 이어진 이 사건의 발단은 사기꾼 지현진이 최강욱(열린민주당 의원)-황희석(열린민주당 최고위원)과 꾸민 '작전'이었다"며 "이들의 음모론을 현실로 둔갑시키는 데에는 MBC가 동원됐다"고 했다. 그는 또 "추미애 장관과 이성윤 서울중앙지검장이 사기꾼과 협업을 하니 민망한 일이 아닐 수 없다"며 "정권 차원의 도덕적 스캔들"이라고 주장했다.

진중권은 또 "이 사건의 본질은 '검언유착'보다는 차라리 '권언유착'에 가깝다"며 "저쪽에 물리량에서 밀리다 보니, 프레임 싸움 한 번 제대로 못하고 당하는 것"이라고 지적했다. 그러면서 "게다가 저쪽은 권력까지 잡고 있어, 그 음모론을 장관의 권한으로 관철시키거든요. 그러니 압도적으로 밀리는 거죠"라고도 했다.

진중권은 이 사건을 수사 중인 서울중앙지검도 비판했다. 그는 "이미 공작의 정황들이 수다하게 드러났는데, 이 부분은 전혀 수사가 이루어지지 않았다"며 "사기꾼 지현진은 '날 잡아봐라' 하면서 검찰을 능욕하고 있다. 이성윤 서울중앙지검장과 추미애 법무부 장관이 자기 뒤를 봐준다는 자신감의 발로가 아니라면, 도저히 있을 수 없는 일"이라고 지적했다. 그러면서 "이제 잃어버린 반쪽의 진실, 반쪽이 아니라 대부분의 진실을 밝힐 때가 왔다"고도 했다.[41]

이해할 수 없는 채널A 기자 구속

그럼에도 7월 17일 서울중앙지법 영장 전담 부장판사 김동현은 이동재의 구속영장을 발부했다. 2020년 들어 5월까지 강요죄로 구속된 피고인이 1명뿐이었고, 강요 미수죄 단독 혐의로 구속된 사례는 사실상 없었기에 수사팀의 구속영장 청구와 법원의 구속영장 발부는 매우 이례적인 것이었다.[42] 구속영장 청구와 관련, 수사팀 내부에서도 반대 의견이 다수였지만 서울중앙지검장 이성윤이 밀어붙였다는 보도가 나중에 나오기도 했다.[43]

구속영장 기각·발부 사유는 통상 20~30자임에도 김동현은 이례적으로 229자 발부 사유를 냈다. 특히 김동현이 "언론과 검찰의 신뢰 회복을 위해서라도 구속 수사가 불가피하다"고 사유를 든 것은 많은 사람을 놀라게 만들었다. 그건 법을 잘 모르는 사람일지라도 말이 안 되는 난센스에 가까운 발상이었기 때문이다.

진중권은 18일 자신의 페이스북에서 "(언론과 검찰의 신뢰 회복은) 한 기자와 한 검사의 개별적 일탈에 관한 언급이 아니다. 상황에 대한 어떤 '일반적' 판단, 즉 검찰 집단과 언론 집단이 모종의 유착 관계에 있다는 판단"이라면서 "그 판단은 보편성이 없는 것으로 명백히 정치성을 지닌다"고 지적했다.[44]

법원 내부에선 더욱 거센 비판이 나왔다. 『조선일보』에 따르면, 한 고등법원 부장판사는 "언론과 검찰의 신뢰 회복은 영장 발부 사유와 아무 관련이 없다"며 "중립성이 생명인 판사가 한쪽으로 기울어져 있다는 인상을 주기에 충분하다"고 했다. 다른 부장판사는 "영장 판사가 이 사건은 검·언유착 사건이라고 전제하고 판단을 한 것 같다"며 "법원 전체에 흙탕물을 뿌리는 행동이다. 부끄럽고 황당한 사유"라고 했다. 일부 평판사는 "여당 대변인 논평 같아 놀랐다"고 했다.[45]

약 5개월 후엔 수사팀 검사들의 격렬한 반대에도 이성윤이 "한동훈 검사장 외에 송경호·신봉수 차장 등도 이번 사건에 공모했을 가능성이 있다"는 영장 의견서를 제출하고 한동훈과 송경호·신봉수 간의 통화 내역을 첨부한 것으로 알려졌다. 수사팀 검사들은 영장 실질 심사 전날까지 "한동훈 검사장 혐의도 확정할 수 없는데 의견서에 송·신 차장의 공모 가능성을 언급하고 검찰 간부 간의 통화 내역을 제출하는 것은 말이 안 된다"고 반대했지만 묵살되었다는 것이다. 검찰 관계자는 "이성윤 지검장이 영장 발부를 위해 무리하게 밀어붙인 것"이라며 "이는 영장 발부에 영향을 미쳤고 판사도 영장 발부 사유에 그런 뉘앙스를 풍겼다"고 했다.[46]

"허위·날조·왜곡·공작 없이는 정권 유지가 안 되나"

'어용 방송' 노릇에서 MBC를 능가할 수는 없지만, 그래도 최소한의 '성의'는 보여야 한다고 생각했던 걸까? KBS까지 이 수상쩍은 프로젝트에 발 벗고 뛰어들었으니 말이다. KBS는 7월 18일 밤 메인 뉴스인 〈뉴스9〉에서 「"유시민-총선 관련 대화가 '스모킹 건'"…수사 부정적이던 윤석열도 타격」이라는 보도를 통해 "이동재 전 기자와 한동훈 검사장이 4월 총선을 앞두고 유시민 노무현재단 이사장의 신라젠 주가 조작 연루 의혹을 제기하자고 공모했다는 정황이 확인됐다"고 보도했다. KBS는 "이 전 기자는 총선에서 야당이 승리하면 윤석열 총장에게 힘이 실린다는 등의 유시민 이사장 관련 취재 필요성을 언급했고, 한 검사장은 돕겠다는 의미의 말과 함께 독려성 언급도 했다는 것"이라고 보도했다. 또한 KBS는 보도 후 앵커 클로징 멘트를 통해 검언유착 의혹과 관련, "언론의 자유를 특권으로 오해한 적은 없는지, 언론 소비자들은 언론인들에 묻고 있다"고 비판했다.

놀라운 뉴스였지만, '가짜뉴스'였다. 이 '가짜뉴스'의 수명은 단 하루에 지나지 않았다. 이동재의 변호인이 관련 대화 내용을 공개하고 반박하자 KBS는 8월 19일 밤 〈뉴스9〉에서 사과했으니 말이다. KBS는 "KBS 취재진은 다양한 취재원들을 상대로 한 취재를 종합해 당시 상황을 재구성했지만, 기사 일부에서 정확히 확인되지 않은 사실이 단정적으로 표현된 점 사과드린다"고 했다.

KBS는 관련 기사를 보도한 뒤 앵커 멘트를 통해 다시 입장을 밝혔다. KBS는 "공영방송으로서 권력과 자본으로부터 독립된 진실 보도를 추구하고 있다"면서 "정파적 이해관계에 좌우돼 사실과 다른 내용을 보도하거나, 인과관계를 왜곡해서는 안 된다는 것이 취재진의 공통된 믿음"이라고 전제했다. 그러면서 "취재 과정에서, 또 보도 내용 가운데, 불가피한 실수가 발견될 경우, 시청자 여러분께 가감 없이 공개하고 양해를 구하겠다"고 했다.

"언론 자유가 특권이냐"고 따져 묻던 KBS는 자신들이 오남용한 '특권'에 대해선 "불가피한 실수"라고 했다. 그러나 KBS는 '기사 일부에서 정확히 확인되지 않은 사실'이 무엇인지, '발견된 불가피한 실수'가 어떤 것인지에 대해서는 구체적으로 언급하지 않았다. 이에 대해 진중권은 "'기사 일부'가 아니라 기사 전체가 허위"라며 "이제 기사를 작성하기 위해 '종합'했다는 '다양한 취재원'을 밝혀야 한다. 그들이 바로 이 공작 정치의 주범들일 테니까"라고 했다.[47]

진중권의 말을 더 들어보자. 그는 페이스북을 통해 "MBC의 뒤를 이어 이번엔 KBS가 나섰다"며 "공개된 녹취록을 읽어봤다. 부산 녹취록이 첨가됐을 뿐, 녹취록에 없는 얘기를 날조해 '검언유착' 프레임을 만드는 수법은 동일하다"고 말했다. 그는 "날조된 시나리오는 (제보자 X로 불리는) 지현진, 최강욱(열린민주당 대표), 황희석(열린민주당 최고위원)이 짰다는 '작전'의 시나리오와 정확히 일치한다"고 했다.

진중권은 "철저한 수사를 통해 이 음습한 공작(KBS 보도)의 배후를 낱낱이 밝혀야 한다"며 "이번엔 (KBS와) 서울중앙지검과의 연결에 주목해야 한다"고 했다. 이어 "일각에선 (서울중앙지검으로부터) 정치권으로 넘어간 게 KBS로 흘러들어간 게 아니냐는 말도 나온다"며 "어느 쪽이든 결국 수사를 맡은 서울중앙지검에서 흘린 것일 수밖에 없다"고 주장했다. 그러면서 "이 X의 정권은 허위, 날조, 왜곡, 공작 없이는 유지가 안 되나 보다"고 했다.[48]

『조선일보』는 「정권과 친여 매체들의 '윤석열 죽이기' 공모가 '검·언유착'이다」라는 사설을 통해 "이 어이없는 소동은 MBC가 만들고 친여 매체들이 가세한 '검·언유착' 사건이 실은 조작에 가깝다는 사실을 보여주고 있다"며 "윤석열 검찰총장이 제거

될 때까지 이들의 조작, 공작은 계속될 것이다"고 했다.[49] (KBS '가짜뉴스'에 얽힌 진실은 2년 3개월 후에 밝혀진다. 2022년 10월 27일 서울남부지검 형사6부[이준동 부장검사]에 따르면, 당시 서울중앙지검 3차장 검사였던 신성식이 KBS 기자에게 거짓 정보를 준 것으로 드러났다.)[50]

"MBC와 KBS의 무서운 인간들"

7월 20일 다시 MBC가 나섰다. MBC는 이동재와 한동훈이 부산고검에서 나눈 대화 녹취록을 취재했다며 그 내용을 보도했다. MBC는 "(이 전 기자가) '이철 전 VIK 대표 측을 압박해서 유시민의 범죄 정보를 얻으려 한다'며 취재의 목적과 방법을 설명하자, 한 검사장은 '그런 것은 해볼 만하다. 그런 거 하다가 한두 개 걸리면 된다'고 말을 한 것으로 검찰 수사팀이 파악했다"고 보도하면서 "대화의 맥락으로 보면 (공모) 의혹은 여전하다"고 주장했다.

그러나 이동재의 대리인인 변호사 주진우는 입장문을 내고 "MBC 보도 내용은 녹취록 전체 취지를 왜곡한 편향된 보도로서 내일 녹취록 전문을 공개하겠다"며 "녹취록 공개 후 MBC 측은 그에 상응하는 조치를 해주시기 바란다"고 했다. 주진우는 "누가 봐도 취재를 잘해보라는 덕담이지 협박해서라도 특정 정치인에 대한 제보를 강요하라고 한 것으로 어떻게 해석할 수 있겠느냐"

며 "내일 전문 공개가 되면 국민들이 판단할 것"이라고 했다.[51]

7월 21일 이동재와 한동훈의 대화 녹취록 전문이 공개된 가운데, 진중권은 해당 녹취록 내용을 두고 "누군가 '악마의 편집'으로 공중파 통해 언론플레이를 한 것"이라고 분석했다. 그는 "KBS도 그렇고 MBC도 녹취록 내용을 왜곡해 보도했다. MBC의 경우엔 KBS에서 이미 오보를 인정하고 사과를 한 시점에서 그 짓을 했다"며 "혼자서라도 이 상황을 돌파하겠다는 건데, 역시 MBC"라고 비판했다. 그는 "정치적 이유에서 사안을 무리하게 '검언유착'으로 몰고 가다가 역으로 '권언유착'의 꼬리를 밟힌 셈인데, KBS와 MBC는 취재원이 누구였는지 밝혀야 한다"며 "이 사람들, 무서운 인간들"이라고 덧붙였다.[52]

MBC는 〈뉴스데스크〉에서 이동재의 구속영장 내용을 거의 그대로 전함으로써 수사 기밀 유출 논란을 불러일으켰다.[53] 『조선일보』는 사설을 통해 이렇게 말했다. "MBC 보도 내용은 채널A 기자 구속영장과 문구나 표현이 똑같다고 한다. 수사팀만 알 수 있는 내용들까지 보도됐다. 수사팀이 MBC 측에 유출했다고 볼 수밖에 없다. MBC는 한 검사장과 기자의 명예를 훼손한 혐의로 고발된 피의자다. 그런데 피의자에게 수사 사항이 고스란히 넘어갔다면 명백한 범죄다. 이게 진짜 '검·언유착' 아닌가."[54]

7월 24일 오전 유시민은 MBC 라디오 〈김종배의 시선집중〉에 출연해 "검언유착 사건은 검찰이 언론에 외주를 준 사건", "윤

총장도 관련돼 있을 가능성이 많다" 등의 엉뚱한 주장을 펼쳤다. 이에 대해 진중권은 "녹취록 공개로 KBS, MBC의 공격이 무위로 돌아가자 자신이 직접 나선 모양"이라며 "한마디로 오늘 열릴 수사심의위에 영향을 끼치기 위해 시간 맞춰 여론조작을 하겠다는 거다. 역시 MBC고, 이번엔 김종배가 자락을 깔아줬다. 종배 씨, 그렇게 살지 마라"고 말했다. 그는 "(유 이사장이) 워낙 겁이 많아서 자신이 입을지 모르는 그 피해의 망상에다가 현실을 짜맞추려 하는 것"이라며 "이번 KBS, MBC의 왜곡 보도도 그 피해망상 사이코 드라마의 연장"이라고 덧붙였다.[55]

이날 검찰 수사심의위원회는 '검언유착' 의혹을 받아온 한동훈에 대해 '수사 중단 및 불기소'를 압도적 다수로 권고했다. 그러자 검찰 내부에서는 "추미애 법무 장관과 이성윤 서울중앙지검장이 무리하게 수사를 끌고 왔다"는 비판이 제기되었다. 또한 이동재의 구속영장 청구와 관련, 수사팀 내부에서도 반대 의견이 다수였지만 이성윤이 밀어붙였다는 얘기도 나오기 시작했다.[56]

7월 28일 『중앙일보』는 「진짜 유착은 KBS와 '이성윤 검찰'의 소행 아닌가」라는 사설에서 "MBC 보도가 촉발하고 여권 인사들이 가세해 만든 이 전 기자와 한 검사장의 '검·언유착' 프레임은 녹취록 공개로 허물어지고 있다. 정상적 판단력을 가진 사람은 도저히 '공모'라고 해석할 수 없는 대화가 그 안에 있다"며 다음과 같이 말했다.

"변호사·교수 등으로 구성된 대검 수사심의위원회도 한 검사장에게 공모 혐의가 없다고 판단하고 불기소를 권고했다. 진짜 '유착'으로 의심되는 것은 KBS와 해당 보도 취재원의 관계다. 누군가가 거짓 정보를 흘렸고, 기자는 그대로 옮겼다. KBS는 신속히 진상을 확인하고 문제의 취재원이 누구인지 밝혀야 한다. 그는 언론의 보호를 받아야 할 취재원이 아니라 허위 보도를 유인한 파렴치한 정보원일 뿐이다."[57]

문재인 정권·MBC의 '공작'을 수사할 힘이 없는 윤석열

8월 5일 서울중앙지검 형사1부(부장 정진웅)는 전 채널A 기자 이동재를 강요 미수 혐의로 기소했지만, 끝내 공소장에 한동훈과 이동재가 공모했다는 내용은 포함시키지 못했다. 이를 두고 법조계에서는 "법원은 이 전 기자를 무슨 사유로 구속한 것이냐"는 이야기가 나왔다. 법원이 검찰도 증명 못한 이동재와 한동훈의 공모 여부를 단정해 구속영장을 발부했다는 비판이었다.[58]

이에 『조선일보』는 「헛발질로 끝난 '검·언유착', 이제 정권·MBC의 '공작' 수사하라」는 사설을 통해 "지금까지 드러난 사실은 오히려 채널A 기자와 한 검사장의 '검·언유착'이 아니라 여권과 사기꾼, 어용 방송이 짜고 벌인 조작극에 가깝다는 것이다"고 했다. 이어 사설은 "발단은 특종 욕심이 지나친 기자가 사기죄로 수감된 사람에게 유시민 씨 관련 취재를 하려고 마치 자신이 한 검사장과 잘 통하는 것처럼 거짓 편지를 보낸 것이다. 한 검사장은 이런 편지 내용을 알지도 못했다"며 다음과 같이 말했다.

"그런데 이것이 MBC의 보도로 한 검사장이 기자와 짜고 진술을 압박했다는 것으로 둔갑했다.……이제 검찰 수사는 여권이 MBC를 이용해 벌인 권·언유착으로 넘어가야 한다. 검찰은 MBC에 대해 압수수색조차 하지 않았다. 한동훈 검사장은 '애초에 공모가 없었으니, 검·언유착이라고 부르지 말아달라'면서 MBC와 정치인 등에 대한 수사를 촉구했다. 윤석열 총장이 결단을 내려야 한다."[59]

그러나 윤석열에겐 이미 그럴 수 있는 힘이 없었다. 서울중앙지검 수사팀 내부에서도 "권언유착 의혹도 제대로 수사해야 한다"는 반발이 있었지만 묵살된 것으로 전해졌다. 문재인 정권과 서울중앙지검의 목표는 오직 '윤석열 죽이기'인 것처럼 보였으니,[60] 그런 상황에서 수상 대상은 오직 '검언유착'이었을 뿐 '권언유착'은 건드릴 수 없는 성역이 되고 말았다.[61]

그런 상황에서 기고만장氣高萬丈한 건지는 알 수 없지만, MBC의 상식을 초월한 일탈은 멈출 줄을 몰랐다. 9월 13일에 진행된 MBC 취재기자 필기시험의 논술 부문 논제가 "박원순 전 서울시장 성추행 문제 제기자를 피해자라고 칭해야 하는가, 피해 호소자라고 칭해야 하는가(제3의 호칭도 상관없음)"인 것으로 알려져 뜨거운 논란이 일었다.

　회원 수 15만 명의 한 언론사 지망생 온라인 카페에는 "그 많은 주제 중 하필 저 주제로 논제를 낸 의도가 궁금하다", "이곳에 지원하는 게 맞는지 자괴감이 든다", "진영 논리 매트릭스에 빠져 있다는 걸 보여준다" 등의 글이 올라왔다. 한 지망생은 "어떻게 공채 논제로 2차 가해를 할 수 있는지 황당하다"며 "사상 검증도 정도껏이지 인간 된 도리를 저버리는 논제를 출제했다"고 분개했다. 또 다른 지망생은 "논제가 편향적"이라며 "입맛에 맞는 답안을 내놓으라는 고난도의 문제"라는 반응을 보였다.[62] 이렇듯 비난이 빗발치자 MBC는 다음 날 "이번 논술 문제를 채점에서 제외하고, 기존 논술 시험에 응시한 취재기자 및 영상 기자에 한해 새로 논술 문제를 출제해 재시험을 치르겠다"고 밝혔다.[63]

MBC 〈스트레이트〉는 '어용 방송'의 상징인가?

　10월 7일, 국민의힘 의원들이 공영방송 TV와 라디오 프로그램 대상으로 주제, 출연진 등을 전수조사한 결과 친여 패널들이 집중적으로 출연해 정권을 편드는 내용 위주의 방송을 해온 것으로 나타났다. 어느덧 '어용 방송'의 상징이 되어버린 MBC의 탐사 기획 〈스트레이트〉는 국민의힘 인사 또는 이명박·박근혜 정부를 비판하는 주제만 주로 다루었다. 김영식 의원실이

2018년 2월부터 2020년 9월까지 총 158편을 주제별로 분석한 결과, 국민의힘 비판 보도는 80건인데 비해 민주당 관련 보도는 단 3건뿐이었다. MBC는 국민의힘 전 원내대표 나경원의 아들 관련 의혹을 3차례나 보도했지만, 추미애 또는 조국의 아들 문제는 전혀 다루지 않았다. 국민의힘 원내대표 주호영의 부동산 관련 의혹도 3차례 보도했지만, 민주당 의원 양정숙·김홍걸과 전 의원 손혜원의 부동산 문제는 다루지 않았다.[64]

김도인의 분석에 따르면, 집값 폭등으로 문재인 정권이 코너에 몰려 있던 2020년, 〈스트레이트〉는 7월 26일, 8월 2일, 9월 6일 3차례에 걸쳐 집값 폭등의 원인을 박근혜 정권 탓으로 몰고 가는 듯한 내용을 보도했다. 그중 8월 2일 '집값 폭등의 또 다른 주범은 언론…언론은 정말 집값 안정을 바랄까?' 편은 과도한 정파성의 폐해를 여실히 보여준 방송이었다.

이 프로그램은 미래통합당 원내대표 주호영이 반포주공1단지 아파트 재건축으로 23억 원의 시세 차익을 거둬, 온라인에서 '#주호영23억' 운동이 시작되었다는 기사를 여러 번 소개하면서 사실상 '#주호영23억' 운동을 부추기는가 하면, '주호영'이라는 이름을 무려 20번 가까이 거명하면서, 주호영의 사진과 자료화면을 15번이나 노출했다. 더군다나 "MBC가 의도를 가지고 편파적으로 보도한다고 보는 입장이기 때문에 더이상 취재에 응하지 않겠어요"라는 주호영의 전화 통화를 소개하고도, 사전 약속 없이 국회로 찾아가 '매복 인터뷰'를 시도했다. 이에 대해 김도인은 다음과 같이 말했다.

"흔히 앰부시ambush라고 하는 매복 인터뷰는 권력자의 민낯을 드러내기 위해서 하는데, 나는 MBC가 민주당 진영을 상대로 '매복 인터뷰'를 시도하는 것을 본 적이 없다. 주호영 원내대표가 얼마 전 국회 교섭단체 대표 연설에서, 서민들이 '이생집망(이번 생에서 집 사기는 망했다)'이라고 절규하고 있다며, 김현미 국토부 장관의 경질과 문재인 대통령의 사과를 요구한 것에 대한 보복이 아닐까 하는 합리적 의심이 들 만큼 과도한 '좌표 찍기'였다."[65]

10월 19일 국회에서 열린 방문진 국정감사에서 MBC가 문재인 정부 출범 이후 '적폐 청산' 차원에서 해임한 지방 MBC와 계열사 사장, 임원들이 제기한 소송에서 잇따라 패소해 물어주어야 하는 손해배상금 확정액만 38억 원이 넘는 것으로 나타났다. 국민의힘 의원 박대출은 "추가로 확정판결을 남겨둔 소송들까지 감안하면 앞으로 MBC가 부담해야 할 손해배상액은 더욱 커질 전망"이라며 "MBC 경영진은 보복 인사와 이념 놀이, 편 가르기로 회사에 큰 손실을 입혔다"고 주장했다.[66]

MBC의 정파적 보도 행태를 둘러싼 논란은 한국이 '심판이 존재하지 않는 이전투구泥田鬪狗 사회'라는 걸 웅변해주었다. 이전투구에 휘말려들고 싶지 않은 전문가들은 이 문제에 대한 논의 자체를 회피했다. 이건 언론 문제였음에도 대부분의 언론학자들은 이 사건을 외면했다. 내가 이 책에서 진중권의 주장을 많이 소개한 것도 바로 그런 이유 때문이다. 그는 언론학자 수십 명의 역할에 해당하는 몫의 개입을 했고, 나중에 밝혀진 바와 같이 탁월한 분석과 해석을 많이 제시했다. 무력했던 언론학자 중 한 사람으로서 감사하지 않을 수 없는 그의 활약은 이후에도 계속된다.

제3장

'어용 방송 편향성'의 신념화

"검언유착이 아니라 권언유착이 본질이다"

"많은 언론들이 부정확한 기사와 의도적 이슈몰이로 손가락질 받고 있는 지금, MBC야말로 가장 정확한 정보와 깊이 있는 분석으로 국민의 불안을 해소할 수 있는 조직이다. 뉴스는 더 정확해져야 하고 시사 프로그램은 더 세심해져야 한다."[1] 2021년 1월 4일 MBC 사장 박성제가 시무식을 대신해 발표한 신년사를 통해 한 말이다. 매우 좋은 말이었지만, 많은 언론 중엔 '부정확한 기사와 의도적 이슈몰이' 혐의는 MBC에 가장 잘 어울린다고 생각할 언론도 있지 않았을까?

1월 26일 검찰이 '채널A 사건'과 관련해 열린민주당 대표 최강욱과 전 VIK 대표 이철을 허위사실 유포 등에 의한 명예훼손 혐의로 기소하자, 『조선일보』는 "여권의 '검·언유착' 몰아가기가 허물어졌다는 평가가 나왔다"고 했다. 최강욱이 "이동재 전 채널A 기자가 이철 씨에게 '사실이 아니라도 좋다. 당신이 살려면 유시민에게 돈을 주었다고 하라'고 말했다"고 주장한 것, 또 이철이 MBC에 제보한 '최경환 65억 원 신라젠 투자' 의혹은 모두 허위라고 검찰은 판단했으며, 그래서 법조계 인사들은 "이 사건은 오히려 친여 방송과 여권 인사들이 합작해 '검·언유착' 프레임을 만들고 이를 몰아간 '권·언權言유착'이 본질"이라고 했다는 것이다.[2]

1월 29일 이동재는 열린민주당 대표 최강욱을 상대로 5,000만원의 손해배상 청구 소송을 서울중앙지법에 제기했다. 이동재 측은 소장에서 "최 대표는 청와대 공직기강비서관 등 고위 공직을 역임했던 자로서 사회적 영향력이 크고, 20대 총선을 앞두고 자신에게 유리한 여론을 형성하려고 했다"며 "이 전 기자는 허위사실 유포 이후 사회적 비난 속에 정신적 고통을 받고 회사에서 해고되기까지 했다"고 밝혔다.

이동재 측은 "최 대표는 기소가 됐음에도 불구하고 변명으로 일관하며 이 전 기자에게 진심을 담은 사과의 말조차 없다"며 "최 대표의 허위사실 유포로 인한 이 전 기자의 명예훼손과 정신적 고통은 상당하다"고 했다. 또 "최 대표는 해당 내용이 이 전 기자의 인격을 말살하는 수준의 거짓말임에도 현재까지도 그 글을 페이스북에 게재하고 있다"며 "최 대표가 얼토당토않은 녹취록 내용을 스스로 지어냈는지, 아니면 거짓 정보를 제공한 출처가 있는 것인지, 누구와 어떤 의도로 거짓 폭로를 기획했는지 명확히 밝히고 사과하지 않는 한 법적 조치를 이어갈 것"이라고 했다.[3]

이동재는 구속 202일 만인 2월 3일 보석으로 석방되었지만, 재판이 공전되는 상황에서, 보석 결정을 4개월 미루며 구속 기간 만료 하루 전에야 허가한 것이어서 또 한 번 논란이 되었다. 이동재의 변호인인 주진우는 "도주 및 증거인멸 우려가 없었던 상황은 그때나 지금이나 마찬가지인데 그사이 어떤 사정 변경이 있어 보석을 이제 허가했는지 납득이 되지 않는다"며 "이례적으로 늦은 결정에 불구속 재판 원칙이 훼손됐다고 생각한다"고 지적했다.[4]

'약간 맛이 간 사람들' 시각이 '적극적 공영방송'인가?

2021년 4·7재보궐선거를 한 달 앞둔 3월 7일 경제부총리 겸 기획재정부 장관 홍남기는 한국토지주택공사LH 일부 직원의 땅 투기 의혹에 대해 "토지 개발, 주택 업무 관련 부처·기관의 해당 직원들은 원칙적으로 일정한 범주 내 토지 거래를 제한하고 불가피한 토지 거래의 경우에는 신고토록 하겠다"고 밝혔다. KBS·MBC는 오전 11시 30분부터 정규 방송을 끊고 이 발표를 10여 분 동안 생중계를 해 논란이 되었다.

발표를 지켜본 시청자들 사이에선 "하나 마나 한 소리 하려고 뉴스 특보까지 내보내냐"는 반응이 나왔다. 한 시청자는 "뉴스 특보로 정규 방송 중지시키고 발표할 내용이더냐? 새로울 거하나 없는 내용이고 공허한 메아리"라고 했다. "일요일에 난데없는 특보! 선거 앞두고 쇼하는 거 아니길……" 등의 반응도 나왔다.[5] 『조선일보』는 사설을 통해 "전혀 특별하지도 않고 새로울 것도 없는 내용이었다. 대규모 재해 방송도 제대로 안 하던 방송들이다. 각본에 따른 선거운동이다"고 비판했다.[6]

여성의 날인 3월 8일 방송된 MBC 〈뉴스데스크〉의 '정치적 참견시점' 코너도 문제가 되었다. 이날 방송은 국민의힘 후보 오세훈이 민주당 후보 측 사과의 진정성에 의문을 제기하는 대목을 전했는데, 이후 앵커는 "국민의힘이 민주당에 성범죄 프레임을 씌우는 공세를 펴는 건데 민주당은 어떻게 대응하고 있습니까?"라고 기자에게 질문했다.

이에 국민의힘 미디어국은 "선거를 눈앞에 두고 MBC의 민주당 지원 사격이 더욱 노골화되고 있다"며 "전임 시장의 성범죄로 인해 치러지는 선거임에도 이에 대한 언급 없이 '성범죄 프레임을 씌우는 공세'라고 단정, 마치 야당이 네거티브 공세를 하고 있는 것처럼 오인케 한다"고 비판했다(이에 대해 선거방송심의위원회는 3월 18일 강제력 없는 행정지도 가운데 가장 낮은 수준에 해당하는 '의견 제시'를 결정했다).[7]

5월 14일 검찰은 서울중앙지법 형사1단독(부장판사 홍창우) 심리로 열린 이동재의 결심 공판에서 징역 1년 6개월, 그의 후배 동료인 채널A 기자 백승우에게 징역 10개월을 구형했다. 이동재는 최후진술을 통해 "평범한 30대 시민 기자였던 제가 이 자리에 선 지 10달이 돼 간다"며 이렇게 말했다. "저와 제 가족은 다 무너졌다. 모든 것을 잃게 될 줄은 몰랐다. 견디는 게 쉽지 않다. 200일 넘게 좁은 방에서 강력범과 수감 생활을 했다. 진실을 캐내는 기자들의 보도를 보며 존경심 느끼면서 마음을 다잡았다."[8]

바로 이날 MBC 사장 박성제는 한국언론학회 정기 학술대회에서 '미디어 지형의 변화 속 공공성 가치의 재구성과 구현'을 주제로 한 기조 발표를 했다. 그는 이 발표에서 "백신, 방역, 한반도 평화 등을 두고 서로 갈등이 있는데 무비판적으로 똑같이 중계하는 게 공영방송의 역할인가"라고 되물으며 "사회적 이슈에 시대정신과 관점을 적극적으로 담아보는 '적극적 공영방송'이란 개념을 제시하고 싶다"고 했다. 박성제는 "시민이 자발적으로 모인 검찰 개혁 집회와 광화문에서 약간 맛이 간 사람들이 주장하는 종교적 집회를 1대 1로 보도하며 민심이 찢겨졌다, 이렇게 보도하는 게 제대로 된 공영방송의 역할인가, 이런 화두를 끊임없이 사원들에게 던지고 있다"고 말했다.[9]

가치 판단 없는 기계적 중립 보도가 공영방송 역할과는 거리가 멀다는 취지로 한 말이었겠지만, 그래도 그렇게 하는 게 '약간

맛이 간 사람들' 운운하며 어느 한쪽을 노골적으로 비하하는 것
보다는 훨씬 더 나은 태도가 아니었을까? MBC 사장이나 기자의
마음에 들지 않는 사람들이라고 해서 '약간 맛이 간 사람들'이라
는 시각으로 보도하는 게 '적극적 공영방송'이라면 그건 너무 심
하지 않은가?

"참여연대는 부끄러운 줄 알라"

　　문제는 '정치화', 그것도 '과잉 정치화'였는데, 이
점에선 시민단체, 특히 한국의 대표적인 시민단체임을 자부해온
참여연대도 다를 게 없었다. 2012년 제18대 대통령 선거를 앞
두고 참여연대 실행위원회에는 내로라하는 진보 쪽 인사가 가
득했지만, 박근혜의 대통령 당선 후 "그들은 썰물처럼 빠져나갔
다". 당시 참여연대 경제금융센터의 실행위원으로 활동했던 변
호사 박상수는 그때가 자신이 겪은 참여연대의 최대 위기 순간
이었으며, 4~5명만이 남아 실행위원회를 이끌어갔다고 했다.

　　그러다가 2016년 촛불집회가 시작되던 시점부터 다시 참여
연대에 사람들이 늘어나기 시작했으며, 문재인 정부가 들어선
2017년 이후로는 정부 요직을 꿰차는 이도 많아졌다. 박상수는
"처음에는 최소한 공식적인 환송회를 열지는 않았다"며 "나중에
는 고관대작이 되는 이들을 위해 늘 열렬한 환송회가 펼쳐졌다"

고 했다. 사실 참여연대의 상층부 인사들은 문재인 정부 5년 내 내 정권 요직에 들어갈 번호표 뽑고 순서를 기다렸다고 해도 과 언이 아니었다.[10]

사정이 그랬으니 참여연대가 2021년 6월 9일 발표한 「문재 인 정부 4년 검찰 보고서」가 공정하길 기대하긴 어려운 일이었 다. 참여연대는 이 보고서에서 "한동훈 검사-채널A 기자의 검 언유착 의혹 수사는 형사사법의 정의를 실현하는 국가기관이 정 치적 목적을 갖고 자신의 권한을 악용해 적극적으로 허위사실을 만들어내려고 했다는 의혹에 더 주목해야 한다"고 주장했다. 그 러면서 "알려진 바대로 한동훈 검사가 개입한 것이 사실이라면, 이는 특정인의 형사처벌을 통한 정치적 목적 달성을 위한 것으 로 '증거 조작'의 한 사례가 될 수 있다"고 덧붙였다.

이와 관련, 한동훈 측은 "참여연대는 법적 책임을 두려워해 얄팍한 가정법을 동원하고 있다"며 "그런 식이라면 '알려진 바 대로 참여연대가 특정 권력과 유착한 것이 사실이라면'이라고 참여연대의 처참한 공신력 추락을 말해도 되는 것이냐"라고 비 판했다.

한동훈 측은 이 보고서의 다른 주요 내용에 대해선 "이성윤 (서울중앙지검장)이 지휘하는 수사팀이 1년 넘게 독직 폭행에 추 미애 수사 지휘권 발동까지 동원한 무리한 수사를 했지만 수사 팀이 9차례나 무혐의 판단을 하는 등 한 검사장이 무고하다는 진실이 드러났음에도 허위사실을 악의적으로 유포하고 있다"고 비판했다. 이어 "나아가 이성윤이 지휘하고 독직 폭행까지 하면서 무리하게 수사한 검찰 수사팀이 마치 한 검사장을 미온적으로 수사한 것처럼 말했다"며 "모두 명백한 허위사실"이라고 말했다.[11]

시민단체의 '정치화'는 10년에 걸쳐 이루어진, 참여연대 출신 박원순의 서울시장 재임 기간(2011년 10월 27일~2020년 7월 9일)과 2017년 5월 10일 출범한 문재인 정권의 5년 집권 기간에 급속도로 진행되었다. 특히 문재인 정권은 '시민단체 정권'이라고 해도 과언이 아닐 정도로 시민단체 출신 인사를 요직에 중용하는 동시에 사회 전 분야에 걸쳐 시민단체의 위상을 집권 엘리트의 반열에 올려놓았다. 기업들이 정부와의 소통 채널을 확보하겠다며 앞다투어 시민단체 출신을 영입하는 진풍경이 벌어졌다. 그래서 "시민단체는 새 정부 공무원들에게 거의 상전上典",[12] "지금 우리나라 대학 서열 1위는 서울대가 아닌 '참여연대'"라는 말까지 나올 정도였다.[13]

참여연대의 '과잉 정치화'에 대한 문제 제기는 2019년 9월 29일, 참여연대의 경제금융센터소장, 집행위원장 등 요직을 맡으며 21년 동안 헌신한 김경율의 참여연대 탈퇴 선언 시 공론화되었다. 김경율은 참여연대가 조국의 법무부 장관 사퇴를 요구해야 한다고 주장했다. 그러나 참여연대가 거부하자, 9월 29일 새벽 "권력 감시라는 본연의 업무를 잊은 참여연대는 부끄러운 줄 알라"는 내용의 비판을 페이스북에 쏟아낸 뒤 참여연대를 떠났다. 그는 "우리 사회의 좌우左右 구분은 매우 작위적"이라며 이렇게 말했다. "둘 다 도덕적 기반도 없으면서 그저 모양내기식으로 좌우를 가르죠. 최소한의 양심도 갖추지 않고, 만날 거짓말만 해대면서."[14]

김경율은 2020년 5월 당시 뜨거운 논란이 된 정의기억연대(정의연)의 비리 의혹과 관련해 "정의연은 피해자를 위한 활동보다 자신들이 생각한 목표를 달성하는 데 집중했다"며 "'시민 없는 시민단체'의 전형적인 모습"이라고 비판했다. 그러면서 "정부를 감시하고 견제해야 할 시민단체가 정권을 옹호하고 권력을 얻기 위한 발판이 돼버렸다"며 "정의연 입장에선 한·일 합의가 이뤄지면 안 된다고 생각할 수 있다. 먹거리가 없어지기 때문이다. 이게 한국 시민단체의 현주소다"고 개탄했다.[15]

"시민운동은 정당과 차이가 없는 유사 정당"

진중권은 6월 10일 "요즘 참여연대는 불참연대다. 이미 시민단체들이 착란 상태에 빠졌다"며 "시민단체들이 아예 여권에 붙어서 더 해먹고 있다"고 비판했다. 그는 "조국 사태의 독특한 점은 비리가 저질러졌다는 사실이 아니라, 그 사실을 처리하는 방식"이라며 "(여권이) 비리를 옹호하기 위해 정의의 기

준 자체를 무너뜨리려 했다"고 말했다.[16]

같은 날, 전국언론노동조합연맹(현재 전국언론노동조합) 위원장, 언론개혁시민연대 공동대표 등을 지낸 건국대학교 미디어커뮤니케이션학과 교수 손석춘도 "시민 언론 운동이 민주당의 하위 조직으로 편입되고 있다는 시민사회 일각의 주장은 정말 기우일까?"라고 했다. 그는 "노무현·문재인 정부를 비판했다는 이유로 기자를 '기레기'로 단정 짓는 해괴한 흐름을 목도하고 있다"며 "권력 감시가 저널리즘의 생명임을 인식하지 못하거나 시시비비를 가리는 수고를 접은 채 진영 논리와 확증 편향이 짙어가고 있다"고 비판했다.[17]

시민단체의 진영 논리와 확증 편향은 『조선일보』가 제20대 국회(2016~2020년) 기간 중 참여연대의 의정감시센터가 발표한 성명·논평·기자회견 총 224건을 전수 조사한 결과(6월 11일 기준)에서도 잘 드러났다. 미래통합당 등 야당을 비판하거나 정부·여당과 유사한 입장을 밝힌 경우가 91건에 달한 반면 정부·여당을 비판하거나 야권과 입장을 같이한 경우는 14건에 불과했다. 정치권 관련 성명·논평 105건 가운데 야권 비판은 87퍼센트, 여권 비판은 13퍼센트였다.[18]

박성중 국민의힘 의원실이 분석한 '최근 5년간 서울시 민간 보조 공모사업 현황' 자료에 따르면 서울시가 2016년부터 2020년까지 5년간 시민단체 공모사업에 쓴 예산은 총 7,111억 원으로 집계

되었다. 2016년 641억 원에 불과하던 공모사업 규모는 2020년 2,353억 원으로 3.6배 불어났으며, 같은 기간 서울시의 지원을 받은 단체 수도 1,433개에서 3,339개로 2.3배 늘어났다.

또 『매일경제』가 서울시의원 성중기에게서 입수한 '2014년 이후 서울시 5급 이상 개방형 직위·별정직 보좌진 및 산하 기관 임원 현황'에 따르면, 조사 대상 666명 가운데 시민단체나 여당 출신 인사가 168명(25.23퍼센트)에 달하는 것으로 조사되었다. 27개 서울시 산하 기관의 이사장과 사장·사외이사·감사 등 임원 463명 중 75명(16.2퍼센트)이 시민단체·여당 출신이었으며, 개방형 직위 임용자 103명 중에서는 38명(36.9퍼센트)이 이에 해당되었다. 특히 박원순 시장의 최측근인 '6층 사람들'로 알려진 별정직 보좌진(정무부시장 포함)은 100명 중 절반이 넘는 55명이 시민단체나 여당 출신이었다.[19]

여권의 이러한 시민단체 포섭은 시민단체의 발전을 저해하고 타락시킬 수 있는 위험을 내포한 것이었기에 일부 진보적 지식인들은 강한 우려를 표했다. 진보적 정치경제학자 홍기빈은 "그동안 시민사회에서 활동한 이력을 통해 청와대, 국회, 정당, 각급 지자체 등으로 눈 하나 깜빡 않고 변신한 인사들이 차고 넘치는 것이 지금의 현실이다"며 "시민사회는 무엇보다도 자발성과 진실함을 생명으로 구성되는 영역이다. 시민단체들에서 그나마 있던 후원회원이 떨어져나가고 추가적 회원 모집이 힘든 이유는

바로 이런 얌통머리 없는 인사들 때문이다"고 비판했다.[20]

『오늘의 교육』 편집위원장 채효정은 "('능력 있는 운동가'의) 경력을 쌓아 기업이나 정부의 요직으로 자리를 옮기는 것이 시민운동의 경로처럼 되었다"며 "지금까지 그 경로를 착실히 만들어온 이들, 그런 운동을 후배들에게까지 전수하고 시민사회를 정부와 기업의 중간 관리 인력 풀로 만들어버린 이들에게, 지금처럼 계속 운동의 대표성을 부여해도 되는 것일까? 시민운동의 이유와 목표와 원칙을 다시 물어야 할 때다"고 경고했다.[21]

서울대학교 명예교수 한상진은 "문재인 정부 들어 시민운동가들의 정치 참여와 권력화가 '전면화'됐다"면서 이렇게 비판했다. "자신의 어떤 의사를 관철하기 위해서 수단·방법을 가리지 않고 특정한 정치인을 맹목적으로 지지한다. 촛불집회 때까지도 이런 양상이 그렇게 심하지 않았다. 그러나 그 이후를 보면 이 세력들이 전체주의적인 양상을 보이고 있다. 어떤 목적을 향해서 뜻에 맞지 않는 사람들은 무차별적으로 공격하고 쓰러뜨리려는 욕망이 굉장히 전체주의적이다."[22]

훗날(2023년 4월) 고려대학교 명예교수 최장집은 '시민운동의 정당화'를 이렇게 지적한다. "촛불시위 이후 시민운동이 민주당 정부의 운영·정책에 직접 참여하면서 시민운동이 정당과 차이가 없는 유사 정당 역할을 했다. 정당들이 자신들의 이념을 정당 밖, 언론, 시민운동 또는 전문가들로부터 '아웃소싱'하는 것이 일반적이 됐다."[23]

MBC의 판단 기준은 오직 문재인과 윤석열인가?

6월 12일 광주광역시에 사는 커피숍 자영업자 배훈천이 그곳에서 열린 '만민 토론회'에서 문재인 정부의 경제정책을 신랄하게 비판했다. 자영업자의 입장에서 본 비판이었다. 『조선일보』 등이 이 비판 내용을 크게 보도하자, 15일 MBC 라디오 〈김종배의 시선집중〉은 '문 실명 비판했다던 광주 카페 사장님, 언론들이 숨긴 진짜 정체는?'이라는 제목으로 방송했다. 방송에 출연한 친여 유튜버 '헬마우스' 임경빈 작가는 "배씨는 단순 자영업자로 토론에 나선 게 아니다"라며 "정치적 인물이 정치적 행사를 연 것"이라고 주장했다. 바로 이날 전 법무부 장관 조국은 자기 페이스북·트위터에 이 방송 유튜브 링크를 올렸다.

배훈천은 MBC 방송 내용에 대해 "나를 교묘하게 태극기 부대나 일베라고 암시하는 것"이라며, 조국이 이런 방송 내용을 올린 것은 자신을 '일베 사장'으로 몰아가는 '좌표 찍기'나 다름없는 행위였다고 주장했다. 그는 "전화 폭탄과 함께 인터넷에서 신상 캐기가 시작된 뒤 저와 아내, 직원들의 영혼이 무너지기 시작했다"고 했다. 전남대학교 86학번으로 1학년 때 운동권 서클에 들어가 6월 항쟁에 참여했던 그는 "전두환·노태우 타도를 외치며 투쟁했던 대학 시절보다 두려움이 더 크다"고 했다. 그는 "일베 사이트가 어떻게 생겼는지도 모르고 과거 유시민의 개혁당 이후 정당에 가입해본 적도 없다"며 "교묘하게 저를 일베로 몰아가는 프레임, 여기에 교묘하게 편승하는 조 전 장관은 지금 마녀사냥, 인격 살해를 자행하고 있는 것 아니면 무엇이냐"고 했다.[24]

당시 나는 우연히 어느 종편 시사 프로그램을 보다가 어느 여권 성향의 대학교수가 이 사건에 대해 오히려 배훈천의 발언을 키웠다며 『조선일보』를 탓하는 취지로 말하는 걸 듣고서 깜짝 놀랐다. 내가 평소 거론하는 '『조선일보』 악마화' 또는 '『조선일보』 숭배'가 극에 이르렀다는 생각이 들었다. 『조선일보』의 주장과 반대로 가면 그게 곧 정의와 개혁의 길이라고 믿는 '단세포적 발상'은 댓글에서나 구경했던 것인데, 그게 의외로 널리 퍼져 있는 여권의 신앙이었던가 보다.

내가 이 사건에서 중요하게 생각한 것은 배훈천이 어떤 인물이냐가 아니었다. 자영업자의 고통은 모든 국민이 잘 알고 있던 사실이 아닌가? 코로나19에 최저임금제 등과 같은 정부 정책이 겹치면서 생존의 벼랑 끝에 내몰렸다. 그런 고통을 토로하는 데 진보와 보수의 차이가 무슨 소용이 있단 말인가? 역지사지를 해보면 알 일 아닌가? 어떤 자영업자가 민주당 당원이거나 열혈 지지자라고 해보자. 그가 자신이 겪는 고통과 관련된 사회적 발언을 하면 '단순 자영업자'가 아니라 '정치적 인물'이 되는가?

명색이 진보 언론이라면 정부 정책을 옹호하더라도 자영업자의 고통을 해소할 수 있는 방법을 찾는 데에 관심을 기울여야 했다. 그런데 MBC 라디오 〈김종배의 시선집중〉은 기껏 한다는 게 정부 정책을 비판한 자영업자의 정체를 캐는 일이었다. 정말 실망스럽고 개탄할 일이다. MBC 보도의 모든 판단 기준은 오직 문재인과 윤석열뿐이었을까?

7월 2일 윤석열의 장모 최은순이 1심에서 요양급여 부정 수급 혐의로 징역 3년을 선고받고 법정 구속되자, 이를 가장 적극적으로 보도한 방송사는 MBC였으니 말이다. MBC 〈뉴스데스크〉는 첫 리포트에서부터 다섯 번째 리포트까지 관련 사안을 연속적으로 다루며 주목했다. 〈뉴스데스크〉는 판결 내용을 전달한 리포트에 이어, 장모가 과거 수사 대상에서 제외된 문제, 윤석열의 입장 발표와 소극적 입장에 대한 지적, 윤석열과 가족의 남은 재판 조명, 여야 반응을 다룬 보도를 했다.[25]

MBC가 윤석열의 장모와 아내에 대해 아무리 과도한 관심을 보인다 해도 그건 범죄행위는 아니지만, 7월 7일 윤석열의 아내 김건희에게 보인 과도한 관심은 범죄행위가 되고 말았다. MBC 취재진이 김건희 논문 관련 취재를 하는 과정에서 경찰을 사칭했으니 말이다. 이게 논란이 되자 7월 9일 저녁 MBC 〈뉴스데스크〉 앵커는 "본사 취재진이 윤석열 전 검찰총장의 부인 김건희 씨의 박사논문을 검증하기 위한 취재 과정에서 취재 윤리를 위반한 사실을 확인했다"며 사과 방송을 했다.[26] '윤석열 죽이기'나 '윤석열 때리기'를 위한 그 어떤 강한 기운이 MBC 내부를 지배하고 있는 건 아니었는지 의심할 만한 사건이었다.

'채널A 사건' 무죄판결의 의미

　　7월 16일 채널A 사건으로 기소된 이동재 등 전현직 채널A 기자 2명이 1심 재판에서 모두 무죄를 선고받았다. 법원은 "강요 미수죄가 되는 구체적인 해악의 고지가 증명되지 않았다"며 "혐의를 인정할 증거가 없다"고 했다. 서울중앙지법 형사1단독 부장판사 홍창우는 "언론의 자유는 우리 사회의 민주주의를 지키는 최후 보루로, 언론인이 취재 과정에서 저지른 행위를 형벌로 단죄하는 건 매우 신중하고 엄격하게 판단해야 한다"고 밝혔다. 하지만 홍창우는 무죄를 선고하면서도 "명백한 취재 윤리 위반"이라고 꾸짖었다.

　　홍창우는 무죄를 선고하기에 앞서 남긴 '당부의 말'에서 "이전 기자는 특종 취재에 대한 과도한 욕심으로 구치소에 수감 중인 피해자(이철 전 밸류인베스트코리아 대표)를 압박하고, 가족에 대한 처벌 가능성까지 운운하며 취재 정보를 얻으려 했다"고 사실관계를 설명했다. 또 "후배인 백모 기자와 함께 검찰 고위 간부를 통한 선처 가능성을 거론하며 취재원을 회유하려고도 했다"

고 설명했다. 그는 "무죄판결이 결코 이 전 기자 등이 행한 잘못을 정당화하거나 면죄부를 부여하는 게 아니라는 점을 명심하기 바란다"고 꾸짖었다. 그러면서 "부디 사회적 약자를 보호하고 진실과 정의만을 좇는 참된 언론인으로 거듭나기 바란다"고 당부했다.[27]

판결문에 따르면, 재판부는 이동재와 이철 사이에서 '메신저' 역할을 했다는 지현진과 관련해 "이철 씨는 이 전 기자와 지씨 사이에 구체적으로 어떤 대화가 오고 갔는지 알지 못했다"면서 "이 전 기자의 메시지가 중간 전달자인 지씨 등을 통해 왜곡됐다"고 했다. 즉, "피고인들의 메시지가 중간 전달자인 지씨 등을 통해 왜곡돼 피해자(이철)에게 전달된 결과에 따른 것이어서 피고인들에게 강요 미수죄 책임을 물을 수는 없다"는 것이었다.[28]

『조선일보』에 따르면, 대부분 법조인은 "집권 세력이 총출동해 만든 '야심작'이 무너져버린 셈"이라며 "'권·언유착'의 실체가 드러난 것이나 마찬가지"라고 했다.[29] 이동재 측 법률 대리인인 변호사 주진우는 이날 1심 선고 직후 입장문을 통해 "재판 과정을 통해 이동재 기자의 억울함이 밝혀진 만큼, 어떠한 정치적 배경으로 사건이 만들어졌는지, 진행 과정에서 정치적 외압은 없었는지, 제보자, MBC, 정치인 간의 '정언유착'은 없었는지도 '동일한 강도'로 철저히 수사해줄 것을 검찰에 촉구한다"고 강조했다.[30]

"정권의 조작 의혹 규명은 지금부터"

『조선일보』는 「채널A 사건 무죄판결, 정권의 조작 의혹 규명은 지금부터」라는 사설을 통해 "채널A 사건은 정권과 사기꾼, 정권 방송이 윤석열 전 검찰총장과 한동훈 검사장을 공격하기 위해 억지로 꿰맞춘 것이라는 사실이 다시 확인되고 있다"며 다음과 같이 주장했다.

"검찰과 법원에서도 이해하기 힘든 일들이 있었다. 검찰 수사팀이 '한 검사장은 무혐의'라고 9차례나 보고했지만 이성윤 검사장이 다 깔아뭉갰다. 한 검사장과 그를 무혐의라고 한 부장검사는 좌천당했는데 한 검사장을 폭행한 검사는 독직 폭행으로 기소됐는데도 승진했다. 법원 영장 전담 판사는 '검찰 고위직과 연결하여'라며 영장에도 없는 혐의를 만들어내 기자를 구속했다. 다른 판사는 채널A 기자의 보석 신청을 넉 달 가까이 뭉개다 구속 만료일 하루 전에야 풀어줬다. 모든 것이 상식 밖이다. 정권이 뒤에 있지 않고서는 도저히 설명될 수 없는 일들이다. 의혹 전모를 밝혀내 조작 관련자들의 책임을 물어야 한다."[31]

이동재와 '공모'를 했다는 의혹을 받은 한동훈도 입장을 밝혔다. 그는 "지난 1년 반 동안 집권 세력과 일부 검찰, 어용 언론, 어용 단체, 어용 지식인이 총동원된 '검언유착'이라는 유령 같은 거짓 선동, 공작, 불법적 공권력 남용이 철저히 실패했다"면서 "이제는 그 거짓 선동과 공작, 불법적 공권력 동원에 대한 책임을 물어야 할 때"라고 말했다. 그는 "추미애, 최강욱, 황희석, MBC, 소위 '제보자 X', 한상혁, 민언련(민주언론시민연합), 유시민, 일부 KBS 관계자, 이성윤, 이정현, 신성식 등 일부 검사에게 반드시 책임을 물어야 한다"고 말했다.[32]

그러자 고발인인 민언련은 「사법 처벌 피한 검언유착 사건, '면죄'로 착각 말라」는 성명을 내고 "한동훈 검사장은 지금이라도 검찰 수사에 협조하여 본인 주장을 증거로써 증명하길 바란다"고 밝혔다. 이에 한동훈은 "(민언련이) 무죄 선고에도 불구하고 사과, 반성하지 않고 입장문을 또 내면서 과거 주장을 반복하고 있으므로 말씀드린다"며 "지금 민언련에는 이름과 달리 '민주'도 없고, '언론'도 없고, '시민'도 없고, 권력의 요직을 꿰차는 막강 인재풀로서 권력과의 '연합'만 있어 보인다"고 했다.

한동훈은 "민언련은 권력과의 노골적인 '검언유착 프레임 만들기' 협업 과정에서 '고발자' 역할을 담당하면서 정권 관련자들과 어떤 공모와 협력을 했는지 이제 밝혀야 한다"면서 "이제 와서 무죄 났으니 '비긴 걸로 하자'고 대충 넘어가자고 하면 안 되지 않겠느냐"고 했다. 진중권도 "공작 정치로 이동재 기자는 옥살이를 해야 했고 한동훈 검사장은 독직 폭행을 당하고 네 차례나 좌천됐다"며 "사회적 흉기가 된 민언련은 스스로 해체할 때가 됐다"고 했다.[33]

책임을 부정한 MBC의 적반하장

MBC도 책임을 인정하지 않았고 반성할 뜻도 전혀 없는 것으로 보였다. 적반하장賊反荷杖으로 대처하기로 한 걸까? MBC는 7월 17일 밤 〈뉴스데스크〉를 통해 "지난해 이 의혹을 처음 보도한 MBC를 겨냥해 악의적이고 근거 없는 음해들이 다시 고개를 들고 있다"면서 "해당 의혹을 보도한 행위가 정치권력과 결탁한 이른바 '권언유착'이라는 것"이라고 했다. 그러면서 『조선일보』를 지목했다.

MBC는 "오늘 자 『조선일보』 지면이다. '검언유착은 없었고 이른바 권언유착이 드러났다'며 전면에 걸쳐 뽑은 제목 맨 앞에 MBC를 적어놨다"면서 "MBC의 최초 보도는 한 종편 기자의 부적절한 취재 방식을 고발했을 뿐 지목된 검사장의 실명을 언급하지도 않았고, 무엇보다 의혹의 실체를 예단하지 않았다"고 주장했다. MBC는 또 "정작 '검언유착'이란 표현이 확산된 계기는 첫 보도 당일 밤 한 정치인의 SNS", "여러 매체들이 이 (정치인) 발언을 인용하기 시작하며 후속 보도를 쏟아낸 것"이라며 "그런데도 『조선일보』는 MBC가 '검언유착'이란 이름표를 붙였다고 사실관계를 왜곡했다"고 주장했다.

이에 『조선일보』는 MBC의 첫 보도 기사에는 '검언유착'이란 표현은 등장하지 않았지만, 대신 "현직 검사장이 녹취록과 같은 통화를 했다면 검찰과 언론의 부적절한 유착으로 볼 수 있다"

고 했다는 점을 지적했다. 그날 밤 MBC 보도가 나온 직후 열린 민주당 대표 최강욱은 페이스북에 "검언유착. 저들의 행각, 다 알고 있습니다. 못된 버르장머리의 뿌리를 뽑겠습니다"라는 글을 올렸는데, 다음 날인 4월 1일부터 MBC 〈뉴스데스크〉는 '검언유착' 단어를 써가며 후속 보도를 이어갔으며, 4월 2일에는 취재 기자가 직접 스튜디오에 나와 '검사장 목소리 진실은? 검언유착 취재 전말'을 주제로 방송했다는 것이다.

『조선일보』에 따르면, MBC가 2020년 3월 31일 첫 보도 이후 2021년 7월 18일까지 방송한 '검언유착' 관련 기사는 〈뉴스데스크〉 보도만 60건에 육박했으며, MBC 라디오 〈김종배의 시선집중〉도 17회 정도 '검언유착'을 다루었다. 2020년 7월 2일 MBC 기자 장인수는 제보자 지현진과 〈김종배의 시선집중〉에 함께 나와 '검언유착 의혹 그 내막은?'이란 주제로 문답을 주고 받았으며, 2021년 3월에는 지현진의 유튜브 '제보자 X의 제보 공장'에 출연해 '검언 공작 폭로 1주년 기념 라이브 방송'을 갖기도 했다.[34]

한국기자협회보 편집위원회도 MBC가 "한 종편 기자의 부적절한 취재 방식을 고발했을 뿐 검언유착 의혹의 실체를 예단하지 않았다"고 보도한 것은 "의아하다"며 "책임 회피로 비칠 수밖에 없다"고 했다. MBC가 '검언유착'이란 표현을 여당 정치인들이 확산했다고 책임을 돌린 것에 대해서도 "하지만 이는 형식논리다. MBC의 첫 보도가 검언유착 의혹을 파헤치고자 했다는 증거는 넘친다"고 반박했다.

한국기자협회보 편집위원회에 따르면, MBC는 2020년 이 보도를 한국기자협회 '이달의 기자상'(제356회)에 공모하면서 '채널A의 검언유착 보도'라는 점을 명시했고 취재기자 역시 수상 소감에서 "검언유착이 있었다"고 밝히기도 했으며, 기자상 심사위원회 역시 수상작으로 선정하면서 "검언유착 의혹을 드러내기 위한 보도"라는 점을 평가했다고 밝혔다는 것이다. 편집위원회는 "판결 이후 차라리 검언유착 의혹에 대한 검찰 수사가 제대로 이뤄지지 않은 저간의 사정을 철저히 비판하는 편이 훨씬 더 당당하고 'MBC답다'는 게 우리의 판단이다"고 했다.

또 편집위원회는 "이번 판결이 주는 또 다른 함의는 제보자에 대한 편향 없고 철저한 검증의 중요성이다"며 이렇게 말했다. "법원은 판결문에서 MBC에 이 사건을 제보한 지모 씨가 이철 전 대표와 상의도 없이 이 전 기자에게 존재하지도 않는 금품 제공 장부, 송금 내역 등을 제공하겠다는 조건을 내걸고 검찰 간부와의 녹취록을 요구한 사실을 밝히고 있다. 지씨의 정치적 편향성은 논외로 하더라도 제보자의 신뢰성을 의심하게 되는 대목이다. 특종에 대한 욕심보다 공익적 목적을 위한 제보(자)인지에 대한 철저한 검증이 더 중요하다는 점은 MBC뿐 아니라 모든 언론에 필요한 덕목이라는 점을 돌아볼 필요가 있다."[35]

왜 '이달의 기자상'을 환수하지 않았는가?

미리 말하자면, 7월 23일 한국기자협회 산하 기자상 심사위원회가 투표를 통해 MBC의 '이달의 기자상' 수상 작품의 재심사를 결정한 건 당연한 일이었다. 이와는 별도로 한국기자협회 채널A지회도 한국기자협회에 재심사를 요청하는 내용의 공문을 보냈다. 채널A지회는 요청문에서 "MBC 검언유착 의혹 관련 보도의 제356회 이달의 기자상 수여에 대한 재심사를 공식 요청한다"면서 "지난 16일 이동재 기자에 대한 강요 미수 사건 1심 재판에서 무죄가 선고됐고, 일각에서 제기했던 '검언유착'은 실체가 없음이 드러남에 따라 제356회 이달의 기자상 수여에도 재심 사유가 발생했다고 생각한다"고 말했다.

하지만 심사위원회 결정으로 기자상이 환수된 적은 지금까지 한 번도 없었다고 하니, 환수 결정이 나올 수 있을지는 의문이었다. 아니나 다를까 한 달 후인 8월 24일 심사위원회는 이전 결정을 뒤엎고 해당 보도에 대한 재심을 진행하지 않기로 결정했는데, 그 이유가 싱거웠다. 현 기자상 심사 세칙으로 수상작에 대한 재심이 가능한지 법률 자문을 구한 결과, 기존 수상작을 재심할 권한이 심사위원회엔 없다는 해석이 나왔기 때문이라는 것이다.

그러면서도 심사위원회는 심사위원회 제도의 책임성에 입각해 MBC 보도의 수상 취소 가능성에 대해 의견을 모았고, 그 결과 수상을 취소할 근거나 이유가 없다는 판단을 내렸다고 하니,[36]

이게 도대체 무슨 말인지 알다가도 모를 일이었다. 둘 중의 하나만 택해야 하는 게 아닌가? 자신들의 이전 결정을 옹호하기 위해 법적 안전장치를 만들어놓고 인상비평 수준의 의견을 밝힌 건 체면마저 챙기기 위한 양다리 걸치기 수법으로 이해해야 하는가?

당시 심사위원회는 "심사 과정에서 아직 해당 보도 관련 수사가 진행 중이라는 점에서 미완의 측면이 있다는 의견과 최경환 전 부총리에 대한 반론권이 더 충실하게 반영되지 못한 아쉬움은 지적됐다"며 "그러나 언론사들이 언론계의 치부를 드러내는 보도를 좀처럼 하지 않는 우리 언론 현실에서 과감하게 '검언유착' 의혹을 드러내기 위한 보도를 내놨다는 점, 구체적인 녹취록의 존재를 드러냈다는 점에서 저널리즘적 가치가 높다고 평가됐다"고 선정 이유를 밝혔다.

이게 말이 되는가? MBC와 채널A의 관계를 "언론사들이 언론계의 치부를 드러내는 보도를 좀처럼 하지 않는 우리 언론 현실"의 연장선상에서 보고 그걸 높이 평가하는 게 온당한가? 지금도 그렇지만 당시 치열하게 벌어지고 있던 언론사들 간의 '정파성 전쟁'에 대해선 전혀 아는 바 없다는 건가? 이걸 알아야 MBC 보도의 의미와 가치도 제대로 평가할 수 있음에도 그건 모른 척하고 현실과는 동떨어진 이유를 대면서 상을 주는 걸 정당화하겠다니 이건 너무하지 않은가?

"최경환 전 부총리에 대한 반론권이 더 충실하게 반영되지 못한 아쉬움"이라는 것도 말이 안 된다. 희대의 오보라는 건 나중에 밝혀졌지만, 보도 당시에도 매우 문제가 많은 부실한 보도라는 지적들이 있었는데, 심사위원회는 그걸 전혀 몰랐단 말인가? 이는 '이달의 기자상'의 공정성과 권위를 위해서도 매우 유감스러운 일이었다. 앞서 한국기자협회보 편집위원회가 밝혔듯이, MBC는 "검언유착 의혹의 실체를 예단하지 않았다"고 거짓말을 했다. 이런 윤리적 문제가 하나둘이 아닌데도 눈을 감겠다고 한다면, '이달의 기자상'은 오직 세상에 반향을 불러일으키는 '저널리즘적 가치' 하나만 보고 주는 상이라는 건가?

"MBC는 국민을 바보로 아는가?"

다시 이동재 무죄 선고 이야기로 돌아가자. 한동훈은 "MBC가 이동재 기자 무죄가 선고되자 마치 자기들이 '검언유착'이라는 프레임을 주장하지 않았던 것처럼 '이제 와서 발뺌' 방송을 했다"면서 "오늘 MBC는 그간의 입장을 180도 바꿔 자기들의 보도 테마가 '검언유착'이 아니라 '부도덕 취재'였다고 우겼는데 국민들의 기억력을 어떻게 보고 이러는지 황당하고 안타깝다"고 지적했다.

한동훈은 "MBC 〈뉴스데스크〉, 장인수 기자, 김종배 앵커 등 MBC 관계자들이 사기꾼과 함께 사운을 걸고 '검언유착' 프레임을 전파한 것을 전 국민들이 잊지 않고 있다"면서 "박성제 MBC 사장도 연일 SNS를 했다. MBC 〈뉴스데스크〉는 연일 '채널A 기자와 현직 검사장 사이의 이른바 검언유착 의혹 관련 보도, 오늘도 이어갑니다'라고 프레임을 만들었고, 장인수 기자, 제보자 X, 유시민 등을 다수 방송에 출연시켜 제 실명을 공개했다"고 말했다. 그는 이어 "MBC 장인수, 신수아 기자가 한국기자협회에 2020년 4월 '이달의 기자상'을 신청하면서 적어낸 제목도 '채널A 검언유착 의혹'이었고, 신수아 기자는 수상 소감에서 '한 기자만의 일탈로 치부할 일이 아니다. 검언유착이 있었다'라고 단정했다"고 지적했다.

한동훈은 "불법 몰카 등 불법 취재로 고발된 MBC는 몰카 영상도 제출 안 했고, 제보자 X 녹취록조차 당초 공개하겠다고 공언해놓고 그 말을 뒤집어 공개하지 않았다. MBC가 불법 몰카 촬영할 때, 이번 이동재 무죄 판결문에도 나오는 것처럼 제보자 X가 집요하게 저에 대한 발언을 유도했는데, MBC와 제보자 X가 발언 유도에 합작한 것으로밖에 볼 수 없다"고 했다. 또 "MBC가 왜, 누구의 연결로 2월 초부터 제보자 X와 접촉했는지 밝혀야 한다"면서 "MBC야말로 권(권력)·범(범죄자)·언(언론) 유착 공작을 밝히기 위한 수사에 협조하기 바란다"고 했다.

또 한동훈은 "MBC는 저에게 '이동재 기자를 왜 비난하지 않느냐'고도 했는데, 이동재 기자는 수차례 저에게 사과했고 6개월간 수감 생활까지 했으나, 사기꾼과 짜고 불법 몰카 취재를 한 MBC는 누구도 저에게 사과하지 않았다"면서 "이제 와서 '검언유착'이라고 말하지 않았다고 발 빼는 MBC는, 자기들이 만든 검언유착 프레임의 허구성이 드러난 지금 상황에서 저에게 사과할 생각이 생겼는지 묻겠다"고 했다.[37]

시사평론가 유창선은 MBC가 "의혹의 실체를 예단하지 않았다"고 주장한 것에 대해 "대체 국민들을 얼마나 바보로 알기에 이런 어처구니없는 얘기를 하는지 모르겠다. 그 몇 개월 동안 MBC가 자신들의 채널들과 다른 매체들을 통해 쏟아낸 수많은 말들이 모두 기록으로 남아 있는데 어떻게 이런 소리를 하느냐"고 비판했다. 일부 법조 기자들도 MBC 취재진이 한국기자협회가 주관하는 '이달의 기자상' 심사위원회에 제출한 공적功績 설명서를 근거로 MBC가 검언유착을 예단하지 않았다는 주장을 반박했다.[38]

"차고 넘친다던 증거는 다 어디로 갔는가?"

민주당 역시 책임을 인정하거나 반성할 뜻이 전혀 없는 것으로 보였다. 전 법무부 장관 추미애는 7월 17일 자신의 페이스북에서 "검찰은 한 검사장의 휴대폰 압수 후 비밀번호를 알지 못한다는 이유로 핵심 증거물을 확보하고도 수사·재판에 증거로 활용하지 않았다"고 비판했으며, 민주당 의원 신동근은 페이스북에 "한 검사장, 그렇게 떳떳하면 휴대전화 비밀번호를 제공하라"는 내용의 글을 올렸다. 그러자 한동훈은 입장문을 내고 "채널A 사건 관련 며칠 전 사법부 무죄판결이 나왔고, 1년 전 수사심의회에서 (저에 대한) 무혐의 결정이 나왔다"며 "추미애 씨가 고른 수사팀이 저에 대해 9차례 무혐의 결재를 올리는 등 검언유착 프레임은 허구라는 증거가 차고 넘칠 뿐"이라고 했다.

한동훈은 이어 "그런데도 1년 넘게 헌법상 기본권을 무시한 채 앵무새처럼 비밀번호 타령만 하고 있다"며 "추미애 씨와 정진웅 부장(현 울산지검 차장)이 1년 전 '이미 차고 넘치는 증거, 상당한 증거가 있다'고 공언했는데 다 어디 가고 비밀번호 타령인가 묻고 싶다"고 했다. 그는 "비밀번호 제공은 수사팀만 알아야 할 내밀한 수사 상황인데, 수사기관과 정치인이 합작해 1년 내내 떠들며 압박을 가하는 것 자체가 심각한 불법"이라며 "기소된 공소장을 공개하는 것조차 대대적으로 감찰하는 이 정부 방침에 따라 엄히 처벌해야 한다"고 했다.

한동훈은 1년 전 '추미애 전 법무부 장관 아들 군 휴가 미복귀 의혹' 수사와 관련해 "휴대전화로 보좌진에게 아들 군 관계자 연락처를 문자로 보낸 추미애 씨야말로 왜 휴대전화를 제출 안 했는지 묻겠다"고 했다. 이어 "검찰 수사를 받았던 조국 전 법무부 장관, 정경심 씨, 최강욱 열린민주당 대표, 황희석 열린민주당 최고위원, 제보자 X 지현진, 장인수 MBC 기자 등도 휴대전화를 제출 안 했고, 이재명 경기도지사도 검찰 수사받을 당시 휴대전화 비밀번호를 공개 안 했다고 한다"며 "거기에 추미애 씨나 신동근 의원 같은 분들은 왜 아무 말 않는지 묻고 싶다"고 했다.[39]

『중앙일보』는「'검언유착' 무죄, 이제 의혹 제기자가 답하라」는 사설을 통해 "이번 사태에 책임이 큰 추미애 전 법무부 장관은 무책임한 선동적 발언을 자제해야 한다. 지난해 7월 수사 지휘권을 발동해 윤석열 당시 검찰총장을 사건 지휘 라인에서 배제하고 이성윤 서울중앙지검장 등 자신이 신뢰하는 검사들을 대거 투입해 강도 높게 수사했음에도 유죄를 입증하지 못했으면 자숙해야 옳다"며 다음과 같이 주장했다.

"그런데 '검언의 재판 방해'라는 등 법원 판결의 신뢰를 무너뜨리는 발언을 쏟아내고 있다. 채널A 수사 미흡을 이유로 윤 전 총장의 징계를 청구하는 등 추 전 장관 조치의 부당함은 이미 여러 차례 확인됐다. 이번 판결로 의혹을 벗게 된 한 검사장은 이번 사건을 '권·범·언(권력·범죄자·언론) 유착'으로 규정했다. 검찰 등 수사기관은 채널A 기자 수사와 같은 강도로 관련 의혹을 파헤쳐 결론을 밝혀야만 국민은 수긍할 것이다."[40]

이동재, "검찰, 매일 한동훈만 캤다"

7월 19일 이동재가 『중앙일보』 인터뷰에서 한 주요 발언들을 감상해보자.

문 당시 검찰 수사 과정은 어땠나

답 '답정너' 조사라고 생각한다. 구속 이후 매일 같이 불러 '한동훈'만 물어봤다. 나와 한 검사장과 비슷한 횟수로 연락하던 법조계 취재원은 족히 100명은 된다. 물론 친여親與 성향 검사들도 있다. 내 사건 수사 기록이 1만 8,000쪽이나 되더라. 민생 범죄를 수사해야 할 가장 우수한 검사들이 정치적 목적으로 한 수사에 낭비됐다.

문 이 기자는 건국 이래 첫 '강요 미수' 혐의로 구속됐다.

답 "한동훈 검사장 외에 송경호·신봉수 차장 등도 이번 사건에 공모했을 가능성이 있다"는 의견서가 영장 신청서에 첨부됐다는 언론 보도가 있었다. 나와 털끝만 닿아도 '검언유착'인가. 황당하더라. 이런 식으로 영장을 청구하면 대한민국에 누군들 구속을 못 하겠나 싶었다(송경호 수원고검 검사는 조국 전 법무부 장관 수사, 신봉수 서울고검 검사는 청와대 울산시장 하명 수사 의혹 수사 당시 차장검사였다).

문 MBC는 지난 17일 〈뉴스데스크〉에서 "한 종편 기자의 부적절한 취재 방식을 고발했을 뿐 검사장의 실명을 언급하지도 않았고, (검언유착) 의혹의 실체를 예단하지 않았다"고 했다.

답 본인들이 만든 프레임을 스스로 부정하는 듯하다. 시청자들도 황당했을 것 같다. 그럴수록 '권언유착' 의혹을 철저히 규명해야 한다고 본다. MBC가 제목·내용에서 '검언유착'을 언급한 보도를 포털에서 검색해보니 130건이 넘게 나오더라. MBC는 내 영장 청구서 내용을 깨알같이 보도하는 등 검찰이 알려주지 않으면 알 수 없는 내용을 보도했다. MBC 라디오 〈김종배의 시선집중〉에서 검색해보니 방송에서 최소 34번 '검언유착'이 언급됐다. 해당 기자는 그 보도로 '이달의 기자상'을 탔고 수상 소감에는 "검언유착이 있었다"고 밝혔다.

문 1심 재판부도 취재 윤리 위반을 지적했다.

답 재판부의 의견에 대해 유념하고 있다. 그러나 '제보자 X'로 불린 지모 씨가 먼저 접촉해오기 전까지의 취재는 정상적으로 진행됐다. 판결문에도 나와 있듯 지씨가 엄청난 취재 자료를 넘길 것처럼 접근하며 사실상 '함정'을 팠다. 지씨가 먼저 "기자님도 유시민을 치고 싶어서 그러는 거죠?"라고 묻기도 했다. 특종 욕심에 낚인 것이다. 사기 전과자에게 내가 당할 줄은 몰랐다. 문제는 이 과정에서 MBC도 몰래카메라를 찍는 등 부적절한 방식으로 지씨와 동행 취재를 벌였다. 이 부분에 대한 진실 규명을 촉구한다.[41]

7월 23일 이동재의 명예를 훼손한 혐의로 기소된 열린민주당 대표 최강욱의 1심 재판에 증인으로 출석한 이동재는 "기자가 '사실이 아니어도 좋다'고 했다는 것은 말도 안 되는 일이고 인격 살인"이라고 말했다. 그는 "제가 '사실이 아니어도 좋다'고 말했다는 내용을 다룬 유튜브 영상들을 수천만 명이 봤다"며 "악성 댓글을 찾아보면서 가장 슬펐던 것은 '자살하라'거나 '자살당하게 마티즈를 타라'는 말이었다"고 피해를 호소했다.[42]

이동재는 7월 26일 최강욱에게 제기했던 손해배상 청구 액수를 기존 5,000만 원에서 2억 원으로 올렸다고 밝혔다. 이동재 측은 "사과하면 선처하겠다는 의사를 밝혔지만 최 대표는 1심 법원에서 무죄 선고가 나온 이후에도 '도둑이 몽둥이를 들고 설치는 상황이 더이상 용납되지 않는다', '어디다가 감히 권언유착 프레임을 씌우려고 하는지 도저히 납득할 수 없다' 같은 발언들을 이어가고 있다"며 "MBC조차 검언유착 프레임이 최 대표로부터 시작됐다고 밝히지 않았나. 더이상 선처는 없다"고 했다.[43]

"김경수 재판 보도, 시청자에 대한 모독"

7월 21일 대법원2부(주심 이동원 대법관)는 경남지사 김경수의 '드루킹 댓글 조작 공모' 사건에 대한 상고심에서 징역 2년의 원심을 확정했다. 김어준은 다음 날 TBS 〈김어준의 뉴스공장〉에서 대법관 이동원의 이름을 언급하며 비난하더니, 7월 23일 공개된 유튜브 딴지방송국의 '다스뵈이다' 영상에선 재판부를 향해 "와 이 개놈XX들 진짜 열 받네 갑자기. 말도 안 되는 것"이라며 원색적인 비난을 퍼부었다. 이동원에 대해선 "굉장히 보수적인 사람이고 이제껏 내린 판결을 보면 굉장히 뻔했다"며 "전원합의체에 가지 않고 본인이 빨리 결론을 내렸다는 건 대선 전에 유죄를 확정하려는 것이라고 선수들은 전망했다"는 망언도 불사했다.[44]

　MBC는 김어준 방송과 쌍벽을 이루기로 작정했던 걸까? MBC는 그런 욕설까지 퍼붓지는 않았지만, 관련 보도는 공영방송이라고는 볼 수 없는 지독한 편파성을 드러냈다. 취재기자의 '경찰 사칭', 도쿄올림픽 참가국 비하 논란 등과 더불어 'MBC의 3대 악재'라고 해도 좋을 만큼 낯 뜨거운 자살골이었다. 보다 못한 전국언론노동조합 MBC본부 민주언론실천위원회(민실위)는 8월 17일 「우리는 순항하고 있는가?」라고 되묻는 보고서를 냈다.

　민실위는 '조국 사태' 이후 MBC 뉴스에 편향성 논란이 끊이지 않는다고 진단했다. "기자 개개인 그리고 보도국 전체가 공유하는 정서가 특정 입장과 가치를 추구한다고 하더라도 '공영방송' 뉴스가 특정 정치 집단을 옹호하는 방향으로 비쳐선 안 된다"고 우려했다.

　민실위는 대표적 사례로 김경수 댓글 조작 혐의 '유죄 확정'

보도를 언급했다. KBS 〈뉴스9〉, SBS 〈8뉴스〉는 뉴스 초반부에 4꼭지를 할애해 판결의 의미, 정치적 파장, 향후 전망 등을 다룬 반면 MBC 〈뉴스데스크〉는 15번째, 16번째 리포트로 해당 소식을 전했다는 것이다. 민실위 보고서를 통해 MBC A 기자는 "김경수 재판 보도가 톱 블록이 아닌 게 매우 창피하다. 타사들이 모두 비웃는다"며 "전문성이 크게 부족하거나 편향된 시각이 개입됐다고 보는 게 합리적이라는데 반박할 수가 없다"고 밝혔다. B 기자는 "MBC 색깔에 맞춰 비판적으로 보도를 할 수 있으나 톱 블록으로 가지 않고 15번으로 빼는 건 시청자에 대한 모독 아닌가"라고 했다.

민실위는 "(정치적 파장을 다룬 리포트에서) 우리는 김 지사의 결백을 믿는다며 유감을 밝히는 여권 대선 후보 주자들의 입장부터 보도했다"면서 "문제의 심각성은 해당 문제 제기가 외부에서 먼저 지적됐다는 점"이라고 했다. 이어 일선 기자부터 팀장, 보도 책임자, 공식 논의 기구(편집회의)까지 아무런 설명과 논의를 하지 않았다면서 "내부의 점검 절차나 문제의식이 무뎌진 게 아닌지 성찰이 필요하다"고 짚었다.[45]

MBC가 보인 정치적 편향성의 문제

그러나 MBC는 성찰을 할 수 없는 불능 상태에 처

해 있었다. 이는 국민의힘 대선 후보 윤석열의 관훈클럽 초청 토론회(12월 14일) 발언에 대한 MBC 노조의 논평에서 잘 드러났다. 윤석열은 당시 "공영방송 독립이냐 중립이냐 문제보다 얼마나 진실한 내용 방송하며 얼마나 양쪽 입장을 공정하게 취재해서 방송해나가느냐가 독립성보다 훨씬 중요하다"며 "독립시켜 줬는데, 방송의 진실성 객관성 떨어지면 독립이 뭐 그리 중요하겠느냐"고 말했다. 그는 "중요한 것은 진실과 공정인데, 이걸 확보하는 것이 사실상 불가능하다면 정권마다 이리 갔다 저리 갔다 하는 공영방송을 국민 세금으로 유지할 필요가 있을까에 대한 의문이 많다"고 밝혔다.

이에 전국언론노동조합 MBC본부장 최성혁은 "우리 공영방송이 편향됐다는 전제하에 민영화가 필요하다는 견해로 받아들인다"며 "이는 무지와 편견에 사로잡힌 주장"이라고 비판했다. 그는 "BBC와 NHK가 공정성과 중립성이 인정된 이유는 정치권이 공영방송 지배구조에 간섭하지 않았고 정치적 독립성을 보호했기 때문"이라며 이런 사정을 누락한 채 '우리 공영방송이 공정하지 않으니 민영화한다'는 건 본질을 호도하는 주장이며, "민영화를 하면 공정성과 중립성이 확보된다고 생각하는지 되묻고 싶다"고 반문했다.[46]

윤석열의 발언은 거칠고 투박하긴 해도 '독립'과 '공정'의 관계에 대한 중요한 문제 제기였음에도 그걸 '무지와 편견'으로 비난해도 좋은가? 나 역시 최성혁의 주장에 대해 되묻고 싶은 게 있다. 12월 14일의 시점에서 MBC는 문재인 정권에서 그 어떤 간섭도 받지 않은 채 정치적 독립성을 확보하고 있었는가? "그렇다"고 답할 것 같다. MBC는 문재인 정권의 간섭을 언급한 적이 없기 때문이다.

그런데 MBC 스스로 알아서 정치적 편향성을 보이면 어떻게 해야 하나? 야당이 그 편향성을 비판하면 그건 부당한 간섭인가? 야당이 MBC의 공정성과 중립성을 위해 민영화라는 대안을 제시하면 공정성과 중립성을 위해 어떻게 노력하겠다는 다른 구체적 대안을 제시하는 게 옳지 "민영화를 하면 공정성과 중립성이 확보되느냐"고 묻는 게 말이 되는가?

사실 MBC를 둘러싼 모든 논란과 갈등을 혼란스럽게 만드는 핵심 요인이 바로 이것이었다. 좋은 의미에서건 나쁜 의미에서건 공영방송의 정치적 통제에 관한 한 보수와 진보 또는 국민의힘과 민주당은 대등한 관계에 놓여 있지 않았다. 진보 또는 민주당이 압도적 우위를 점하고 있었다. 국민의힘은 언론노조가 공영방송을 장악하고 있으며, 그들은 친민주당이라는 주장을 상습적으로 함으로써 언론노조 방송인들을 분노하게 만들었다. 이 주장은 맞나? 우문愚問이다. 문제의 본질을 비켜간 주장이었다.

나중에 나올 발언이지만, 언론노조와 언론노조에 가입한 다수 방송인들의 기본 인식은 "국민의힘은 한마디로 방송 장악에 있어서는 전과 집단"이며, "국민의힘이 언론 자유를 추구하는 정당이라는 주장은 설득력을 얻기 힘들다"는 것이었다.[47] 그렇다고 해서 언론노조가 반反국민의힘이라고 주장하는 것도 실수하는 거다. 이건 친親이니 반反이니 하는 단순한 언어로 접근할 문제라기보다는 역사적 업보인 동시에 '아비투스(습속)'의 문제로 보아야 한다. 미국의 할리우드 영화인들이나 아이비리그 인문사회과학 교수들의 압도적 다수는 친민주당이지만, 이 또한 아비투스의 문제로 이해할 때에 더 정교한 이해에 도달할 수 있다.

공영방송의 정치적 통제에 관한 한 민주당이 압도적 우위를 점하고 있다는 건 쉽게 말해서 이런 이야기다. 결과적으로 나타나는 진보 방송인의 친민주당, 반국민의힘 성향은 보수 방송인의 친親국민의힘, 반反민주당 성향에 비해 자발성과 적극성이 훨씬 더 강하다. 그런 성향이 '편향성의 신념화'를 통해 상부나 외부의 간섭과 압박이 없어도 스스로 작동한다는 것이다. 당시 민주당이 언론노조의 지지를 받으면서 밀어붙이고 있던 방송법 개정안이 중립적이거나 공정할 수 없는 이유도 바로 여기에 있었다.

제4장

"정권과 맞짱 뜨는 공영방송"이 된 MBC

'MBC의 주인은 국민'이라고?

MBC 사장 박성제는 2022년 1월 3일 신년사에서 "우리가 너무나 당연하고 소중하게 여겨왔던 MBC의 위상, 바로 '공영'이라는 정체성에 물음표를 찍으려는 움직임이 최근 다시 일고 있다"며 '공영방송 MBC의 비전'을 강조하고 나섰다. 박성제는 "자본에 종속되지 않은 투명한 지배구조 아래, 수십 년간 국민 세금을 단 한 푼도 받지 않았을 뿐 아니라, 오히려 수천억 원을 공적 자금으로 내면서도, 국민의 신뢰와 사랑을 잃지 않았던 방송이 바로 MBC다. 가장 이상적인 형태의 공영방송 아닌가"라며 "민영방송이나 종편보다 훨씬 불리한 제도를 우리가 감내해온 것은 'MBC의 주인은 국민'이라는 명제를 모두 숙명처럼 가슴에 새겼기 때문"이라고 주장했다.

또 박성제는 뉴스와 시사 프로그램에 대해선 "정확하고 공정한 보도는 공영성의 목표가 아니라 기본"이라며 "이제 시청자들은 다양한 소수 의견을 원하고, 시비를 가리는 팩트체크를 중요시하며, 권력을 비판하는 잣대가 올바른지 따지고, 문제를 해결하는 솔루션 저널리즘까지 요구하고 있다. '민주주의와 시민을 위한 공영방송 MBC'는 바로 이러한 요구를 충족하기 위한 비전"이라고 밝혔다.[1]

'MBC의 주인은 국민'이라고? 진심으로 한 말일까? 아니면 그냥 듣기 좋으라고 해본 소리일까? 아무래도 후자였던 것 같다. 자신이 7개월 전 "시민이 자발적으로 모인 검찰 개혁 집회와 광화문에서 약간 맛이 간 사람들이 주장하는 종교적 집회를 1대 1로 보도하며 민심이 찢겨졌다"고 했던 발언은 여전히 유효한가? 정치적 생각이 다르다고 해서 '약간 맛이 간 사람들'로 폄하한다면, 그리고 MBC에 그런 판단과 평가를 내릴 권능이 있다고 믿는다면, 이건 권력의 언론 장악 이상으로 심각하고 두렵게 생각해야 할 문제였다.

MBC가 보수 성향의 '대선 불공정 보도 국민 감시단'을 '약간 맛이 간 사람들'의 헛소리로 무시한다고 하더라도, 그들의 감시 결과를 음미해볼 수 있는 기회마저 박탈할 수는 없었다. '대선 불공정 보도 국민 감시단'은 2022년 1월 첫째 주의 '문제적 프로그램 및 진행자'로 MBC 라디오 〈김종배의 시선집중〉과 그 진행자 김종배를 선정했다. '감시단'은 "진행자 김종배 씨의 주장 내용은 공영방송 진행자라고 하기에는 믿을 수 없을 정도로 비상식적인 것이었으며, 심지어 프로그램 제작진은 사실관계를 조작·왜곡하는 방식까지 동원해 야당 대선 후보(윤석열) 이미지 흠집 내기에 집중했다"며 선정 사유를 밝혔다.

이들의 주장에 따르면, 예컨대 1월 3일 제작진은 유튜브에 프로그램 녹화 동영상을 게재하면서 국민의힘 대선 후보 윤석열의 얼굴을 보여주며 그 위에 '제가 김종인의 아바타입니까?'라는 자막을 달았는데, 윤석열은 실제로 해당 발언을 한 사실이 없고, 오히려 김종배가 "저는 윤석열 후보의 발언에 대해 '제가 김종인의 아바타입니까?'라고 말하는 것 같은 느낌을 받았다"고 말했음에도, 시청자들로 하여금 윤석열이 그런 발언을 한 것처럼 인식하도록 오해를 유도했다는 것이다.

이 밖에도 '감시단'은 1월 4일 김종배가 "국민의힘의 여러 논란으로 윤석열 후보가 힘들 것이고, 가까운 사람, 믿을 만한 사람을 찾을 것이고, 그 사람은 '윤핵관(윤석열 핵심 관계자)'일 것"이라고 발언했는데, 이는 오로지 자신의 추측에만 기대 '윤핵관이 있고, 윤석열이 윤핵관을 찾을 것'이라는 취지의 자의적 해석을 발설했는가 하면, 1월 6일에도 윤석열의 선대위 해체 결정을 '독재정권 시절의 비상계엄령'에 빗대면서 "어제 윤석열 후보의 결정은 '김종인-이준석-윤석열 삼두체제가 아니고, 이제는 황제

체제로 가기 위해 비상계엄령을 선포한 것이다'……. 저는 이렇게 정리하겠습니다"라고 말했는데, 이는 '비상식적인 비유'에 해당한다고 지적했다.[2]

"진보라는 사람들이 이렇게까지 타락했나"

1월 12일 『오마이뉴스』를 통해 윤석열의 부인 김건희 녹취가 한 방송사를 통해 공개될 것이라고 알려졌다. 이후 유튜브 기반 온라인 매체 '서울의소리' 기자가 통화 녹취를 했고 해당 녹취는 MBC에 전달된 것이 드러났다. 국민의힘은 "김씨 동의를 얻지 않은 불법 녹취"라며 방송이 예정된 MBC 시사 프로그램 〈스트레이트〉의 김건희 통화 녹음 파일 방송을 금지해달라고 방송금지 가처분 신청에 나섰다.

국민의힘 수석대변인 허은아는 '다시 준동하는 여권과 일부 친여 방송의 괴벨스 공작'이라는 논평을 통해 MBC의 '친여 스피커 노릇'을 비난했다. 그는 "여권 세력은 지난 정부에서 세월호 7시간에 대한 정치적 비판을 넘어, 입에 담지 못할 루머를 퍼뜨리며 국민의 판단을 흐린 바 있다"며 "이제는 김씨를 대상으로 7시간 통화라는 자극적인 제목을 뽑아 대중의 상상력을 자극하고 있다. 그 방식도 치사하기 이를 데 없다"고 주장했다.

그러면서 "유튜브 매체(서울의소리)의 한 기자가 김씨에게 접근해 6개월에 걸쳐 통화를 하고 그 내용을 녹음했다고 한다"며 "사적 통화를 몰래 녹음한 것도 문제인데, 굳이 제보의 형식을 빌려 지상파 방송사(MBC)에서 공개하도록 했다. 그리고 방송 전부터 여권 인사들은 대중의 호기심을 자극할 만한 내용을 언급하면서 분위기를 띄우고 있다"고 주장했다.

허은아는 "특히 기자가 처음 접근한 지난해 7월은 윤 후보가 국민의힘에 입당하기도 전"이라며 "공직자의 아내이자 사업가로 살아온 여성을 정치 공작의 먹잇감으로 삼다니 지나치게 야비하다"고 말했다. 동시에 "통화 내용을 공개하겠다고 나선 방송사도 문제다. 해당 방송사는 이미 한동훈 검사장을 노린 검언유착 의혹과 관련해 심각한 오보를 낸 바 있다"며 "이번에는 한 발더 나가 정치 공작의 확성기 역할을 맡겠다는 건데, 도대체 공영방송으로서 지켜야 할 선을 모르는 것인가"라고 되묻기도 했다.[3]

법원이 일부 내용 방송을 허용한 것과 관련, 진중권은 CBS 라디오 〈한판승부〉에서 "MBC에는 더불어민주당 이재명 대선 후보와 그의 배우자 김혜경 씨의 녹음 테이프가 있다. 공정한 언론사라면 그것도 같이 틀어라"고 했다. 그는 "그것도 전 국민이 공인이니까, 대통령이 될 사람이 어떤 생각을 갖고 있고 어떤 인성을 갖고 있는지 알 권리가 있다"며 이같이 말했다.

진중권은 "취재 경위가 굉장히 문제가 된다"고 했다. 그는 "취재를 했던 사람이 김건희 씨를 옹호하는 기사를 썼는데, 그 사람의 성격상, 해당 매체 성격상 도저히 쓸 수 없는 거다. 그다음에 '열린공감TV' 측에 전화로 '이게 김씨를 낚기 위해서 미끼를 던진 거니까 이해해달라'고 말을 했다는 거다"라며 "그러니까 속이고 도와줄 것처럼 접근해서 사적인 신뢰 관계를 맺고, 오십 몇 차례에 걸친 통화를 한 것"이라고 했다. 이어 "김씨는 자기를 도와줄 거라고 믿고 얘기한 거고 사적인 통화를 한 건데, 지금 정치적으로 이용하겠다는 의도가 너무 분명하다"며 "취재 윤리에 위배되고, 인간적 도리도 아니다. 비열하고 저열한 짓"이라고 비난했다.

진중권은 MBC를 겨냥해서도 "공영방송인 MBC에서는 이걸 받으면 안 되는데 받아버렸다"고 했다. 그러면서 "이분들이 자꾸 이런 짓을 하다가 사실은 국민들한테 신뢰를 잃었다. 그런데 아직도 이런 짓을 한다는 것 자체가 굉장히 화가 난다. 꼭 이렇게 해야 되나"라며 "이른바 진보 진영이라는 사람들이 이렇게까지 타락했나. 굳이 이렇게 해야만 이길 수 있는 후보라면 정말 그게 제대로 된 후보인가"라고 했다.[4]

작은 유튜브 채널의 '하청'으로 전락한 MBC

1월 16일 방영된 MBC 〈스트레이트〉는 시청률 17.2퍼센트를 올려 자체 최고 시청률을 기록했다. 근래 최고 시청률은 3.2퍼센트였다고 하니, 5배가 넘는 시청률 상승을 기록한 셈이었다. 높은 관심을 반영하듯 프로그램 시청자 게시판에는 다음 날 오전까지 200여 건의 의견이 올라왔는데 "알맹이가 없다. 수박 겉핥기냐", "이럴 거면 왜 방송했나" 등 방송이 기대했던 것과 달리 내용이 없었다는 불만을 표현하는 글이 주를 이루었다.

오히려 "김건희 씨 대변인인가", "그동안 오해도 풀렸고 없던 호감도 갖게 됐다"며 김건희가 자신의 의혹을 반박하는 내용이 오히려 긍정적으로 다가왔다는 이들도 있었다. 방송 전 "판도라의 상자가 터질 것"이라고 말했던 친여 성향의 변호사 정철승은 "내가 김씨 통화 내용을 먼저 들었다면 방송하지 않는 게 좋겠다고 조언했을 것 같다"며 "판도라의 상자가 아니었다"고 했다.[5]

'판도라의 상자'는 아니었을망정 문제의 녹취록이 이후 MBC의 '윤석열 때리기'를 위한 풍성한 소재가 된 건 분명했다. MBC는 〈뉴스데스크〉에서 "'김건희 녹취록' 파문…윤석열 '어찌 됐든 심려 끼쳐 죄송'"(1월 17일), "고발 사주는 홍준표·유승민 공작…안희정은 '문빠'가 죽여"(1월 17일), "김건희 '돈 안 줘서 미투'…'2차 가해 사과하라'"(1월 17일), "김건희 '도사들과 대화 좋아해'…선대 본부에도 무속인 참여?"(1월 17일), "'여기서 지시하면 캠프 조직'…코바나는 '서초 캠프?'"(1월 21일), "'너는 검사 팔자다'…고비마다 점술가 조언?"(1월 22일) 등의 리포트를 내보냈으니 말이다.[6]

MBC가 저지른 이 녹취록 방송 사건을 어떻게 보아야 할까? 일반적으로 보도 금지 가처분과 같은 '사전 억제prior restraint'는 언론 자유를 해칠 수 있으므로 언론이 결사반대하고 법원이 가급적 언론의 손을 들어주는 건 당연한 일이지만, 그건 언론사 자체 취재 기사일 경우다. MBC는 사실상 편집과 배포의 역할만 맡았을 뿐 알맹이인 녹취록은 유튜브 채널 '서울의소리'에서 건네받은 것이었다.

유튜브에 압도당하는 지상파 방송의 몰락을 시사한 상징적 사건인가? MBC가 지상파의 자존심을 버리고 작은 유튜브 채널의 '하청' 역할을 맡은 건 겸손으로 이해하기로 하자. 녹취와 관련된 언론 윤리의 문제도 그냥 넘어가자. '김건희 녹취록' 논란은 김건희와 윤석열의 자업자득自業自得이기에 이를 둘러싼 정치적 공방도 무시하자. 중요한 건 공영방송의 존재 이유였다.

나는 1월 18일 『영남일보』(『무등일보』·『중부일보』·『충청투데이』에 공동 게재)에 「MBC, 이게 '방송 민주화'인가?」라는 칼럼을 기고했다. 나는 이 칼럼에서 "MBC가 아니어도 녹취록 방송은 어차피 다른 매체들에 의해 이루어질 텐데 왜 군이 공영방송이 '두 개로 쪼개진' 공론장의 한복판에 사실상 어느 한쪽을 편드는 역할로 뛰어들어야 한단 말인가? 이게 6년 전 MBC 기자들이 그토록 울부짖었던 방송 민주화인가?"라고 물으면서 다음과 같이 말했다.

"MBC는 '편들기'가 아니라 해당 방송의 공익적 가치를 높게 평가했을 수도 있겠다. 하지만 공익적 가치가 매우 높은 '대장동 사태'에 대해선 그런 열의를 보인 적이 없는 것 같다. 조국 사태에서도 어느 한쪽의 공익만 보았지 생각을 달리하는 쪽이 말하는 공익은 외면했던 것 같다. 이른바 '선택적 공익'은 피해야 하는 게 아닐까? 방송 민주화는 진보의 편을 드는 것이 아니다. 보수는 반드시 이겨야 하거나 청산해야 할 대상으로 보는 것도 아니다. MBC 방송 강령은 '사회 각층의 다양한 의견을 반영해 불편부당한 공정 방송에 힘쓴다'고 돼 있지 않은가. 처음에 천명한 원칙과 정신에 충실한 것이 방송 민주화다. 나는 MBC가 더 멀리 내다보면서 현재 살벌한 양상으로 벌어지고 있는 정치적 갈등을 해소하고 국민 화합에 보탬이 되는 방향으로 본분에 충실해주면 좋겠다."

'최경환 오보'는 단지 경솔했기 때문인가?

그러나 MBC엔 그럴 뜻이 전혀 없었던 것 같다. 방송 민주화 투사들이 핵심 역할을 맡은 MBC는 놀라울 정도로 운동권 투사들이 핵심 역할을 맡은 문재인 정권의 독선과 오만을 그대로 빼박았다. 선악 이분법에 중독된 나머지 자신들이 무슨 잘못을 저지르고 있는지조차 전혀 깨닫지 못했고, 그래서 성찰이

나 사과와는 거리가 먼 방종을 일삼았다.

전 경제부총리 최경환이 신라젠에 65억 원을 차명 투자했다는 의혹을 보도한 MBC 〈뉴스데스크〉의 오보는 어찌 되었던가? 최경환 측은 2021년 5월 MBC 기자 2명에 대한 검찰의 불기소 처분에 불복해 서울고법에 재정신청서를 낸 데 이어 8월 3일에도 해당 재판부(서울고법 형사30부)에 "허위 보도를 한 MBC 기자들을 기소해달라"며 재차 의견서를 제출했다.

당시 MBC는 이 65억 원 차명 투자 의혹을 보도하며 '후속 보도'를 하겠다고 밝혔지만 그간 추가 보도는 없었다. MBC 기자들은 2020년 5월 한국기자협회에 '검언유착' 보도 관련 '이달의 기자상'을 신청하면서 공적 설명서에 "최경환 전 부총리와 그의 지인들이 60억 원을 신라젠 전환사채에 투자했다는 보도와 관련해서 후속 보도를 진행하고 있습니다. 유의미한 취재 결과가 나오고 있습니다"고 했다.[7]

최경환은 장모·신모 MBC 기자를 상대로 1억 원의 손해배상 청구 소송을 제기했는데, 1심 판결이 2022년 1월 25일에 나왔다. 서울서부지법 민사9단독 판사 김선희는 "공공적·사회적 의미를 가진 사안으로 보도 필요성이 인정된다는 점"을 인정해 MBC 기자들의 손을 들어주었지만, MBC 보도가 '상당히 경솔'했다고 비판했다.

김선희는 "피고들(MBC 기자들)은 보도 신빙성에 관한 객관적 자료가 전혀 없는데도 이철의 전문 진술에만 전적으로 의존해 보도했다"며 "원고 이름의 투자가 없었음은 명백하게 확인되고, 그런 내용은 이철이나 신라젠으로부터 전환사채 인수 약정서를 확보해 확인해보면 금방 확인할 수 있는 내용"이라고 지적했다. 이어 "여기에 이 사건 보도 내용이 곧바로 보도해야 할 만큼 사안의 긴급성도 인정되지 않는 점을 더해 보면 피고들이 적절하고 충분한 진위 조사 없이 보도한 것은 상당히 경솔한 것으로 평가할 수 있다"고 밝혔다.[8]

MBC의 이런 경솔함에 대해 방문진 이사 김도인은 "도대체 MBC는 뭐가 그리 급해서 사실 확인도 제대로 하지 않은 채, 일단 의혹 제기부터 하고 본 것일까?"라고 물었지만,[9] 그 이유를 몰라서 물은 건 아니었을 게다. MBC의 '최경환 오보'는 단지 경솔했기 때문인가? 단언할 순 없지만, 그간 MBC가 보여온 정치적 행태로 보자면 보름 앞으로 다가온 총선을 염두에 두었을 가능성을 배제할 수 없었다.

4·15 총선을 주물럭거린 MBC의 정치적 장난질

최경환이 항소하지 않아 재판은 2022년 2월 18일 확정되었다지만, 이런 근본적인 의문이 제기된다는 점은 짚고 넘어갈 필요가 있겠다. 총선을 불과 보름 앞둔 시점에서 유력 언론사가 선거에 영향을 미치기 위해 매우 무책임하고 경솔한 오보를 한다면, 그 영향에 대한 평가 없이 단지 "공공적·사회적 의미를 가진 사안"이라는 이유만으로 면책해주어도 괜찮은가? 그런 의미가 전혀 없는 보도는 사실상 없다고 보는 게 상식일 텐데 말이다.

이건 그냥 대충 넘어갈 문제가 아니었다. 매우 심각한 사건이었다. 생각해보라. 4·15 총선을 불과 보름 앞둔 3월 31일 MBC는 '단독'으로 이른바 '검언유착' 의혹을 제기했고, 다음 날인 4월 1일 또 '단독' 타이틀을 걸고 최경환 의혹을 톱뉴스로 방송했다. 선거에 적잖은 영향을 미쳤을 게 틀림없건만, 둘 다 엉터리이거나 매우 부실한 오보였다는 게 법원에 의해 입증되었다. 그러나 선거가 끝난 후에 그게 무슨 소용인가?

4·15 총선의 지역구 득표율은 민주당 49.9퍼센트, 미래통합당 41.5퍼센트로 두 정당의 격차는 8.4퍼센트포인트에 불과했지만, 의석수 기준으론 민주당이 거의 더블 스코어 압승을 거두었다. 이후 전개된 민주당 입법 독재의 폐해는 우리가 잘 알고 있는 바와 같다. 정치권에서 여야를 막론하고 즐겨 쓰는 표현을 빌리자면, MBC가 저지른 일련의 행위는 "헌정 질서에 중대한 도전"이 아니고 무엇인가?

MBC 보도는 그 어떤 기준으로 보건 이해할 수 있는 선을 넘어섰다. 국내에서도 자주 인용되는 미국 연방대법원의 '『뉴욕

타임스』대 설리번' 판결(1964)에서 비롯된 '현실적 악의actual malice' 개념을 잠시 살펴보자. 미국에선 명예훼손 소송 시 피고의 과실을 입증할 때 사인私人은 피고의 부주의를 입증하면 되지만, 공인公人은 피고의 '현실적 악의'를 입증해야 한다. '현실적 악의'는 "허위(거짓말)의 인지 또는 진실에 대한 무모한 부주의"를 뜻한다.

'무모한 부주의'에 대한 3대 판단 기준은 ① 충분한 사실 확인 과정을 거쳤는가, ② 그 기사가 긴급한 것인가, ③ 기사 출처가 신뢰할 만한가 등이다. MBC 기사엔 '현실적 악의'가 있었으며, 그것이 입증되었다고 볼 수 있는 소지는 다분하다는 게 내 생각이다. 이 사건을 민주당이 그토록 원했던 징벌적 손해배상의 대표적 사례로 삼아 MBC에 1억 원의 3배인 3억 원을 배상하도록 했어야 했던 게 아닌가? 4·15 총선을 주물럭거린 MBC의 몹쓸 정치적 장난질로 역사에 기록해두는 게 옳지 않겠는가?

MBC의 '윤석열 흠집 내기, 이재명 감싸기'

1월 25일 국민의힘 의원 박성중은 공개 원내 대책 회의에서 "1월 17일부터 23일까지 MBC 〈뉴스데스크〉는 하루도 빠지지 않고 김건희 씨 녹취 파일 보도에 열을 올렸다"며 "공영방송이라는 MBC가 친여 유튜브 매체인 서울의소리와 열린공감TV에서 정치 공작으로 만들어진 결과물을 시청자에게 전달하는 배달 대행 서비스업체로 전락한 것"이라고 비판했다.

이어 "MBC는 일주일 동안 악의적 편집과 임의적 해석으로 무려 10개의 리포트를 총 31분 넘게 방송하며 윤석열 후보 측에 '무속 프레임'을 씌우고 김건희 씨 녹취를 통해 논란을 만들려고 부단히 노력했다"며 "김건희 씨 관련으로 10개나 되는 리포트를 쏟아냈던 MBC 〈뉴스데스크〉는 이재명 후보의 새로운 가족 욕설 관련으로 18일 당일 단 40초만 방송했다"고 지적했다.

그는 "일주일 동안 〈뉴스데스크〉 방송 중 김건희 씨 녹취 관련은 31분, 이재명 후보의 새로운 욕설 관련은 40초. 거의 50배 가까운 차이를 보였다"며 "이 정도면 편파 방송을 넘어 불법 선거 개입"이라고 불법성을 강조하며 목소리를 높였다. 그는 "이렇게 윤석열 후보 측은 흠집 내기로 31분, 이재명 후보는 감싸기로 40초 방송하는 것이 균형된 공정 방송인지 묻고 싶다"며 "MBC의 편향된 방송 내용과 분량에 대해 좌시하지 않을 것"이라고 경고했다.[10]

1월 28일 SBS 〈8뉴스〉는 「'사모님 약 대리 수령 등 사적 심부름해'」라는 제하의 보도에서 이재명의 배우자인 김혜경에 관한 의혹을 제기했다. 김혜경이 경기도청 공무원을 개인 비서처럼 사적으로 이용했다는 의혹이었다. 다음 날인 1월 29일 TV조선 〈뉴스7〉은 "'이재명 가족 심부름했다'… '허위사실'"이라는 제하의 리포트에서 김혜경의 공무원 사적 유용 의혹을 제기했다. 1월 30일에는 SBS 후속 보도가 이어졌고, 1월 31일에는 채널A가 단독 보도를 내보냈다. 채널A는 다음 날인 2월 1일에도 보도를 이어갔다. 반면 김건희의 의혹 보도에 적극적이었던 MBC는 내내 침묵했다. 이에 MBC 제3노조는 2월 1일 성명을 통해 MBC 가 김건희 녹취록을 집중 보도한 사실을 강조하며 "MBC는 왜 김혜경 씨 의혹은 보도하지 않는가"라고 의문을 제기했다.[11]

다음 날인 2월 2일 MBC 〈뉴스데스크〉가 김혜경 의혹을 '의전 논란'으로 표현하고 보도하자, 제3노조는 "기사를 쓴 김모 기자는 도지사 부인이 공무원을 시종처럼 부린 게 '의전'이었다고 생각하는 모양"이라며 "의전 논란이 무슨 뜻이냐"며 강하게 반발했다. 이와 함께 제3노조는 "법인카드 유용은 갑질을 넘어 범죄행위"라고 전제하고 "법인카드 유용은 '회계 논란'으로 부를 건지 묻고 싶다"고 힐난했다. 아울러 "KBS 〈뉴스9〉에서 법인카드 유용 문제를 보도한 날에도 MBC 〈뉴스데스크〉는 계속 침묵할 뿐이었다"고 비판했다.[12]

2월 9일 MBC 〈뉴스데스크〉는 이날 김혜경이 자신 관련 논란에 대해 사과한 기자회견을 첫 리포트로 보도하면서 제목을 「김혜경 '과잉 의전' 사과 '공사 구분 못 했다…선거 후라도 책임'」이라고 표현했다. 이어 기사 본문에서는 "과잉 의전 논란이 법인카드 유용과 갑질 의혹으로 확산되자 공개적 사과가 불가피하다고 판단한 것으로 보인다"고 밝혔다.

이에 제3노조는 「제목에는 '과잉 의전', 기사에는 '법인카드 유용'」이라는 제목의 성명서를 내고 "기자가 바라보는 본질은 '법인카드 유용과 갑질 의혹'이었지만 제목은 엉뚱하게도 김혜경 '과잉 의전' 사과였다"며 "기사 내용과 제목이 다르다"고 비판했다. 제3노조는 "기사는 기자가 쓰지만 제목은 보도국 수뇌부의 판단에 따라 정한다"며 "기자 스스로 '의혹이 법인카드 유용으로 확산됐다'고 써도 수뇌부의 시선은 여전히 '과잉 의전'에 머물고 있는 것"이라고 주장했다. 이어 "법인카드를 유용해 소고기를 사 먹고, 공무원에게 속옷 정리를 시키는 게 무슨 의전이냐"며 "MBC 보도국의 수뇌부는 언론인이 아니라 이재명 부부의 '대변인'이라고밖에 볼 수 없다"고 비판했다.[13]

청중 수를 속이는 고전적 수법의 등장

제20대 대통령 선거일(3월 9일)이 다가오면서 여당 대선 후보 유세 현장만 청중이 많아 보이게 보도하는 고전적 수법이 MBC에 등장했다. 3월 2일 MBC 제3노조는 「야당 후보 유세 화면에 청중이 없다」는 제목의 성명을 통해 "이재명, 윤석열 후보가 최대 승부처인 서울 유세에 들어갔다. 3월 1일 이 후보는 명동에서 윤 후보는 신촌 등지에서 유세했다"라며 "MBC 〈뉴스데스크〉는 이를 각각 나누어 보도했다. 그런데 윤석열 후보 쪽 리포트 화면이 이상했다. 이날 윤 후보의 신촌 유세장에는 청중들이 구름처럼 모였다. 그런데 MBC 화면에 그 청중이 보이지 않았다"고 지적했다.

제3노조는 "MBC 신촌 유세 보도의 화면 구성은 다음과 같았다. ① 구○○ 기자 클로즈업, ② 윤석열 후보 클로즈업, ③ 무대에서 윤 후보로 줌인, ④ 무대, ⑤ 윤 후보 클로즈업, ⑥ 무대, ⑦ 윤 후보 클로즈업"이라며 "반면에 이재명 후보의 명동 유세 화면은 높은 곳에서 찍는 부감 샷 2번에 카메라 팬과 줌아웃 기법으로 청중들이 최대한 많아 보이도록 했다"고 지적했다.

제3노조는 "독재국가에서나 벌어지는 줄 알았던 일이 대한민국 공영방송사에서 일어난 것이다. 정치 집회 보도는 참여 인원을 최대한 화면에 담는 게 원칙이다. 그 원칙을 어기도록 지시한 사람이 누구인가?"라며 "청중이 적었던 윤석열 후보의 중앙대 유세장 보도 때는 부감 샷과 청중 풀 샷을 사용했다. 그러면서 훨씬 청중이 많았던 윤 후보 신촌 유세장은 카메라 앵글이 거의 무대로만 향해 있었다. 교묘한 편파 보도라고 하지 않을 수 없다"고 했다. 이어 "이런 짓을 방송 경력이 얼마 안 되는 취재기자가 저질렀다고는 생각되지 않는다"며 "누구의 지시인가"라고 물었다.

제3노조는 "또한 3월 1일 〈뉴스데스크〉에서 김○○ 기자는 후보들의 비방전이 난무한다고 보도했다. 그러면서 윤석열 후보의 발언 사례는 80초 동안 보도하고, 이재명 후보와 민주당 인사 발언 사례는 그 절반인 40초 동안 보도했다. 기사에서 말한 '유권자들의 피로감'이 윤 후보에게 향하도록 편파적으로 구성한 것이라 하지 않을 수 없다"고 했다. 그러면서 노조는 "김○○ 기자도 수년 전 공정 보도를 주장하며 외부 매체와 인터뷰까지 했던 것으로 기억한다. 세상이 변한 것인지 사람이 변한 것인지 모르겠다"고 했다.[14]

3월 3일 오전 국민의힘 후보 윤석열과 국민의당 후보 안철수가 단일화에 합의하고 '국민통합정부'를 함께 꾸려나가겠다고 발표했다. 이에 민주당은 "자리 나눠 먹기형 야합"이라고 맹비난했다. MBC는 어느 쪽이었을까? MBC 뉴스의 제목은 「윤-안, 단일화 선언… '자리 나눠 먹기 야합'」이었다. 제3노조는 성명을 통해 "이 소식을 전한 정치부 배○○ 기자의 리포트는 낮 〈12시 뉴스〉와 낮 〈2시 뉴스외전〉, 〈5시 뉴스〉에 반복적으로 방송되었다. 설마 이렇게 큰 뉴스에 이렇게 노골적으로 편파적 제목을 달 수 있을까 의심했으나 사실이었다"고 했다.

제3노조는 "보통 공영방송의 경우 선거 국면에서 이렇게 큰 뉴스가 발표되면 그 내용을 객관적으로 보여주는 단어를 쓴 뒤 여야의 반응을 하나씩 넣어주며 제목을 단다. 예를 들면 「윤-안, 단일화… '통합정부' '나눠 먹기'」 정도로 제목을 다는 것이다"라며 "실제로 오늘 배○○ 기자의 출고된 기사는 「윤-안 단일화 선

언…'선거 뒤 합당' '야합' '실망'」이었으며 너무 길어서 줄인다
고 해도 객관적 사실과 함께 여야 양측의 평가를 담는 제목을 달
아야 한다. 방송된 것처럼 여당 쪽 반응 중에서 '야합'이라는 자
극적인 단어를 사용해 제목을 다는 것은 경험하기 어려운 '편파'
방송이다"고 했다.

그러면서 제3노조는 "'윤-안 단일화 선언'이라는 말이 야당
에 유리하니까 야당의 입장은 생략하고 여당의 반응만 제목에
달아 균형을 맞추었다고 변명할지도 모르겠다. 그러나 하루 종
일 네이버 MBC 뉴스 첫머리에 「윤-안, 단일화 선언… '자리 나
눠 먹기 야합'」이라고 제목이 뜨는 것을 보고 사람들이 어떻게
생각할지를 생각하면 말이 안 되는 논리이며 이만저만 편파적인
것이 아닌 것이다"라며 "이 정도 되면 언론이라 할 수 없다. 이렇
게 방송되는 것을 방치한 MBC 뉴스는 후일 엄중한 책임을 져야
할 것이다"고 했다.[15]

대선 3일 전 '김만배 녹취록' 사건

대선 3일 전인 3월 6일 인터넷 매체 『뉴스타파』는
「[김만배 음성파일] "박영수-윤석열 통해 부산저축은행 사건 해
결"」이란 기사를 음성 녹음 파일과 함께 보도했다. 화천대유 대
주주 김만배가 2021년 9월 15일 지인인 전 언론노조 위원장 신

학림과 나눈 대화라면서 관련 녹취 파일을 공개한 것인데, 해당 파일에는 김만배가 부산저축은행 사건과 관련해 "박영수 변호사와 윤석열 당시 대검 중수부 검사를 통해 사건을 해결했다"고 언급하는 대목이 담겨 논란이 일었다.

민주당은 『뉴스타파』의 '김만배 녹취록'이 팽팽한 선거 판세에 결정타를 가할 한 방이라며 일제히 환호성을 질렀다. 이재명은 "널리 퍼뜨려달라"고 주문했고 민주당 대표 송영길도 SNS를 통해 "이재명 후보에게 뒤집어씌우는 무지막지한 특수부 검사 출신 정치인의 민낯을 보면서 이재명 후보가 얼마나 억울했는지 공감이 가실 것"이라며 "국민 여러분이 배심원이 되어 판단해달라"고 지지 호소에 이용했다.[16]

반면 국민의힘은 "김만배 씨가 공범(이재명)을 보호하려고 거짓말을 한 것"이라며 이른바 '김만배-신학림 녹취록'을 6개월이 지난 시점, 선거 직전에 보도했는지 그 배경을 의심했다. 7일 새벽 국민의힘 선대본 정책총괄본부장 원희룡은 페이스북에서 "'박영수-윤석열이 부산저축은행 건을 봐줬다는 것. 이재명은 대장동에서 원칙적으로 응해서 사업자들을 힘들게 했다'는 것이고, 그 외에 특별한 근거나 다른 구체적 주장은 없다"며 "수사망이 좁혀지고 구속 위기에 처하자 이재명을 방패막이로 삼으려 했던 김만배와, 언론노조 위원장 출신인 『뉴스타파』 전문위원과, 『뉴스타파』의 삼각 작업에 의한 합작품"이라고 비판했다.

이어 "이재명 후보가 페이스북 통해 공유하면서 널리 퍼뜨려 달라고 작전 선언했는데, 내일 아침부터 친여 라디오방송과 민주당 스피커들 어떻게 떠들어대는지 잘 감상하면서 가볍게 대응하겠다"고 했다. 그의 예상대로 김어준은 7일 오전 〈김어준의 뉴스공장〉 오프닝에서 김만배 녹취록을 언급했다. 그는 "윤석열 국민의힘 후보는 김만배 씨를 '장례식장에서 스친 정도 인연이다'고 했었죠, 사실상 모른다는 이야기다. 정말로 모릅니까? 김어준의 질문이었습니다"고 말한 뒤 심각한 표정으로 카메라를 바라보았다.[17]

진중권은 이날 CBS 라디오 〈한판승부〉에서 『뉴스타파』의 '김만배 녹취록' 공개에 대해 "쉰 떡밥이었다"고 일축했다. 그는 "(녹취) 내용을 보면 두 가지인데, 자기변명이다. '이재명은 상관없다'는 식으로 얘기를 해주고, 오히려 윤석열을 딱 끼워둠으로써 자락을 깔아두는 것"이라고 했다. 또 "이걸 대화하신 분이 전 언론노조 위원장이다. 본인도 기사를 쓰시는 분"이라며 "정말로 신빙성이 있다면 그 당시(지난해 9월)에 이미 기사를 썼어야 한다. 선거 3일 앞두고 팩트 확인이 되기에는 짧은 시간 안에 터뜨린 것은 공작으로 본다"고 덧붙였다.[18]

사실 '김만배 녹취록' 공개는 민주당이 환호하기엔 문제가 심각했다. 녹음 시점이 대장동 의혹이 언론 보도를 통해 본격적으로 알려진 2021년 9월 15일인데다 녹음을 한 신학림이 민주당 비례대표 공천을 신청한 적이 있는 인물이었기 때문이다. 이 녹취록은 외부에서 제3자에게서 '제보'를 받은 것처럼 신학림을 소개했지만, 그는 『뉴스타파』의 돈을 받고 취재 용역을 수주하는 사람이었다. 2018~2019년에만 총 8,000만 원에 달하는 '용역비'를 받아왔으며, 녹취록 공개 시점에서도 받고 있는 것으로 밝혀졌다.

실제 신학림은 취재를 보조하며 『뉴스타파』를 위해 기사를 썼다. 2018년엔 대한항공 혼맥 기사 등 총 3건을 썼고, 2019년엔 4건을 쓰는 등 『뉴스타파』에서 신학림의 이름을 검색하면 총 7건이 나왔다. 그럼에도 김만배 녹음 보도 영상에선 제보자처럼 등장한 것이다. '조선닷컴' 취재에, 『뉴스타파』도 신학림과의 관련성을 인정했다. 『뉴스타파』 대표 김용진은 "신씨는 『뉴스타파』 전문위원"이라며 "지금도 돈을 주고 있다. 용역비는 아니고, 프로젝트에 참여하면 돈을 준다"고 했다. '자사 전문위원을 왜 남인 것처럼 표기했느냐'는 질문에는 "나도 모른다"고 했다.

음성 녹음에 대한 짜깁기 의혹도 제기되었다. 『뉴스타파』가 보도한 음성 녹음 보도 10분 17초 지점을 들어보면, 김만배가 신학림과 이야기하며 자기 스스로를 "형"이라 말했다. 김만배는 음성 녹음에서 신학림에게 자신이 천화동인을 소유하게 된 배경을 말하며 "이렇게 해서 '형'이 많이 갖게 된 거지. 천화동인이 다 파는 거였었는데"라고 말했다. 하지만 신학림은 1958년생, 김만배는 1965년생이었다. 언론사 입사 시점도 신학림이 1984년,

김만배는 1994년이었다. 그런데 『뉴스타파』는 이 대목 자막에 음성 그대로 '형'이라고 쓰지 않고, '우리가'라고 바꿔놓았다. 이에 대해 신학림은 별다른 해명을 하지 않았고, 용역비조로 돈을 받아온 것에 대해선 "돈을 받아온 것과 이 보도의 연관성은 없다"고 말했다.[19]

오만한 MBC의 주제넘은 방종

이렇듯 이상한 냄새가 풀풀 풍기는 '김만배 녹취록'에 대해 MBC는 어떻게 보도했을까? 한마디로 말해서 신바람이 났다. 3월 7일 MBC 〈뉴스데스크〉는 대선 관련 보도 9건 중 4꼭지를 『뉴스타파』의 '김만배 녹취' 보도에 할애했다. 4꼭지의 기사 제목은 다음과 같다.

「김만배 "윤석열이 그냥 봐줬지…사건이 없어졌어"」. 「"부산 저축 부실 수사로 '대장동 종잣돈'"…박영수와 윤은 어떤 인연?」. 「"이재명은 난 놈이야. 욕 많이 했지"…공익 환수 비난한 김만배」.「"윤 몸통 확인" vs "선거 공작"… '김만배 녹취록' 난타전」.

투표를 이틀 남겨둔 시점에, 대장동 주범의 일방적 진술이 담긴 육성肉聲을 "야당 후보 검증"이라며 튼 것인데, 기가 막힐 노릇이었다. 「'이재명은 난 놈이야. 욕 많이 했지'…공익 환수 비난한 김만배」라는 기사를 보면서 '꼭 이재명에게 표를 줘야겠다'는 생

각을 한 시청자가 많았다고 해도 놀랄 일은 아니었다.[20]

이게 박성제가 연초에 비전이라며 역설한 '민주주의와 시민을 위한 공영방송 MBC'의 '정확하고 공정한 보도'였는가? 군사독재 정권하의 공영방송이 정권의 개가 된 것은 "쫓겨나지 않고 먹고살기 위해서"라는 이유라도 있었기에 시민들은 방송인들을 그리 욕하진 않았다. "나래도 어쩔 수 없었을 것"이라는 역지사지의 원리가 작동했을 게다.

그러나 MBC의 2021~2022년 대선 불공정 보도는 그런 먹고사는 문제와는 무관했다. 자신들이 스스로 내켜서 저지른 일이었다. 내부적으로 압박은 좀 있었을망정 그 압박이라는 게 고문을 가하거나 밥그릇을 박탈하는 수준의 것이 아니었음은 온 천하가 다 아는 사실이다. 그 어떤 심각한 위험도 존재하지 않는 상황에서 MBC는 스스로 정당과 같은 당파적 집단이 되어버린 것이다.

3월 9일 대선은 간발의 차이로나마 윤석열의 승리로 끝났다. MBC가 져야 할 '엄중한 책임' 추궁은 가능했을까? 어림도 없는 일이었다. 5월 10일이면 대통령이 바뀐다지만 방송사 경영진과 지배구조는 그대로여서 방송은 바뀔 수가 없게 되어 있었다. 2021년 말 새로 임명된 KBS 사장은 임기가 2024년 12월까지고, MBC 사장도 2023년 2월까지 1년이 남아 있었다. 방송사 경영진을 바꿀 수 있는 KBS 이사회와 방문진 이사진은 2024년 8월까지 KBS·MBC를 관리 감독하게끔 되어 있었다. 즉, 문재인과 민주당 추천 인사들이 다수인 이사회가 여전히 문재인 정권 때처럼 공영방송을 마음대로 주무를 수 있었다. 이게 바로 당파적 인간으로 변질된 MBC 사람들이 믿는 구석이었다.

3월 25일, 대통령직인수위원회가 MBC 대주주인 방문진을 상대로 간담회를 추진하자 언론노조 MBC본부는 성명에서 "그 어떤 정권 인수위에서도 전례가 없는 방문진 소환이다. 공영방송 MBC를 철저하게 파괴하려 했던 이명박 정권과 박근혜 정권조차 이렇게 대놓고 방문진을 소환하지는 않았다"면서 "과거 신군부를 답습한 추태를 즉각 중지하고 명분도 법적 근거도 없는 불필요한 방문진 소환을 철회하라"고 비판했다.[21]

그래서 MBC는 윤석열 정권 출범 후에도 이전과 전혀 다를 바 없는 '친親문재명 방송'으로 기능할 수 있었고 앞으로도 한동안 그럴 것이다. 자신감을 얻은 박성제는 연임을 하겠다고 나섰으니 더 말해 무엇하랴. 어떤 이들은 윤석열 정권 출범 이후 대한민국이 후진국으로 전락했고 특히 언론 자유에서 그렇다고 아우성쳤지만, 뭔가 큰 착각을 하고 있었던 것 같다. 한두 달도 아닌 10개월간 정치적으로 정권 권력과 사사건건 충돌하면서 야당처럼 맞짱을 뜨겠다고 달려드는 공영방송사를 가진 나라가 한국 이외에 이 지구상 어디에 있단 말인가?

공영방송사에 그런 주제넘은 방종을 허용하지 않으면 안 될 만큼 못나고 무능한 정권을 가졌기 때문에 한국이 졸지에 후진국이 되었다고 주장한다면 동의할 수도 있다. 사실 윤석열 정권의 지지율은 너무 낮았다. 그 책임은 전적으로 윤석열 정권, 특히 윤석열에게 있다. 스스로 정치적 자살골을 넣거나 자해를 저지른 게 한두 번이 아니었다. 그 낮은 지지율을 보면서 '윤석열 퇴진'이나 '윤석열 탄핵'이 가능하겠다는 야심을 품은 세력들이 생겨난 게 아닌가? MBC가 언론으로선 해선 안 될 당파적 작태를 저질러놓고도 고개를 빳빳이 쳐들면서 큰소리를 칠 정도로 오만해진 것도 윤석열 정권이 곧 무너질 정권처럼 보였기 때문일 게다.

이용마가 원한 건 이런 게 아니었다

4월 27일 민주당이 KBS · 방문진(MBC) · EBS 이사회와 사장 선출 방식을 25명의 운영위원회 중심으로 바꾸는 법 개정안을 당론으로 발의한 가운데 KBS와 MBC 양대 공영방송 대표 노동조합이 개정안의 빠른 통과를 요구하고 나섰다. 민주당 의원 171명 전원이 공동 발의자로 참여한 '공영방송 지배구조 개선안(정필모 의원 대표 발의)'은 사회 각 분야 대표성을 고려한 추천권을 통해 25명의 운영위원회를 구성하고 사장 선임 시 운영위원의 3분의 2 이상(17명)이 동의해야 하는 특별다수제가 핵심이었다.

민주당 당론에 따르면 국회 교섭단체가 의석수 비율에 따라 7명, 비교섭단체가 1명을 추천한다. 이때 여당 추천은 4명을 넘지 않도록 한다. 방통위가 선정한 방송·미디어 관련 학회도 3명을 추천한다. 방송기자연합회, 한국PD연합회, 한국방송기술인연합회도 각각 1명씩 추천한다. 각 공영방송 시청자위원회가 3명, 방송협회가 2명, 공영방송사 종사자 대표가 2명을 추천한다. 대한민국시도의회의장협의회도 4명을 추천하면 25명 운영위가 구성된다.

이 개정안을 '현실적 대안'으로 평가한 언론노조 MBC본부는 "'정권에 좌우될 수밖에 없는 공영방송의 지배구조를 개선하는 것이 언론개혁의 핵심이며, 이는 공영방송의 주인인 국민의 명령'이라는 고故 이용마 기자의 정신에 따라 우리는 지난 5년 동안 지배구조 개선을 끊임없이 요구했다"면서 "공영방송 지배구조 개선은 (MBC가) 국민의 품으로 돌아가기 위한 마지막 과정"이라고 강조했다.[22]

이걸 어떻게 보아야 할까? 이용마가 원한 건 일반 시민이 공영방송 이사·사장을 뽑는 '국민 대표단 제도'였지, '25명 운영위'와 같은 것은 아니었다. 민주당은 이 개정안을 들이밀기 전에 문재인 정권 출범 전 당론으로 채택한 이른바 '공영방송 장악 금지법'을 무산시킨 것에 대해 사과부터 했어야 했다. '공영방송 장악 금지법'은 여당이 이사회를 독식하거나 야당이 반대하는 사람을 사장으로 임명하지 못하게 하자는 취지로 모처럼 여야 합의가 이루어진, 공영방송의 정치적 독립을 위한 개혁 조치였다.

이걸 없던 일로 날려버린 장본인은 대통령 문재인이었다. 그는 2017년 8월 22일 정부과천청사에서 진행된 과학기술정보통신부·방송통신위원회 업무보고에서 "법안이 통과되면 온건한 인사가 선임되겠지만 소신 없는 사람이 될 가능성도 있다. 기계적 중립을 지키는 사람을 공영방송 사장으로 뽑는 것이 도움이 되겠는가"라고 생뚱맞은 의문을 제기함으로써 법 개정을 무산시키고 말았다.[23]

아, 문재인! 정말 놀라운 인물이다. 민주당 대선 주자 시절인 2016년 12월 문재인은 방송 민주화를 위해 고초를 겪다가 암투병을 하면서도 공영방송의 지배구조를 개혁하기 위해 애쓰던 MBC 기자 이용마를 찾아가 사실상 그의 뜻에 따르겠다고 약속하지 않았던가? 감동적인 장면이었다. 그가 대통령이 되면 곧 공영방송의 독립이 이루어질 걸로 믿었다. 그러나 그런 일은 일어나지 않았다.

이용마는 2019년 2월 13일 병석에서 페이스북에 이런 글을 올렸다. "공영방송 사장 선임 과정에 공론화위원회 방식의 국민대표단 제도를 전격 도입해 국민들이 직접 사장을 뽑을 수 있게 하면 공영방송 종사자들이 정치권 눈치를 볼 일이 없어질 것이다.……이런 의견성 글도 거의 마지막이 아닌가 싶다. 온몸의 에

너지가 빠져서 머리로 정리하는 것도 쉽지 않다."[24]

이용마는 그해 8월 21일 세상을 떠났지만, 이후에도 달라진 건 없었다. 암 투병 중이던 이용마의 집을 두 번이나 방문했던 문재인은 이용마의 외침에 적극적 찬성을 표했건만, 그걸 없던 일로 돌려버렸으니 어찌 놀라지 않을 수 있겠는가? 차라리 쇼나 하지 말 것이지.

문재인의 변심은 방송 장악을 위한 것이었다. 이렇게 단언할 수 있는 근거는 분명하다. 문재인은 이후 어떤 조치도 취하지 않은 채 예전 그대로의 '공영방송 장악' 모델을 자신의 대통령 임기가 끝나는 날까지 지속시켰기 때문이다. 문재인의 그런 변심에 맞장구를 친 민주당은 정권이 교체당하자 화들짝 놀라 윤석열 정권 출범 10여 일 전에 자신들에게 유리하게끔 고안된 '공영방송 지배구조 개선안'을 들고나오면서 '개혁'을 외쳤으니, 이런 적반하장賊反荷杖을 저질러도 되는 건가?

MBC는 "정권과 맞장 뜨는 공영방송"

5월 10일 윤석열 정권이 출범했고, 6월 1일에 치러진 지방선거는 국민의힘의 대승으로 끝났다. 승리에 도취한 분위기가 열흘 정도 지속되었다고 본다면, 윤석열 정권의 전성기는 바로 이 시기의 한 달이었을지도 모른다. 윤석열 정권은 이후 지지율에서 내리막길 미끄럼을 타면서 강성 야권 지지자들에게 '대통령 탄핵'이라는 가슴 벅찬 꿈을 안겨주었으니 말이다. 수개월 후 야권의 대표 지식인인 서울대학교 명예교수 백낙청이 "처음부터 탄핵을 주장하는 것보다는 퇴진을 권고하는 게 낫다"고 조언을 해줄 정도로 2022년 하반기는 야권에서 윤석열 정권의 몰락이 왕성하게 거론되던 시기였다.[25]

정권이 교체되어도 공영방송 사장과 이사의 임기 보장 때문에 공영방송이 하루아침에 바뀌지는 않는 법이다. 그렇긴 하지만, 정권 교체 이전에 보였던 당파적 논조와 강도는 크게 누그러뜨리면서 중립을 지키려는 시늉이라도 낸 게 그간의 '관례'요 '전통'이었다. 아마도 정권 권력이 무서워서 그랬을 게다. 그런데 이게 다 무너지고 말았다. 곧 몰락할지도 모를 정권이라는 생각 때문이었는지 공영방송, 특히 MBC는 이전의 전투적 편파성을 여전히 고수하면서 "정권과 맞짱 뜨는 공영방송"이라는 새로운 역사 창조의 길로 나선 것처럼 보였다.

방송 민주화를 위해 헌신했던 MBC 사원들은 이명박·박근혜 체제에서 모진 고난과 수모를 당했다. 문재인 정권 출범 이후 공영방송의 '적폐 청산'은 당연히 필요한 일이었지만, 문제는 어떤 방식의 적폐 청산이냐는 것이다. 이미 앞서 지적했다시피, 이명박·박근혜 체제에 협력했거나 그 시절에 무난하게 지낸 동료 방송인들을 대상으로 자신들이 겪은 고난과 수모를 되돌려주는

게 정의로운 적폐 청산이었을까? 불행하게도 그렇게 생각한 이
가 많았던 것 같다.

이제 다시 정권이 바뀐 상황에서 비非민주노총 계열의 MBC
제3노조는 성명서(6월 24일)를 통해 "박성제 사장 등은 MBC 내
비민노총 기자 60여 명 거의 전원을 정상적인 취재 업무에서 배
제해왔다"며 박성제 등 자사 경영진과 보도 부문 주요 간부들을
노동법 위반 혐의로 고소했다고 밝혔다. 제3노조는 "민노총 언론
노조 MBC본부는 2017년 파업 때 민노총 소속 기자와 PD 10여
명이 신사업개발센터 등에 발령된 것이 '유배'라면서 눈물의 집
회를 열었다"며 "바로 그 사람들이 MBC 경영권을 장악하자마
자 〈뉴스데스크〉 앵커를 조명 창고로 발령하고 파업 불참 기자
전원을 방송에서 쫓아냈다"고 설명했다.

이들은 "최승호·박성제 사장은 겉으로는 '인권'을 내세웠다.
보도국 경찰팀을 인권사회팀, 법조팀을 인권사법팀으로 바꿨다.
그러나 그 뒤에서 비민노총 기자들에 대한 조롱과 멸시, 차별과
박해가 쉬지 않고 이어졌다"며 "민노총 파업에 참여하지 않은 사
람은 '인권'의 대상이 아니었던 것이다. 이제 그 반문명적인 인
권 탄압을 중단시켜야 한다"고 주장했다.[26]

물론 이 주장은 검증이 필요하다. 공개 토론회나 청문회를 열
어보자. MBC에서 '갑'이 아닌 '을'의 위치에 있던 사람들끼리
서로 번갈아가며 괴롭히는 어리석은 일이 어느 정도로 벌어졌는

지 알아보자. 괴물은 정권 권력만이 아니라 '을'의 위치에 있던 평범한 방송인들이기도 했다는 사실을 확인해보자. 그런 집단적 성찰이 있을 때에 비로소 MBC를 비롯한 공영방송의 정상화가 가능할 것이다.

"보수 정권과 맞짱 뜨는 공영방송"이 되는 게 정의로운 적폐 청산일까? 그럴 리 없다. 이건 보수와 진보의 문제가 아니었건 만, 방송 민주화를 보수와 진보의 문제로 오해하거나 착각한 이가 많았다. 자신의 이익을 키우고 향유하는 일에 진보의 포장을 씌우면 좀더 떳떳해 보일 거라고 생각했을지도 모르겠다. 그렇지 않다면, MBC가 "보수 정권과 맞짱 뜨는 공영방송"이 되기 위해 벌인 일들을 무슨 수로 이해할 수 있겠는가 말이다.

MBC가 '우국지사' 행세하는 대한민국의 비극

당시 윤석열 정권의 최대 약점으로 꼽힌 윤석열의 부인 김건희에 대한 MBC의 공세는 "보수 정권과 맞짱 뜨는 공영방송"의 면모를 드러내는 데에 부족함이 없었다. 7월 6일 MBC가 운영하는 유튜브 채널 'MBC 라디오 시사'는 〈김종배의 시선집중〉 영상의 미리보기 사진에 "김건희 또 사고 쳤다! 대통령 수준 맞아?", "비선 논란 김건희 국고 손실죄로 처벌?" 등의 문구를 삽입했다. 대통령실 인사 비서관 이원모의 배우자 신모 씨가 해외 순방에 동행한 것을 문제 삼은 것인데, 아무리 유튜브라지만 MBC는 앞으로 계속 이런 식으로 사고를 치기로 작정한 것처럼 보였다.

이에 국민의힘 서울시의원 이종배는 8일 "MBC가 유튜브에 김건희 여사에 대한 저급한 허위 방송을 해 명백히 방송 심의에 관한 규정을 위반했다"며 "MBC에 최고 수준의 법정 제재를 내려달라"는 내용의 진정서를 방송통신심의위원회(방심위)에 접수했다고 밝혔다. 그는 "김 여사의 명예를 훼손하고 인격권을 짓밟는 등 방송의 객관성을 상실했고, 명예훼손과 인권침해를 금지하는 방심위 규정을 명백히 위반했다"고 주장했다.[27]

7월 8일 MBC 〈뉴스데스크〉는 "'코바나 출신 직원도 1호기 탑승'…비선 논란에 또 김건희 여사?" 리포트를 보도했다. 6월 대통령 부부의 나토NATO 정상회의 순방 때 김건희 측근으로서 '사적 채용' 논란이 불거진 유모 씨가 대통령 전용기에 탑승했다는 내용이었다. MBC는 "김 여사는 자신을 공식 수행하는 부속실 직원 2명이 동행하는데도, 코바나컨텐츠 직원 출신인 유씨를 추가로 순방에 데려간 것"이라며 "김 여사가 사적으로 오래 알고 지낸 친구나 직원 등에게 일을 맡기는 걸 선호하면서 이른바 비선 논란이 계속되고 있는 것"이라고 지적했다.

대통령 대변인실은 그날 오후 10시경 "MBC 보도에 강한 유감을 표명한다"면서 서면 입장을 냈다. 대변인실은 "대통령실 직원이 순방에 동행한 점을 문제 삼는 것은 황당하기 그지없다. 또 정식 직원에게 일을 맡겼음에도 가깝다는 이유만으로 '비선 논란'이 계속되고 있다는 주장은 논리적 비약을 넘어 억지에 가깝다"며 "더욱이 해당 기사에 등장하는 A씨는 지난달 봉하마을 방문 때 동행해 논란이 일자 채용한 것이 아니라 이미 당시 채용 절차를 밟고 있다고 공개한 바 있다"고 밝혔다. 대변인실은 또 "그럼에도 명백한 허위를 바탕으로 기사를 전개하면서 가까운 사람을 채용했으니 '사적 채용'이라는 악의적 프레임까지 동원했다"고 반박한 뒤, "억지 주장과 악의적 보도에 단호히 대응할 수밖에 없다"고도 덧붙였다.[28]

이상한 일이었다. 윤석열과 김건희의 행태가 말이다. 대선 후보 윤석열의 지지율을 갉아먹은 최대 요인이 김건희였다는 걸 모를 리 없는 그들이 왜 또다시 그런 바보짓을 반복한 걸까? 자신들에게 적대적인 언론은 비난할 무슨 건수가 없나 하고 혈안이 되어 있는 상황에서 아예 문제의 소지를 만들지 않았어야 할게 아닌가? 그렇게 하겠다고 여러 차례 약속까지 해놓고선, 왜 자꾸 약속을 어겨가면서 그런 자해를 일삼은 걸까?

비극이었다. 윤석열과 김건희의 비극이 아니라, 대한민국의 비극이었다. 김건희를 통제하기는커녕 늘 끌려다니기만 하는 윤석열의 대통령 자격을 의심할 만한 일들은 이후 계속 일어난다. 그건 MBC에 풍성한 먹이를 제공해준 것이었으니, MBC 기자·PD들 스스로 자신들을 우국지사憂國之士로 여겨 불타는 사명감을 갖게 되었다고 해도 놀랄 일은 아니었다.

그렇다면 다행스러운 일이지 왜 비극이란 말인가? 윤석열 정권이 속된 말로 아무리 '개판'을 쳐도 문재인 정권이 저지른 실정의 수준엔 미치지 못한다고 믿는 사람이 많았으며, 이런 판단엔 그 나름의 근거가 있었기 때문이다. 또한 MBC와 반反윤석열 세력은 문재인 정권을 우상숭배 하듯 떠받들기만 했지 그 어떤 비판도 하지 않았으며, 오히려 내부 비판자들을 탄압하는 광신狂信의 풍경을 연출해왔기 때문이다. 윤석열은 그런 광신의 종언을 위해 선택된 인물이었을 뿐이니, 이게 어찌 대한민국의 비극이 아니었겠는가 말이다.

권성동과 언론노조의 방송법 개정 논쟁

7월 14일 국민의힘 원내대표 겸 대표 직무대행 권성동은 KBS 라디오 〈최경영의 최강시사〉와의 인터뷰에서 국회 원 구성 협상과 관련해 "더불어민주당이 야당일 때 (공영)방송 지배구조를 바꾸겠다고 여러 안을 냈는데 집권하자 입 싹 닫고 현행법대로 (공영방송 사장 등을) 임명했다"며 "그런데 야당이 되자마자 지배구조 바꾸겠다고 해 진정성이 없다"고 말했다.

민주당은 원 구성 협상 과정에서 과방위 위원장을 가져가야겠다며 정부와 여당이 방송을 장악해 언론 자유를 침해하려 한다는 이유를 들었다. 최경영이 이에 대해 재차 묻자 권성동은 "여당이 어떻게 방송을 장악하냐"며 "KBS를 비롯해서 MBC 다 민주노총 산하의 언론노조에 의해서, 언론노조가 다 좌지우지하는 방송 아닌가. 솔직히 얘기해서"라고 주장했다. 김의철 KBS 사장, 박성제 MBC 사장 등이 민주노총 산하 언론노조 출신인 점을 거론하며 지난 문재인 정부 당시 KBS·MBC 양대 공영방송의 친민주당 성향이 노골화되었다고 본 것이다.[29]

그러자 2012년 KBS에서 퇴사해 『뉴스타파』에서 기자 생활을 하다 2018년 다시 KBS로 돌아간 최경영이 반박에 나섰다. 그는 "민주노총 조직원에 장악됐다는 건 사실(이 아니다)"라며 "양심의 자유에 반하는 발언이다. (언론인마다) 다 생각이 다른데 그렇게 한꺼번에 말씀하시냐"라고 물었다. 그러자 권성동은 "KBS하고 논쟁할 건 아니지만 우리가 보기엔 그렇다"고 답했다. 최경영이 재차 "개인마다 양심의 자유는 다 따로 있다"고 하자 권성동은 "MBC도 민주노총 사람들이 사장 하고 지도부 하고 있는 것 아니냐"며 "우리는 방송을 장악할 생각도 능력도 없다"고 말했다. 이어 "민주당이 집권할 때 좌지우지했던 방송이 (민주당이) 야당이 되니까 자신들이 그렇게 해왔기 때문에 (국민의힘도 방송을) 좌지우지할 것 아니냐고 생각하는 것"이라고 주장했다.[30]

최경영이 '양심의 자유'라는 아주 좋은 말을 했다. 그런데 그

좋은 말을 왜 정부·여당의 방송 장악 주장엔 적용하지 않는지 궁금했다. 방송인마다 다 생각이 다르고 양심의 자유가 있는데, 무슨 수로 그들을 장악해 어용 방송을 강요한단 말인가? 이 반문이 너무 순진한가? 그렇다면 방송인 개개인에게 미치는 언론노조의 영향력이나 압력을 '양심의 자유'를 내세워 부정하는 것 역시 너무 순진한 생각 아니었을까?

전국언론노동조합 위원장 윤창현은 7월 15일 MBC 라디오 〈김종배의 시선집중〉에 출연해 권성동의 발언에 담긴 '공영방송=노영 방송' 프레임에 대해 "노동조합에서 과거에 활동했던 분들이 경영진이 돼서 경영하기 때문에 노영 방송이란 논리 구조를 갖고 있는 것 같은데 그렇게 따지면 한국노총 출신 이정식 노동부 장관이 취하는 노동정책의 책임은 한국노총에 있는 것인가"라고 되물었다.

권성동이 "우리는 방송을 장악할 생각도 능력도 없다"고 발언한 것을 두고서는 "이명박·박근혜 정권 국가정보원에서 문건까지 나오고 박근혜 정권 민정수석 김영한 씨 비망록을 통해서 공영방송을 어떻게 통제했는지 증거로 다 드러났고 그게 박근혜 탄핵의 원인이 됐다"면서 "얼마 안 있으면 그 당시 언론통제 치하에서 해고당했다가 유명을 달리한 이용마 동지(전 MBC 기자) 3주기다. 아직 탈상도 안 끝났다. 그 앞에서 감히 장악에 의도가 없다는 둥, 국민의힘은 한마디로 방송 장악에 있어서는 전과 집단"이라고 강하게 비판했다. 국민의힘이 문재인 정부에서 임명한 한상혁 방송통신위원회 위원장의 사퇴를 압박하는 가운데 감사원이 방통위와 KBS를 상대로 감사에 나선 상황을 두고서는 "이명박 정권하에서 이루어졌던 방송 통제, 방송 장악의 흐름과 유사한 흐름을 가져가고 있는 게 사실"이라고 우려했다.[31]

국민의힘의 '공영언론 장악' 논쟁

7월 17일 권성동은 취임 100일 기자간담회에서 "일부 언론에서 윤석열 대통령과 국민의힘이 언론을 장악하려고 한다는 의혹을 보내고 있다"며 "제가 이 자리에서 약속드린다. 언론을 장악하겠다는 의도도, 계획도 없다. 그런 생각조차 해본 일이 없다"고 밝혔다. 그는 "정치인의 말이라서 못 믿겠다면, 과거 행적을 보시면 믿을 수 있을 것"이라며 "작년 여름 민주당이 언론을 장악하려고 '언론중재법' 강행 시도를 했으나 국민의힘이 이걸 막았다"고 주장했다. 그는 "절대적으로 부족한 의석에도 당의 역량을 총집결해 싸웠다"며 "국민의힘은 언론의 자유를 지켰던 정당이다. 우리가 어떻게 언론 장악을 할 수 있겠느냐"고 반문했다.

이에 대해 진보적 언론 전문지인 『미디어오늘』은 "그러나 국민의힘은 과거 이명박 정부 당시 한나라당, 박근혜 정부 당시 새누리당에서 공영방송 장악 문제로 수많은 폐해를 낳았다는 비판에서 벗어나기 힘들다. 이명박 정부 당시 정연주 전 KBS 사장을 강제로 몰아냈다가 해임 취소 판결을 받았으며, 정 전 사장을 무리하게 기소했다가 무죄가 확정됐다. MBC 〈PD수첩〉 광우병 방송에 대해서도 PD 압수수색, 체포, 기소까지 했으나 모두 무죄판결이 나왔다. 미네르바를 무리하게 구속하려다 법원에서 제동이 걸렸다"며 다음과 같이 말했다.

"이명박 정부와 박근혜 정부 때 KBS·MBC에서는 사장이 바뀐 뒤 친정권 편향 방송에 저항하는 기자·PD들이 수백 일 동안 파업을 하는 등 몸살을 앓았다. 특히 박근혜 정부 시절인 2014년 4월 이정현 전 청와대 홍보수석이 김시곤 KBS 보도국장에게 전화해 세월호 관련 해경 비판 보도를 자제(중단)해달라는 요청을 한 사실이 인정돼 방송법을 위반했다는 확정판결과 헌법재판소의 합헌 결정이 나오기도 했다. 이런 증거들이 분명한데도 국민의힘이 언론 자유를 추구하는 정당이라는 주장은 설득력을 얻기 힘들다는 지적이다."[32]

7월 18일 언론노조는 권성동을 허위사실 공표에 의한 명예훼손 혐의로 서울지방경찰청에 고소했다. 언론노조는 "KBS·MBC 경영진 일부가 언론노조 출신이라는 전혀 무관한 사실관계를 이유로 언론노조가 방송법 등에서 금지하고 있는 불법·부당의 방송 장악 행위를 하고, 편파·불공정 보도에 영향을 미치고 있다고 한 피고소인(권성동)의 발언은 허위사실 적시에 해당하며 허위성에 대한 인식과 비방 목적이 존재한다고 볼 수 있다"고 주장했다.

그러자 공정언론국민연대(공언련)는 언론노조를 상대로 '문재인 정권 5년 언론노조와 민주당의 공영언론 장악 사실인가? 허위인가?'라는 주제로 긴급 공개 토론을 제안했다. 권성동이 발언을 할 때 인용한 자료는 공언련의 전신인 '대선 불공정 방송 국민 감시단'의 모니터 자료였다. 공언련은 "언론노조는 공언련을 폄훼하고 명확한 사실관계를 토대로 작성한 공영언론의 노골적인 편파 방송 모니터 결과물을 부정했다"며 "이는 명백히 허위사실이며 공언련에 대한 모욕"이라고 비판했다.

공언련은 "언론노조의 일방적 주장의 반복에 적지 않은 국민이 혼란스러워하고 있는데 대선과 지방선거를 모니터했던 공언련은 언론노조를 상대로 전 국민 앞에서 사실관계를 밝히는 긴급 토론을 제안한다"며 "양측 간 토론은 가장 빠른 시간 내 공개된 장소에서 이루어지길 희망하며 많은 국민이 볼 수 있도록 TV와 인터넷 생중계 역시 환영한다"고 했다. 이어 "언론노조는 노조 간판 뒤에 숨어 일방적인 주장으로 국민을 현혹하는 행태를 즉각 중단하라"며 "자신들 주장이 정당하다면 전 국민이 보는 앞에서 토론회에 즉각 응해야 한다"고 주장했다.[33]

문재인 정권의 방송 장악은 있었나 없었나?

여야 간 상임위 배분을 둘러싼 원 구성 협상이 난항을 겪고 있는 것과 관련, 7월 19일 국민의힘 의원 조해진은 페이스북을 통해 "적반하장도 유분수"라며 "민주당은 거꾸로 그 어디에도 끼지 못한 국민의힘을 향해서 방송 장악 시도 운운하며 원 구성을 파행시키고 있다"고 비판했다. 그는 "방송을 담당하는 국회 과방위 위원장이 민주당이었고 정부 방통위 위원장은 민언련 대표, KBS·MBC 사장은 민주당과 정책 연대·선거 연대를 해온 민노총 조합원, 방송 실무를 전담하고 있는 양대 방송 대표 노조 기자·PD들도 민노총 소속(여타 방송사도 다수가 유사 구조)"을 거론하며 "이보다 완벽한 방송 장악 구도가 어디 있나"라고 반문했다.

조해진은 "자기들이 장악하고 있는 방송 구도에 털끝 하나도 건드리지 말라는 위압과 엄포에 다름 아니다"며 "이 완벽한 방송 장악 구도에 숨구멍이라도 틔우지 않으면 방송의 공정성, 중립성, 민주성은 꿈도 꿀 수 없다"고 지적했다. 이어 "정치 방송, 이념 방송, 선동 방송이 국민을 속이고 국정을 흔들고 나라를 파국으로 모는 일이 언제든 재연될 수 있다"며 "국회 원 구성, 방통위 인사, 방송노조의 탈이념·탈정치화를 통해 완벽하게 기울어진 운동장을 바로잡고, 방송의 공정·중립을 반드시 이뤄내야 한다. 그래야 민주국가고, 선진국"이라고 강조했다.[34]

민주당과 언론노조가 걸핏하면 국민의힘에 '방송 장악' 혐의를 제기하는 것은 좀 우스꽝스러운 면이 있었다. 문재인 정권 5년 간은 문재인 정권의 방송 장악이 있었다는 것인지 없었다는 것인지 그것부터 분명하게 밝히고 나서 제기할 문제가 아닌가? 아니면 얼렁뚱땅 국민의힘의 '원죄 이미지'를 활용해보겠다는 것이었을까?

사실 언론노조가 굳이 친민주당일 필요는 없었다. 반反보수 정당인 것만으로도 충분했다. "국민의힘은 한마디로 방송 장악에 있어서는 전과 집단"이며, "국민의힘이 언론 자유를 추구하는 정당이라는 주장은 설득력을 얻기 힘들다"는 인식이 언론노조나 진보 진영에 적잖이 확산되어 있다면, 국민의힘이 민주당의 방송법 개정안에 강한 의구심을 갖는 건 당연한 게 아닐까? 문제는 그 의구심이 "방송 장악을 하려는 것"과 "(언론노조의) 방송 장악을 피하려는 것" 중 어느 것과 관련이 있느냐일 텐데, 현 상황을 놓고 보자면 후자일 가능성이 훨씬 더 높다고 보는 게 합리적이지 않을까?

7월 20일 언론사 중도·보수 성향 노조들의 모임인 '공영언론노동조합협의체(협의체)'는 국회에서 기자회견을 열고 김의철 KBS 사장, 박성제 MBC 사장, 우장균 YTN 사장, 성기홍 연합뉴스 사장의 퇴진을 요구했다. 이 협의체에는 민주노총 산하 언론노조에 가입하지 않은 MBC 노동조합, KBS 노동조합, YTN 방송노동조합, 연합뉴스 공정노조가 참여했다.

　MBC 노조 비대위원장 강명일은 "MBC본부 파업에 불참한 88명 중에 20여 명이 퇴사했다. 나머지 60여 명은 지금까지도 아침 뉴스 구성작가, FD, 조연출, 라디오 뉴스 PD 등으로 빠지며 제대로 된 기자 업무를 수행하지 못하고 지원 업무에만 투입되고 있다"고 토로했다. 또한 "보도본부 내 사회·외신 등 보직 부장들에도 언론노조 인력이 포함돼 있어 윤석열 정부 비판 기사를 쏟아내고 있다. 조국 전 법무부 장관과 촛불집회 등과 관련해선 과장 기사를 쏟아내도 별 문제 없이 넘어갔었다"고 덧붙였다. 그러면서 "과거 회사가 특파원 12명을 일제히 부당 소환해 서울지방노동청 등에 최승호·박성제 사장 등 8명을 고발했고, 60여 명의 파업 불참 기자에 대해선 부당노동행위로 서울지방노동청 서부지청에 최승호·박성제 사장 등을 고발했다"고 부연했다.[35]

MBC의 '민주당 옹호'와 '이재명 지키기'

　MBC가 윤석열·김건희 비난에만 올인한 건 아니었다. 과거 자기들이 지지하고 옹호했던 민주당을 지키는 일도 소홀히 하진 않았다. 7월 22일 감사원은 민주당 의원 이재명의 성남시장 시절 있었던 백현동 용도 변경 특혜 의혹을 두고 민간에 과다한 이익을 주고 성남시에 손해를 입힌 책임이 있다는 결과를 발표했다. 어떤 일이 벌어졌을까?

SBS는 8시에 방송되는 메인 뉴스(〈8뉴스〉)의 13번째 리포트 "3천억 넘는 개발 이익 독식 책임"에서 감사원 보고서 내용을 전했다. 1시간 늦은 저녁 9시에 방송하는 KBS도 〈뉴스9〉 7번째 리포트 "'민간에 과다 이익'⋯'박 정부 요구'"에서 "성남시가 용도지역 변경 등으로 민간 사업자에게 특혜를 줬다는 의혹으로, 대선 기간 내내 공방이 치열했는데, 감사원이 1년여 만에 결과를 내놨다"며 "민간에 과다한 이익을 줬다는 결론을 내렸다"고 보도했다.[36]

그러나 이런 내용을 지상파 방송 3사 가운데 MBC만 유일하게 메인 뉴스(〈뉴스데스크〉)에서 보도하지 않았다. MBC가 하루 늦게 보도한 기사도 '이재명 옹호 방송'이라는 논란을 불러일으켰다. 7월 25일 MBC 제3노조는 '박성호 MBC 보도국장은 이재명 의원을 비호하나?'라는 제목의 입장문을 통해 "추가 취재는 하나도 없었다. 똑같은 내용을 하루 늦게(23일) 보도해 MBC 뉴스 자체를 우습게 만들었다"며 "대충 뭉개고 넘기려다가 『미디어오늘』마저 문제 삼으니까 화들짝 놀라 이렇게 부랴부랴 대응한 것 아닌가"라고 따져 물었다.

제3노조는 "보도 내용에서도 불순한 의도가 엿보인다. 우선 제목이 「백현동에서 다시 유동규」로 돼 있는데, 성남도시개발공사 기획본부장이었던 유동규 씨가 공사 측에 백현동 사업에 손을 떼라고 지시했다는 내용"이라며 "이날 새벽 『동아일보』가 단독 보도한 내용인데, MBC는 이 내용을 앞세워 이재명을 뒤로 감췄다"고 했다. 이어 "백현동 개발의 최종 책임자는 (당시 성남시장이었던) 이재명 의원"이라며 "가장 중요한 내용은 숨기고 하수인인 유동규를 앞세운 의도가 무엇이겠는가?"라고 반문했다.

또 "MBC는 이 보도에서 '감사원은 이재명 의원의 책임을 구체적으로 밝히지 못했다'라는 문장을 굳이 포함시켰는데, (KBS·MBC·SBS) 지상파 3사 중 유일하다"면서 "MBC만 나서서 '이 의원 책임이 아니라'는 듯이 보도하는 것은 무엇 때문인가?"라고 거듭 따졌다. 제3노조는 "박성호 국장의 편파적 게이트키핑은 이뿐만이 아니다. 이재명 의원의 과거 변호사비 비용 대납 의혹도 이 의원의 사법 리스크 중 하나인데, 지난 8일 검찰이 이 의원의 변호를 맡았던 변호사 사무실과 대납 의혹을 받고 있는 쌍방울 그룹을 압수수색했다"며 "이 사안 역시 KBS와 SBS는 보도했지만 MBC는 다루지 않았다. 박 국장은 왜 이재명 의원 수사 관련 보도는 계속 외면하는가? 마치 '정치 보복'이라는 이 의원의 주장을 대변하는 듯하다"고 질타했다.[37]

국회 과방위 위원장으로 선출된 민주당 의원 정청래는 7월 26일 YTN 라디오 〈뉴스킹 박지훈입니다〉에 출연해 "여당도 야당도 손을 못 대는 지배구조를 만들기 위해서 일단 (이사의) 수를 늘려야 한다"며 공영방송 지배구조의 변화를 촉구했다. 이에 소수파

KBS 노조는 이처럼 공영방송의 '공정성'을 강조한 정청래가 왜 여당 시절인 지난 5년간은 KBS의 '친민주당' 편향 방송을 좌시하기만 했냐며 정권에 따라 180도 달라지는 정치권의 방송 정책을 비판했다.

KBS 노조는 "사장 추천위원회를 설치해 사측·노측·국민·언론계·학계·참여 방식의 제도적 장치를 마련하자"는 정청래의 주장은 사실상 정치적으로 편향된 '팬덤'이 사장 선임 과정에 참여할 가능성을 열어두는 것이라며, "KBS 사장을 중립적으로 선임하는 방법은 이미 민주당이 야당이었던 시절, 박홍근 의원이 발의한 '특별다수제' 법안이 있다"고 상기시켰다.[38]

유튜브 시장에서 최고 기록을 세운 MBC 뉴스

8월 MBC 뉴스의 유튜브 월간 조회수가 5억 8,000만 뷰로 역대 언론사 중 최고 조회수를 기록했다. 2019년까지만 해도 지상파 3사 중 가장 낮은 조회수를 기록하던 MBC는, 2020년에 1위에 올라선 이후 그 격차를 계속 늘려왔다.[39] 그런데 흥미로운 건 시청률에선 큰 성과가 없었다는 점이다. 「2021년도 문화방송 경영 평가 보고서」에 따르면, MBC의 주요 시간대 시청률은 4.2퍼센트로 전년에 이어 지상파 4개 채널 가운데 가장 낮았다.[40] 그런데 유튜브에선 훨훨 날았으니, 이게 어찌 된 일이었을까?

시청률 조사기관인 닐슨이 낸 보고서 「2019 뉴스 미디어 리포트-유튜브 저널리즘」에 따르면, 뉴스 수용자가 유튜브 뉴스에서 기대하는 차별화된 가치는 '재미', '유쾌한 장난', '경박함'이었다. 신뢰성, 전문성과 같은 전통적 뉴스의 중요 가치들은 유튜브 이용자의 이용 동기가 되지 못한다는 것이었다. 이를 거론한 김도인은 MBC 유튜브의 성공 원인을 '나꼼수' 스타일의 제작 기법을 도입한 것에서 찾았다.

김도인은 "'나꼼수'는 사실과 주장의 경계선을 넘나들며, 세상을 진위眞僞가 아니라 호오好惡의 기준으로 보며, 우리 편은 무조건 옳다는 '내로남불'이라는 극단적 진영 논리로 무장하고, '합리적 의심'이니 '작전 세력'이니 하는 음모론을 스스럼없이 퍼뜨리고는, '아님 말고' 하면서 빠져나가는 무책임한 측면이 있다"며 다음과 같이 말했다.

"이런 '나꼼수'와 MBC가 '조국 사태'를 계기로 긴밀한 정서적 유대감을 형성한 것은 MBC 저널리즘에 심각한 해악을 가져왔다고 본다. 가장 심각한 부분이, 세상을 선악의 이분법적 대립 구도로 파악하고, 자신을 진보 정치 진영의 일원으로 인식하면서, 반대 진영을 악마화의 대상으로 삼는 '정치 병행성Political Parallelism'의 심화다. '나꼼수'가 이명박 전 대통령을 악마화하는 '각하 헌정 방송'을 표방한 것과도 일맥상통한다."

김도인은 대통령 선거운동 기간 중인 2021년 10월 19일 방송된 〈PD수첩〉 '누가 고발을 사주했나: 17분 37초의 통화'에서, 윤석열이 '아무 관련 없다'고 답하는 장면에 빅뱅의 〈거짓말〉 음악을 트는 장면이 대표적이라고 했다. 또 2022년 1월 16일 〈스트레이트〉가 '서울의소리' 기자가 몰래 녹음한 김건희와의 대화를 방송한 데 이어, 그다음 날 라디오 〈김종배의 시선집중〉에 〈스트레이트〉 장인수 기자와 '서울의소리' 백은종 대표까지 출연시켜 이슈화를 시도했는데, 백은종이 출연한 유튜브 섬네일 제목이 '서울의소리 "김건희 언어술에 전부 넘어가…추가 공개? 국민이 궁금해하면 신속하게"'였다. 이는 "MBC가 이재명 더불어민주당 후보에 올인했다는 오해를 불러일으키는 장면이었다"는 것이다.[41] 아니 그건 '오해'가 아니라 '진실'이었을지도 모르겠다.

"너 딱 걸렸어"를 외치는 '가차 저널리즘'

'예비군복 효과'라는 게 있다. "멀쩡한 사람도 예비군복만 입으면 모두 개가 된다"는 속설을 가리켜 나온 말이다.[42] 심리학자 전우영은 그 이유를 "예비군복을 입어서 발생하는 익명성이 자기 통제 동기를 떨어뜨리기 때문에 발생한다"고 설명한다.[43] 그런데 언론인들을 포함한 대부분의 사람들이 유튜브를 예비군복처럼 생각하는 경향이 있다. 이 경우엔 익명성이라기보다는 "누구나 다 거칠게 하는 유튜브인데, 뭘 어때?"라는 심리 때문일 게다.

김수아가 2021년 『여성문학연구』에 발표한 「'이대남'과 반페미니즘 담론: '메갈 손가락 기호' 논란을 중심으로」라는 논문에 따르면, MBC의 뉴미디어 브랜드 엠빅뉴스의 유튜브 영상 제목은 "GS25 이벤트 포스터에 남성 혐오 코드 숨어 있다? 설마 요……?"였다. 반면 동일한 아이템의 MBC 홈페이지 내 게시 제목은 "GS25 포스터 속 남성 혐오 이미지 논란…… '억지 주장' vs '남혐'"으로 형식적인 객관주의를 따랐다. 이에 대해 김수아는 "기성 언론의 뉴미디어 브랜드 보도가 주목성을 얻기 위한 제목으로 변경하는 과정에서 '남혐'이 전제되는 방식으로 유통되며 이것이 유튜브 수용자의 인식에 호응하는 것으로 여겨지는 것이다"고 말했다.[44]

이는 앞서 소개했던 몇 가지 사례만 보아도 더욱 분명해졌다. "제가 김종인의 아바타입니까?"(1월 3일)라는 자막이나 "김건희 또 사고 쳤다"(7월 6일)는 섬네일이 시사하듯이, 유튜브에서 MBC는 '서울의소리'나 '더탐사'와 다를 게 없으며 오히려 그들을 추종하는 것도 불사했다. 유튜브 소비자들은 '증오·혐오 콘텐츠'를 원하며, MBC 기자들은 노골적인 '윤석열 때리기'를 위한 심성과 각오를 그런 유튜브에서 공급받는 건지도 모를 일이었다.

김건희나 윤석열이 "언제 또 사고 치나"라고 궁금해하면서 이른바 '가차 저널리즘gotcha journalism'을 구현할 기회를 호시탐탐 노린 건 아니었을까? '가차 저널리즘'은 "너 딱 걸렸어 저널리즘"이라고도 한다. 이는 언론이 정파적 목적이나 수익 증대를 위해 갈등과 스캔들에 초점을 맞춰 보도하려는 경향에서 비롯된 것으로, 유명인의 실수나 해프닝을 꼬투리 삼아 집중적으로 반복 보도하는 행태를 가리키는 말이다.

그런데 이 '가차 저널리즘'이 실수가 잦은 데다 둔감하기까지 한 독특한 유형의 윤석열과 김건희를 만나면서 MBC 저널리즘의 기본 모드로 승격된 게 아닌가 하는 생각마저 들 정도였다. 이를 잘 보여준 대표적 사건이 9월 하순의 미국 뉴욕에서 벌어졌다.

제5장

'증오의 광기'가 들끓는 대한민국

윤석열의 "이 XX들이…쪽팔려서" 발언 사건

2022년 9월 22일 오전 10시쯤 MBC가 유튜브 영상으로 공개한 [오늘 이 뉴스] "이 XX들이 승인 안 해주면 바이든은 쪽팔려서 어떡하나" 사건이 터졌다. 윤석열이 9월 21일(현지 시각) 미국 뉴욕에서 열린 글로벌펀드 제7차 재정공약회의에서 48초간 미국 대통령 조 바이든과 환담을 마친 뒤 대표단과 함께 빠져나오면서 잠깐 멈춰 뒤를 돌아보면서 그렇게 말했다는 것이다.

이를 두고 민주당은 외교 참사라며 책임을 묻겠다고 성토했다. 민주당 원내대표 박홍근은 "윤 대통령이 회의장을 나오면서 비속어로 미국 외교를 폄훼하는 발언이 고스란히 영상에 담겨 큰 물의를 일으켰다"며 "국제 망신 외교 참사에 대해 반드시 책임을 져야 할 것"이라고 비판했다.[1]

이 장면은 큰 논란이 되어 외신에도 잇따라 보도되었고, 대통령실은 서둘러 해당 발언이 바이든이나 미국 의회를 겨냥한 것이 아니라 우리 국회를 향한 발언이었다고 해명했지만, 국민의힘 내부에선 비속어 발언을 보도한 MBC를 성토하는 목소리도 나왔다. 국민의힘 의원 윤상현은 9월 22일 페이스북에 "MBC가 대통령이 무심코 사적으로 지나치듯 한 말을 침소봉대했다", "MBC는 당파적 이익을 위해서는 어떤 일도 가리지 않는다는 걸 또다시 보여줬다", "국익을 훼손하면서까지 당파적 공격에 혈안이 된 MBC의 행태에 엄중한 책임을 물어야 할 것"이라며 MBC를 비판하는 글을 올렸다.

MBC는 이에 9월 23일 유감을 표하는 입장문을 냈다. MBC는 "대통령의 비속어 발언은 대통령실 풀Pool 기자단이 촬영해 방송사들이 공유한 것이고, 이 영상은 언론 보도 이전에 이미 사회관계서비스망 등을 통해 급속도로 확산되고 있었다"며 "이 영상은 MBC뿐만 아니라 KBS, SBS 등의 지상파와 주요 일간지 등 대부분의 언론들이 다양한 방법으로 유튜브에 클립으로 올리거나 뉴스로 보도했다. 이 과정에서 MBC는 최대한 절제해서 영상을 올렸고, 어떠한 해석이나 가치 판단을 하지 않고 발언 내용을 그대로 전달했다"고 밝혔다.

이어 "뉴스 가치가 있다면 좌고우면하지 않고 신속, 정확하게 보도하는 것은 저널리즘의 기본 책무"라며 "해외 언론들 역시 자국 지도자의 부적절한 발언에 대해 여과 없이 보도를 해오고 있다. '국익'에 도움 되지 않는다는 비판도 있지만, 국익을 명분으로 정치권력이 언론 자유를 위축하고 억눌렀던 수많은 사례를 기억하고 있다"고 강조했다.[2]

그러나 여권은 9월 22일 아침까지 각종 모바일 메신저에서 지라시(정보지) 형태로 돌던 윤석열의 발언과 영상이 MBC가 '바이든'이라고 단정적으로 자막을 달아 유튜브에 먼저 띄우면서 급속도로 확산되었다고 보았다. MBC가 자막을 단 것을 기점으로 대부분 방송과 인터넷 언론이 비슷한 보도를 하기 시작했다는 것이다.[3]

9월 25일 전 의원 나경원은 페이스북에 "글로벌펀드 회의 직후 공개된 장소에서 사담私談이지만 비속어를 사용한 대통령의 부주의는 안타깝다"며 "왜곡된 보도가 해외 언론에도 확산되는 과정에서 속수무책 15시간이나 지나서 해명한 대통령실에는 책임을 묻고 싶다"고 전제하면서 "그런데 문제는 바로 조작 왜곡을 또 시작한 MBC"라고 비판했다.

나경원은 "결국 대통령께서 국회라고 언급한 것은 대한민국 국회임이 분명한데, 이를 느닷없이 불분명한 뒷부분을 '바이든'이라고 해석하며 미 의회와 미국 대통령을 비하한 것이라 호도하고 국가 망신을 시켰으니 MBC는 의도된 왜곡, 조작에 따른 국익 훼손에 대한 책임을 져야 한다"고 주장했다. 그는 "다른 나라

언론이라면 적어도 '확인'이라도 한다. 확인은커녕 왜곡에 여념 없으니 MBC의 과거 소행을 어찌 잊을 수 있겠나"라며 "(이명박 정부 시절 미국산 소고기 수입 협상에 광우병 대확산을 주장한) '뇌송 송 구멍탁' 소고기 촛불시위 왜곡은 결국 법정에 가서 아무런 책임을 지지 않았다"고 지적했다.[4]

　전 국민의힘 원내대표 권성동은 9월 25일 페이스북에 "오늘 날 MBC 뉴스는 정치 투쟁 삐라 수준"이라고 비난했다. 그는 "윤 대통령 발언에 이어 박진 외교부 장관이 '야당을 잘 설득해 예산을 통과시키겠다'고 답변했는데, 이 부분을 보도하지 않았다"며 "박 장관이 말한 야당은 미국이 아니다. 즉 애초부터 '미국'이나 '바이든'을 자막으로 쓸 이유 자체가 없다"고 했다. 권성동은 MBC의 해명과 관련해 "앞뒤 맥락을 잘라내는 행위 자체가 바로 가치 판단의 영역이다. 그 결과물은 절제節制가 아니라 '절제切除'다. 대통령 발언에도 없는 '미국'을 괄호로 처리하는 것 역시 해석이며 '그대로 전달'도 아니다"고 비판했다.[5]

MBC의 "범죄적 언론 사기극"인가?

　9월 27일 국민의힘 의원 하태경은 MBC 라디오 〈김종배의 시선집중〉에 나와 "MBC에 팩트체크를 아주 불량하게 한 언론 윤리 위반이 있다고 보고, (대통령실은) '바이든'은 아니라고 명확하게 부인을 하는데 'XX'라는 건 시인도 부인도 안 해 대응이 굉장히 부실하다"며 MBC와 대통령실의 해명을 동시에 비판했다. "종합해보면 불량 보도와 부실 대응의 조합으로, 사안을 아무리 분석해봐도 양비론을 피할 수 없을 것 같다"는 것이다.[6]

9월 27일 권성동은 페이스북을 통해 MBC의 윤석열 뉴욕 발언 보도를 'MBC 자막 조작 사건'으로 규정하면서 MBC가 해당 사안과 관련해 미국 측에 보낸 취재 이메일을 공개할 것을 요구했다. MBC는 9월 22일 오전 10시쯤 문제의 유튜브 영상을 올린 후 미국 정부에 이메일을 보내면서 AFP통신 기사를 첨부하고 그에 대한 미국 측 입장을 물었다. AFP통신은 전날 MBC 유튜브 자막에 따라 영문 기사를 썼는데, 그 기사에서 'XX들'은 'fuXXers'로, '바이든이 쪽팔려서'는 'Biden lose damn face'로 각각 번역되었다.

권성동은 "MBC의 백악관 메일이야말로 이 사건의 실체를 명징하게 보여준다"면서 "가짜뉴스로 미국까지 속여서 '외교 참사'로 비화시켜 윤석열 정부를 흔들려고 했던 것"이라고 했다. 이어 "MBC는 대국민 보이스 피싱을 넘어 미국까지 낚아보려고 외교적 자해 공갈도 서슴지 않았다"며 "그야말로 한국과 미국을 오가는 범죄적 언론 사기극"이라고 했다. 또 "MBC는 지금 당장 백악관으로 보낸 메일 전체를 공개하라"고 요구했다.

권성동은 "MBC는 뉴스 자막에 '(미국)'이라는 있지도 않은 말을 끼워 넣어 조작을 완성했고, 조작된 기사를 백악관에 보내 논평을 구하려고 했다"고 했다. 이어 "이 와중에도 MBC는 미 국무부의 'Our relationship with R.O.K. is strong(대한민국과 우리의 관계는 끈끈하다)'이라는 회신 내용은 애써 무시했다"며 "한미동맹이 중요하다면 당연히 강조해야 할 코멘트를 의도적으로 삭제하면서도, 외교 참사 프레임을 고집하는 이유는 단 하나, MBC가 외교 참사를 간절히 원했기 때문"이라고 주장했다.[7]

9월 28일 『조선일보』 기자 신동흔은 「MBC가 만들어낸 이상한 나라」라는 칼럼에서 "뉴욕에서 대통령의 발언은 분명 부적절했다. 극소수 참모에게 건넨 말이었지만 대통령의 언어로 공개되기에 부적절했다. 하지만 취재진 카메라에 잡힌 이상 묻어두기도 힘들었을 것이다. 언론들은 이럴 때 취재를 통해 발언자의 의도와 상황 등을 충분히 파악해 전달해야 오해를 피할 수 있다"며 다음과 같이 말했다.

"MBC는 자막으로 자기들 '해석'을 담았다. 자막 중 '이 XX'와 '쪽팔려서'의 음성은 비교적 선명하게 들리지만, '바이든'이나 '(미국) 국회' 부분은 잘 들리지도 않는다. 하지만 MBC가 붙인 자막이 더해지면, 윤 대통령이 미美 국회를 욕설로 지칭했다는 방향으로 해석이 가능하다. 잘 안 들리면 자막 옆에 물음표 같은 것을 붙여두는 방법도 있었을 텐데, 그렇게 하지 않았다.……MBC의 '해석'은 자막을 통해 (처음 노출된 정보가 닻처럼 머리에

꽉 박혀 판단 기준이 되는) 기준점을 차지했다. 다른 방송사들의 보도는 MBC가 먼저 '터뜨린' 이후에 등장했다."[8]

나중에 원로 방송인 김영일은 "부끄러워서 원. 상상도 못 할 일이에요. 무슨, 청력이 강아지의 몇십 배라도 된답니까. 그게 어떻게 단박에 식별이 되냐고요. 설혹 '바이든'이라 했다고 하더라도, 국제사회에 먹칠하려고 환장한 거 아닙니까"라면서 MBC의 전반적인 보도 행태에 대해 이렇게 주장했다. "이거 탈레반이 수천 년 문화유산을 대포로 훼손하는 짓거리하고 뭐가 달라요?"[9]

9월 29일 『중앙일보』 칼럼니스트 오병상은 「여권의 MBC 책임론, 그 뿌리는 '광우병 파동'」이라는 칼럼에서 MBC의 첫 보도 하루 전날인 9월 21일 국민의힘 주최 토론회에서 박근혜 정부 시절 MBC 사장으로 문재인 정부 초 해임된 김장겸이 한 발언에 주목했다. "조국 수호 집회를 가리켜 '딱 보니 100만 명이다.' 박성제 MBC 사장이 한 말이다. 권언유착을 검언유착이라 보도하고, '제2의 광우병' 보도거리 없나 냄새 맡고 다닌다는 얘기도 돈다."

그렇게 경계하고 있던 차에 윤석열의 비속어 사건이 터진 것이다. 오병상은 이 사건에 대한 "정부·여당의 민감한 반응은 MBC에 대한 보수 우파 진영의 트라우마가 얼마나 뿌리 깊은지 말해준다"며 "최대 트라우마는 '광우병 파동'", "두 번째 트라우마는 MBC가 2020년 3월 31일 보도했던 '채널A 기자와 한동훈 검사장의 검언유착'이다"고 했다.[10]

정부·여당으로선 둘 다 거짓으로 드러났음에도 MBC는 그 어떤 처벌도 받지 않고 반성도 하지 않은 채 보수 정권에 큰 타격을 줄 수 있는 세 번째 사건을 또 '만들어냈으니' 분통이 터질 만한 일이었다는 건 이해가 간다. 그러나 그건 여론의 지지를 받지 못한 분노였다. 대통령실은 이 사건에 대해 처음부터 어이가 없을 정도로 어설프고 오락가락하는 대처를 하는 무능을 원 없이 보여줌으로써 이 사건을 졸지에 '언론 윤리 문제'에서 '언론 탄압 논란'으로 전환시켜주고 말았으니 말이다.

'MBC 보호'를 위해 발버둥친 윤석열

9월 30일 『시사저널』 편집인 전영기는 「MBC가 대통령의 욕설을 보도하는 방식」이라는 칼럼에서 "MBC는 유튜브 동영상으로 윤석열 대통령의 발언을 소개할 때 '(미국) 국회에서 이 XX들이……쪽팔려서 어떡하나'라는 자막을 달았다. 주변이 시끄럽고 잡음이 많다 해도 윤 대통령이 '국회' '이 XX들' '쪽팔려서'라고 말한 건 확실하다. 문제는 (미국)을 넣은 것이다. 만일 (미국)만 없었다면 '대통령의 품격'을 문제 삼겠다는 기자의 열정과 문제의식이 돋보인 깨끗한 속보성 특종이었을 것이다"며 다음과 같이 말했다.

"MBC가 대통령의 말을 따옴표로 처리하면서 (미국)이라는 밑도 끝도 없는 해석을 갖다 붙인 것은 부정확하고 부주의하다는 비판을 면하기 어렵다. 우선 MBC는 (미국)이라는 자막을 달기 전에 관련 언급이 '미국 의회'를 의미하는지에 대해 당사자에게 확인하는 절차를 거쳤어야 했다.……발언 당사자인 대통령이 보도가 나간 뒤 미국 의회가 아니라 '한국 국회'를 의미한다는 뜻을 분명히 밝혔음에도 정정하지 않았다. 물론 그렇다 해도 윤 대통령이 욕설이나 비속어를 쓴 사실은 그대로 남는다. 그러므로 MBC가 (미국)에 대해 정정 보도를 한다면 윤 대통령은 품격 떨어지는 언행에 대해 자기반성과 사과를 하지 않을 수 없게 될 것이다."[11]

그렇다. "문제는 (미국)을 넣은 것이다"는 지적이 옳다. 같은 날 MBC 앵커 출신인 전 민주당 의원 신경민도 "MBC가 괄호 열고 미국이라고 쓴 것은 분명히 과잉 친절을 한 기자의 잘못이 있다"고 지적했다.[12] 물론 그 '과잉 친절'은 정파성의 산물이었을 게다. 따라서, "대통령은 대통령다운 말 쓰고 MBC는 정파성에서 벗어나라"(성균관대학교 교수 이상철)고 말하는 게 이 사건을 보는 공정한 자세였겠건만,[13] 미련한 윤석열 정권은 오히려 MBC를 도우려고 애를 쓰는 것처럼 보였다.

MBC는 "'좌표 찍기'를 통한 부당한 언론 탄압", 언론노조 MBC본부는 "MBC를 표적 삼아 이번 국면을 모면하고 언론 장악의 달콤한 추억과 망령을 되살리려는 의도"라고 윤석열 정권을 비난했는데,[14] 이런 뻔뻔한 묘기 대행진을 할 수 있었던 것도 순전히 윤석열 정권 덕분이었다는 건 두말할 나위가 없었다. 나는 이게 너무 재미있어 10월 4일 『영남일보』(『무등일보』·『중부일보』·『충청투데이』에 공동 게재)에 「바보야, 문제는 '성격'이야!」라는 칼럼을 기고했다.

나는 이 칼럼에서 "단순한 해프닝으로 끝낼 수도 있었던 이른바 '비속어 논란' 사건을 이렇게까지 키운 윤석열 정권의 실력에 새삼 놀라게 된다. 사람들은 그 실력을 '무능'이라 부르지만, 내가 보기엔 '성격'이다. 주변에 강한 직언을 하는 사람을 두지 않음으로써, 아니 사실상 직언을 용납하지 않음으로써, 대통령실에 상시적인 '집단사고' 풍토를 조성한 대통령 윤석열의 성격이 만들어낸 비극이다"며 다음과 같이 말했다.

"윤석열 정권은 MBC를 '국기 문란 보도'의 주범으로 몰아가는 방식으로 대응했지만, 실은 MBC를 보호하기 위해 발버둥친 격이었다는 걸 아는지 모르겠다. 문제를 일으킨 최초의 장본인인 윤석열이 일단 사과부터 한 후에 MBC의 문제를 분리해서 대응했더라면 MBC의 행태에 강한 문제의식을 가질 사람들이 많았을 것이다. 그런데 윤석열 정권은 내내 윤석열이 억울한 피해자인 양 '피해자 코스프레'를 연출하면서 MBC를 향해서만 손가락질을 해댔으니, MBC의 입장에선 큰 행운이 아닐 수 없었다. 윤석열에 대한 국민적 분노 덕분에 마땅히 맞아야 할 매마저 피해

갈 수 있었다는 점에서 말이다."

윤석열, 정말 희한한 성격의 소유자였다. 간단히 해결하고 넘어갈 수 있는 사안을 악착같이 크게 키우고야 마는 게 그의 버릇이었으니 말이다. 그런 사례가 한두 개가 아니었다. 그런데 그게 고쳐질 것 같진 않았다. 그런 우둔함 또는 미련함은 그의 가장 큰 장점이기도 한 '뚝심'과 분리할 수 없는 것이었으니 말이다.

〈스트레이트〉와 〈PD수첩〉의 '김건희 때리기'

MBC 시사 프로그램 〈스트레이트〉는 9월 18일에 이어 9월 25일에도, MBC 〈PD수첩〉은 10월 11일에 '김건희 때리기' 방송을 했다. 정당한 의혹 제기 방송을 '때리기'라고 말하는 건 옳지 않지만, 빈도가 너무 잦으면 그리 말해도 무방하지 않을까? 게다가 '조작'이 가미된 방송이었기에 더욱 그랬다.

MBC는 10월 11일 방송된 〈PD수첩〉 '논문 저자 김건희' 편은 김건희의 '논문 표절' 의혹을 다루었다. 이 회차의 프롤로그엔 김건희와 비슷한 외모, 옷차림, 헤어스타일 등을 한 여성이 등장했다. 이 여성의 배경엔 '의혹', '표절', '허위' 등의 글자가 나타났다. 해당 방송이 송출되자 여권에서 반발이 제기된 건 당연한 일이었다. 시사 프로그램에서 대역을 사용할 경우 방송 심의에 관한 규정 제39조(재연·연출)에 따라 '재연'이라는 표기 기재

후 해당 내용을 고지해야 하지만 이를 제대로 지키지 않았기 때문이다.

국민의힘 원내대변인 김미애는 논평에서 "방송 사고가 아니라 '현실적 악의Actual Malice'에 의한 '의도된 조작'이라고 볼 수밖에 없다"며 "MBC는 '대통령에 대한 자막 조작'에 이어 '영부인에 대한 화면 조작'까지 거침이 없이 방송 조작 폭주를 하고 있다"고 했다. 그러면서 "공영방송이어야 할 MBC가 민주주의를 지키는 파수꾼이 아니라, 민주주의를 파괴하는 '방송 조작의 달인'으로 국민 위에 군림하고 있는 모습에 개탄한다"며 "지난 11일은 '조작', '왜곡', '편파' 방송으로 MBC가 스스로 '공영방송임을 포기한 날'로 우리 언론사에 기록될 것"이라고 했다.

국민의힘 수석대변인 박정하는 논평을 통해 "방송의 기본인 '김건희 여사' 대역 고지도 하지 않고 시청자들을 오인하게 했다. 기본 중의 기본인 '시사, 보도 프로그램 준칙'조차 저버렸다"며 "MBC는 국익을 훼손한 '자막 조작' 방송 때와 하나도 달라진 점이 없다. 오히려 더 나갔다. 이쯤 되면 막 가자는 거다"고 목소리를 높였다. 그는 "자막 조작 방송이 문제 되자 보복성 방송을 편성한 것이 아닌가 의심된다"며 "내 편끼리, 내 시각으로, 개인 방송처럼 만든 편파 방송의 전형이고 전파 낭비다. 국민들이 이제 공영방송 문 닫으라고 명령하고 있다"고 비판했다.

박정하는 방송 내용도 비판했다. 그는 "'최소한의 균형 보도 원칙'이 내팽겨쳐진 방송이었다"며 "방송은 국민대 연구윤리위원회가 결론을 지은 사안을 다시 끄집어내 또 논란을 만들어보고자 한 낡은 레코더식 재탕이었다. '국민 검증단'은 대선 당시 이재명 후보를 지지한 단체들이 주축이고, 장시간 인터뷰한 우모 교수는 민주당의 위성정당인 더불어시민당 대표직을 역임한 인사이기까지 했다"고 혹평했다. 이어 "논문 표절 문제로 부족해서 교열에, 가짜뉴스인 논문 심사 교수 도장까지 이야기하며 어떻게든 문제를 만들어보려 했다"며 "불법 녹음된 서울의소리 녹취록까지 재탕했으며, 인터뷰에 등장하는 사람들이 대학 동문들의 대표성에도 문제가 있었다"고 지적했다.

이에 MBC는 "사규상의 '시사, 보도 프로그램 준칙'을 위반한 사항이라는 점을 확인하고, 해당 프로그램과 관련 동영상을 다시 보기가 가능한 모든 사이트에서 내리고, '재연' 표기 후 다시 올리도록 조치했다"며 입장을 밝혔다. 그러면서 "정확한 제작 경위를 파악한 후, 합당한 추가 조처를 하도록 하겠다"며 "부적절한 화면 처리로 시청자 여러분께 혼란을 끼쳐드린 점 사과드린다"고 했다.[15]

MBC의 상상을 초월하는 '조작 방송'

사과할 게 단지 그것뿐이었을까? MBC는 10월 11일

TV를 통해 방영되었던 방송분에서, 당시 국민대학교 테크노디자인전문대학원 내부 관계자 다수가 한자리에 모여 증언하는 것처럼 보이는 영상을 내보냈다. 영상에는 5명이 "김명신(김건희 개명 전 이름)이 박사 한번에 땄다고 하니 비웃죠. 모여서 '말이 돼!' 이러면서"라는 목소리와 자막이 흘러나왔다. 자막 위에는 '당시 국민대 테크노디자인전문대학원 내부 관계자'라고 적혔다. 더욱이 5명이 모두 한 방향을 바라보고 앉은 구도여서, 전원이 인터뷰 대상자이면서 해당 증언에 의견을 모은 것처럼 보였다. 우측 상단엔 조그맣게 '음성 대독'이란 표시만 되어 있었을 뿐이었다. 하지만 이후 MBC가 유튜브에 다시 업로드한 영상 화면에는 '음성 대독' 아래 '재연' 표시가 추가되었다.[16]

그게 전부였을까? 그것도 아니었다. MBC 제3노조는 14일 성명을 통해 MBC가 김건희와 국민대학교 대학원 관계자들의 대역 여부를 고지하지 않은 것에 대해 "한 장면이 아니라 5곳에 이르고, 동원된 배우들이 최소 6명이 넘는다"고 밝혔다. 해당 대역의 얼굴은 모자이크 처리되고 음성도 변조되었다. MBC 제3노조는 "누가 봐도 제보자 본인으로 생각할 수밖에 없다. 그런데 대역 재연 사실을 감췄다. 이는 시청자들을 기망하려는 의도라고 해석할 수밖에 없다"고 했다.

MBC 제3노조는 "특히 한 장면에서 실수로 자막을 빠뜨린 것이 아니라, 여러 곳에서 의도적으로 대역 배우를 쓰고 그 사실을 감춘 것이어서 책임이 가벼울 수 없다"고 지적했다. MBC 제3노조는 "의도적 과장도 의심된다"며 "테크노디자인대학 관계자를 어렵게 만났다고 했는데 두 번째 나오는 인터뷰에선 제보자가 여러 명인 것처럼 연출됐다. 한 사람에게 들었을 법한 내용을 남자와 여자로 나눠서 음성 변조한 대역 배우를 쓴 건 마치 여러 사람에게 들었다고 포장해 객관성과 신뢰성을 높이겠다는 의도로 읽힌다"고 했다.[17]

『동아일보』 대기자 이기홍은 「상상초월 MBC」라는 칼럼에서 "〈PD수첩〉이 김건희 편에서 대역 고지를 안 한 것을 여당이 문제 삼는데 더 심각한 건 그게 아니다. '어렵게 만났다'는 소개와 함께 모자이크 처리되고 음성 변조된 제보자가 등장했는데 실제론 대역이었다고 한다. 모자이크와 변조를 하면 누구나 실제 인물이라 여긴다. 이를 응용한 게 모큐드라마다. 불륜 현장 급습 같은 장면 연출에 많이 사용된다. 시청자를 속일 의도가 아니라면 시사 프로가 대역을 쓰면서 모자이크 처리하고, 음성 변조할 이유가 별로 없다"며 다음과 같이 말했다.

"제보자 목소리 녹음을 방영할 수 없는 사정이 있으면 그래픽 처리를 해서 자막으로 발언을 내보내고 진행자가 읽어주면 된다. 2008년 광우병 편 제작자들이 그랬듯이 '적개심이 하늘을 찌른' 상태에서 자신들이 원하는 결론에 닿기 위해 골몰하는 제작진의 모습이 눈에 그려진다. 만약 전임 정권 때 임명된 사장과 간부들이 아직 보직을 맡고 있던 문재인 정부 초기에 문 대통령이나 김정숙 여사를 다룬 방송에 이런 식의 마사지가 가해졌다면 '민주노총 산하 언론노조 MBC본부'는 사장과 제작 간부 퇴진을 요구하며 파업에 나섰을 것이다."[18]

"윤석열 퇴진" 76초, "이재명 구속" 8초

10월 24일 MBC 제3노조는 「'딱 봐도 백만' 따라 할 건가?」라는 성명에서 "아니나 다를까, 역시나였다"며 "지난 토요일 시청 앞과 광화문에서 좌·우파 대규모 집회가 동시에 벌어졌는데, MBC는 어떻게 그렇게 균형 보도의 기본조차 지키지 않고, 노골적으로 편파 보도를 할 수 있는지 혀를 내두를 정도"라고 비판했다.

MBC 제3노조는 "양측이 같은 시간에 같은 장소에서 집회를 했는데, 담당 기자는 무슨 기준으로 좌파 단체 앞에서 생방송을 했느냐"며 좌파 단체 쪽에 중계 포인트를 맞춘 이유가 무엇인지를 물었다. "중립을 지키려면 그 중간에서 하든가, 둘 다 하든가, 아니면 생방송을 하지 말아야 했다"며 "KBS와 SBS는 장비가 없어서 생방송을 안 했겠나, 생각이 없어서 안 했겠나?"라고 지적한 후 "이 뉴스는 MBC 편파 보도의 또 하나의 중요 사례가 될 것이고, 안타깝게도 젊은 기자의 이름에도 오점으로 남을 것"이라고 꼬집었다.

제3노조는 "둘째, MBC가 편집한 화면은 온통 '김건희 구속', '윤석열 퇴진' 손팻말뿐이라 해도 과언이 아니었다"며 화면 구성 역시 편파적이었다고 지적했다. "우파 단체의 '이재명 구속' 팻말은 단 2커트로 구색만 갖췄을 뿐"이라며 좌파 집회에 편향된 편집이었다고 주장한 제3노조는 단적으로 집회 참가자들이 들고 있는 손팻말 화면은 좌파 진영의 경우 1분 16초간 방영되었고, 우파 진영 방영은 고작 8초에 불과했다는 근거를 제시했다.

제3노조는 "영상의 내용에서도 좌파 집회는 가까이 접근해서 다양한 화면으로 구성한 반면, 우파 집회는 원거리에서 촬영된 게 대부분이었다"며 "심지어 우파 집회 화면은 '대안TV'라는 유튜브 방송 화면을 사용했다. 취재하려는 노력은 했는지 묻고 싶다"고 했다. 제3노조는 "좌파 집회는 정상적인 사람들의 건전한 집회여서 보도 가치가 있고, 우파 단체 집회는 박성제 사장이 과거에 표현한 대로 '약간 맛이 간 사람들'의 무시해도 될 집단 행동인가"라고 비꼬았다.[19]

민주당 의원 김의겸이 10월 24일 국회 국정감사장에서 직접 제기한 '대통령·법무부 장관 심야 술자리 의혹'을 놓고 여야가 연일 공방을 벌이는 가운데, 유독 MBC가 이 문제를 뉴스로 거의 다루지 않은 것으로 나타나 '민주당에 불리한 보도는 하지 않는 것이냐'는 지적이 MBC 내부에서 제기되었다.

김의겸이 의혹을 제기한 당일, KBS와 SBS는 저녁 메인 뉴스에서 해당 내용을 일제히 보도했다. KBS는 「법사위 '압수수색' 격돌…'청담동 술자리' 설전도」라는 제목으로, SBS는 「민주 "보복 수사 중단"…한동훈 "뒷돈 건넸다면 중대 범죄"」라는 제목에서 해당 내용을 보도했다. 하지만 MBC 메인 뉴스인 〈뉴스데스크〉에서는 관련 보도를 찾아볼 수 없었다. MBC 전체 보도를 통틀어도, 해당 의혹 제기를 방송 뉴스로 다룬 건 2건 정도였다. 25일 〈2시 뉴스외전〉에서 여야 의원이 출연해 토론 형식으로 다루었다. 그리고 26일 오전 6시 방송인 〈뉴스투데이〉에서 「'술자리' 공방 가열…"법적 책임" vs "제보 확인"」이라는 제목으로 보도했다.

이와 관련 MBC 제3노조는 26일 성명을 내고 "일간지는 물론이고 KBS와 SBS도 관련 내용과 파장에 대해 보도하고 있는데 MBC 〈뉴스데스크〉는 이틀 연속 외면했다"며 "민주당 의원이 시쳇말로 '똥볼' 찬 건 다루고 싶지 않아서 아닌가"라고 주장했다.

제3노조는 "이 사건에 대해 대통령이 일반 술집에서 새벽까지 술판을 벌였을까 하는 의구심, 한 장관은 술을 못 마신다는 정황, 김앤장 변호사 30명이 한자리에 모였을까 하는 의심, 또 술집이 어디인지도 거론되지 않았다는 점 등을 들어 김 의원이 면책특권 뒤에 숨어 무책임하게 무리수를 뒀다는 비판 여론이 높은 게 사실"이라며 "제대로 된 언론이라면 논란이 된 사실을 그대로 전해서 시청자들의 판단을 도와야 하는 것 아닌가"라고 했다. 그러면서 "입장을 바꿔서 여당 의원이 이재명 민주당 대표의 개인사에 대해 비상식적이고 근거 없는 음해성 주장을 했다면 MBC가 보도하지 않았을까 묻고 싶다"고도 했다.

제3노조는 "언론사나 기자가 특정 정치인의 편에 서서 알아서 그의 실언은 감춰주거나 말을 보태주는 행위를 기자들 사이에서 속칭 '마사지해준다'라고 한다"며 "김 의원의 발언이 민주당에 득이 될 게 없다고 보고 '마사지'해준 것 아닌가 묻고 싶다"고 했다.[20]

"MBC 파업 불참 대가는 혹독했다"

고용노동부가 '부당 전보' 등의 의혹이 제기된 MBC에 대해 특별 근로감독을 실시하겠다고 밝힌 가운데, 2017년 말 최승호 사장 부임 이후 '언론노조 총파업'에 동참하지 않았다는 이유로 '보복 인사'를 당했다는 MBC 기자들의 피해 사례가 10월 26일 공개되었다.

MBC 제3노조는 「특별 근로감독으로 기나긴 차별과 인권유린을 끝장내길 바란다!」는 성명에서 "4년을 기다렸던 MBC 특별 근로감독이 오늘부로 시작됐다"며 "오늘 4명의 특별 근로감독관들이 MBC 노동조합 사무실을 방문해 노동조합 현황과 부당노동행위 실태에 대한 기초적인 사실을 파악했다"고 밝혔다. 이어 제3노조는 "그동안 MBC가 '파업 불참자' 88명에 대해 지난 2017년 말부터 자행한 인권유린과 부당노동행위는 도저히 공영방송에서 일어날 수 없는 수준의 불법행위들이었다"며 구체적인 사례들을 소개했다.

제3노조에 따르면 수십 명의 직원이 바라보는 넓은 사무실 한복판에 종이 명패와 전화기 하나만 주고, 책상에 앉아 있으라는 '미발령 대기'는 아주 기본적인 불법행위였다. 버젓이 기자로 입사한 직원을 강제로 영상 편집자로 발령내겠다면서 영상 편집 교육을 시키고, 이 때문에 스트레스를 받은 직원이 심한 고통과 상처를 받는 일도 있었다. 전임 경영진이 파견한 해외 특파원 12명은 대부분 절반 이상의 임기를 마치지 못하고 본국으로 귀환 조치되어 가족들과 생이별을 해야 했다.

최승호 사장 부임 이후 시·군·구 단위의 지방자치단체 신문 기자처럼 성남시·파주시·의정부시·양주시 등 수도권 시청만 출입처로 배정받아 수도권의 생활정보 뉴스만을 담당하게 만든 '메트로라이프팀'이라는 것도 만들어져 운영되었는데, 이 팀의 본질은 '지하철 무가지'인 『메트로』처럼 생활정보를 전달하는 것을 목적으로 했다. 취재 업무가 아닌 보도자료만 받아 처리하는 이 팀 역시 전원 '파업 불참 기자'들로 구성된 것으로 전해졌다.

제3노조는 "정치부·경제부·사회부·외신부·문화부·과학부 등의 출입 기자는 모두 언론노조원 일색이고, 메인 뉴스인 〈뉴스데스크〉의 취재와 방송 제작과 관련한 업무에서 파업 불참 기자 88명은 철저히 배제됐다"며 "단 한 명도 비언론노조원이나 MBC 노동조합원이 포함돼 있지 않다"고 지적했다.

"그러니 편향된 보도는 예정됐던 것"이라고 단정한 MBC 제3노조는 "최근 벌어진 대통령 발언 자막 조작 의혹 사건과 김건희 여사 대역 및 더빙 자막 누락 사건, 검언유착 보도, 최경환 부총리 신라젠 투자 오보와 같이 편파적이거나 조작이라고 의심받는 보도가 줄을 잇는 이유는 근본적으로 편향적인 시각을 가진 사람들이 메인 뉴스를 장악했기 때문"이라며 '오보'를 해도 경영진이 징계를 하지 않거나 솜방망이 처벌만 하고 있다고 주장했다.

제3노조는 "언론노조 간부가 사장이 되면서 언론노조의 통제 기능도 상실됐고, 표현의 자유를 사회적 흉기처럼 사용한다는 비난도 사게 됐다"며 "이번 특별 근로감독을 통해 지난 4년간의 차별과 인권유린은 물론, MBC에서 편파 방송이 끊이지 않는 구조적인 문제점이 드러나길 기대한다"고 밝혔다.[21]

"이태원 사고, 당국 대응 문제점 제보받아요"

「"윤, 거짓말 때문에 공직서 물러날 수도" 미 외교

전문지는 왜?」, 「성남FC 광고 유치가 뇌물? 정치 수사 아니면 뭐야?」, 「"지금 무정부 상태란 말이"…"비 온다고 퇴근 안 하나?"」, 「최재성 "윤, '전 세계 조롱거리' 돼…왜 9시에 출발했나? 귀신이 곡할 노릇"」, 「"전 세계 조롱거리" 됐다? 윤, 지금도 큰일인데…앞으로 더 '큰일' 난 이유」, 「현지 충격 폭로 "아베 조문 외교? 착각 말아야. 일선 '스토커 외교'라고 해"」.

MBC에서 운영하는 유튜브 채널의 섬네일 제목이다. 방문진 이사 김도인은 10월 28일 『펜앤드마이크』에 기고한 「MBC는 어쩌다 이렇게 정파적인 방송이 되었나?」라는 글에서 "공영방송에서 내놓는 콘텐츠의 섬네일 제목이라고는 믿기 힘들 정도로, 균형감을 잃고 편향된 느낌을 주며, 표현이 거칠다. 딴지방송국에서 운영하는 '김어준의 다스뵈이다'를 방불케 한다"며 다음과 같이 말했다.

"최근 '바이든' 자막 논란이나 〈PD수첩〉의 대역 논란을 계기로, MBC가 '공영公營방송'이 아니라 '진영陣營 방송'으로 전락했다는 비난의 목소리가 높다. MBC가 진보 진영의 관점과 유·불리에 따라서, 시사나 보도 프로그램의 아이템을 선택하고 배제하고 있다는 것이다. 지난 5년간 MBC의 대표적 탐사 보도 프로그램인 〈PD수첩〉과 〈탐사기획 스트레이트〉가 어떤 아이템을 다뤄왔는지를 살펴보면 쉽게 공감할 수 있을 것이다. 그 결과 MBC의 뉴스와 시사 프로그램은 진보 진영으로부터는 높은 신뢰와 사랑,

보수 진영으로부터는 불신과 미움의 대상이 되어버렸다."[22]

이태원 핼러윈데이 참사 다음 날인 10월 30일 오전 11시쯤 MBC 〈PD수첩〉 제작진은 공식 페이스북 계정에 올린 공지문을 통해 "이태원 핼러윈데이 사고 관련 현장 목격자, 실종자 가족, 당국의 사전 대응 관련 문제점에 대한 제보를 기다린다"고 밝혀 논란이 되었다. 이 공지문에는 비난 댓글이 줄을 이었다. '또 시작됐다', '사전 대응……이미 결론은 내놓으셨군요ㅋㅋ', '건수 잡았다고 아주 신났네', '답정너', '애도라고 하고 제보를 받던지', '악마가 한 수 배우고 가겠다' 등이었다. 그러나 이날 오후 1시 50분쯤 〈PD수첩〉 공지문이 수정되었다. 바뀐 게시물에는 "이태원 핼러윈데이 사고 관련 현장 목격자, 실종자 가족 및 관계자분들의 제보를 기다립니다"라고만 적혔다. '당국 대응 문제점' 대목이 사라졌다.[23]

10월 30일 MBC 제3노조는 「이태원 핼러윈 '10만 인파' 하루 전 중계 MBC… '안전 불감증' 반성해야」라는 성명에서 '이태원 핼러윈 참사' 전날 〈뉴스데스크〉는 앵커부터 핼러윈 '노 마스크 축제'를 홍보하기에 급급했다고 지적했다. "〈뉴스데스크〉가 사고 직후 30일 새벽부터 24시간 특보를 지속하면서 참사 당시의 현장음과 화면을 수백 번 반복적으로 방영해 '국민적 트라우마'를 만들어낸 것도 문제"라고 지적한 제3노조는 "이러한 보도 방식을 당장 중단하기를 바란다"고 촉구했다.[24]

"MBC 취재진의 전용기 탑승 불허" 사건

나는 앞서 윤석열의 '희한한 성격'을 지적했는데, 이를 드라마틱하게 잘 보여준 사건이 11월 9일에 일어나고야 말았다. 대통령의 동남아시아 순방과 관련, 대통령실이 MBC 출입 기자들에게 "전용기 탑승은 외교·안보 이슈와 관련해 취재 편의를 제공해오던 것으로, 최근 MBC의 외교 관련 왜곡·편파 보도가 반복된 점을 고려해 취재 편의를 제공하지 않기로 했다"고 통보한 것이다. "이번 탑승 불허 조치는 이와 같은 왜곡, 편파 방송을 방지하기 위한 불가피한 조치"라고 했다나.[25]

이에 전국언론노동조합 MBC본부는 10일 성명을 내고 "대통령실과 전용기 탑승 불허를 지시한 윤석열 대통령의 주장은 궤변에 불과하다"며 이번 사태를 "언론 자유 보장이라는 민주적 기본질서에 대한 대통령의 월권이자 폭거"로 규정했다. 이어 "지난 9월 윤석열 대통령의 미국 순방 중 비속어 파문과 관련해 대통령실의 취조성 공문과 집권 여당의 검찰 고발에 이어 이번 전용기 탑승 불허는 대한민국 최고의 권력 집단의 아집과 독선을 반증한다"고 비판했다.[26]

반면 MBC 제3노조는 10일 「언론의 자세를 회복하고 언론 탄압 운운하라」는 제목의 성명을 통해 "MBC 구성원들은 지금이라도 특정 정당의 선전 도구라는 오명에서 벗어나 언론의 본모습을 찾으려고 노력해야 언론 자유를 주장할 자격이 생긴다"

고 비판했다. 제3노조는 "MBC 취재진의 전용기 탑승 불허에 대해 전국언론노조가 「언론 탄압이자 폭력, 언론 자유에 대한 명백한 도전」이라는 성명을 발표했으나, 불과 얼마 전 문재인 정부가 방송 재허가를 무기로 종합편성채널들의 입을 틀어막았을 때 언론노조는 입도 뻥긋하지 않았다"며 "우리 편 언론 탄압은 '좋은 탄압'이라서 괜찮다는 뜻인가"라고 꼬집었다.

제3노조는 "최근의 MBC 보도는 권력 비판이 아니라 왜곡과 선동에 가까웠다"며 "MBC 기자는 순방 취재단에서 윤석열 대통령의 사석 발언을 타사 기자들에게 알렸다. 대통령실의 보도 자제 요청은 앞장서 거부했다. 방송할 때는 대통령이 하지도 않은 말까지 자막에 넣어 방송했다. MBC 특파원은 한국 대통령이 미국 의원들에게 'fucker'라는 아주 심한 욕을 했다고 백악관과 국무성에 알렸다. 언론노조는 이게 '권력 비판'으로 보이는가"라고 되물었다.

이들은 특히 "MBC는 정말 권력을 비판해야 할 때는 침묵했다"며 "손혜원 의원 투기 의혹 보도를 미적거렸고, 조국 법무 장관 의혹에 침묵했고, 울산시장 관권선거 의혹을 사실상 은폐했고, 천문학적 피해를 일으킨 라임펀드와 옵티머스자산운용 사건을 축소 보도했고, 대장동 비리 의혹을 외면하다 유동규로 꼬리를 자르려 한 의혹을 받았고, 공수처의 전방위 통신 사찰에 침묵했다"고 비난했다.

그러면서 "지난 3월 대선 때는 〈뉴스데스크〉에서 선거운동 100일 동안 단 하루도 예외 없이 편파 보도를 했고, 〈PD수첩〉은 윤석열 후보 인터뷰를 방송하면서 〈거짓말〉이라는 노래를 틀었다"고 설명했다. 이들은 "6월 지방선거 때는 접전지인 경기도지사 선거에 초점을 맞춰 국민의힘 후보 의혹만 집중 제기했다"며 "이런 행동을 하는 집단이 과연 언론 기관일까 특정 정당의 선거용 하부 조직일까 의문스러울 정도"라고 비꼬았다.

제3노조는 "이번 MBC 취재진의 전용기 탑승을 불허 사안이 '진영을 뛰어넘어 민주적 기본질서에 대한 정면 도전'이라고 주장했던 언론노조가 지난 2017년 MBC에서 비민노총 기자 88명이 기자 업무를 빼앗길 때는 왜 침묵했는가"라고 되물으며 "지금도 MBC의 비민노총 기자 60여 명이 차별과 인권침해에 시달리고 있다. 진영을 뛰어넘자고 제안하려면, 좌파 세력에 의한 언론 탄압도 돌아보면서 그런 말을 해라"고 힐난했다.[27]

제3노조는 11월 11일 성명에선 MBC가 대통령 전용기 탑승 배제 기사로 도배를 하고 있다며 공영방송을 사유재산처럼 악용한다고 비판했다. 제3노조는 "MBC 〈뉴스데스크〉는 11월 10일 '전용기 탑승 배제' 리포트를 7개나 방송했다. 스포츠를 제외한 일반 뉴스 리포트 23개 가운데 3분의 1을 해당 기사로 도배한 것"이라며 "SBS 〈8뉴스〉가 1개, KBS 〈뉴스9〉가 3개의 리포트를 방송한 것과 비교해 지나친 편집이었다"고 했다.

제3노조는 "아무리 MBC가 당사자라 해도 공영방송을 사유재산처럼 악용했다는 비판이 나오지 않을 수 없다"며 "그런 MBC가 '전용기 사유재산 아냐'라는 제목을 달고 대통령실을 비난하는 것은 코미디 같았다. 옛 속담에 '나는 바담 풍 해도 너는 바람 풍 하라' 했는데 빈말이 아닌 듯하다"고 했다.[28]

"MBC를 언론 자유 투사로 만들어준 윤석열 정권"

그런 문제 제기도 있긴 했지만, 'MBC 전용기 탑승 불허'에 대한 여론은 전반적으로 보아 싸늘했다. MBC에 대해 비판적이었던 사람들도 대통령실의 조치를 비판했다. 진중권은 "MBC를 졸지에 언론 자유 투사로 만들어주고 앉았다"고 비판했는데, 더할 것도 덜 것도 없는 모범답안이었다.[29]

『조선일보』도「대통령실의 감정적이고 단선적인 MBC 대응」이라는 사설을 통해 "MBC의 보도가 지나쳤던 건 사실이다. 자막 보도의 경우 음성 분석 전문가들도 '바이든'이라 단정하지 못하고, 앞뒤 문맥상으로도 그렇게 해석하기 어려운데 단정적으로 자막을 달았다. 대역을 쓰고 시청자들이 본인인 것처럼 오해할 수 있게 만든 것은 속인 것이다. 하지만 그렇다고 해서 취재기자가 비용을 내고 타는 전용기에서 배제한다는 것은 어느 모로 보나 잘못된 대응이다"며 다음과 같이 말했다.

"왜곡 보도를 일삼는 방송사는 시청자가 판단하는 것이 원칙이다. 그다음에 사법적 판단으로도 걸러질 수 있다. 가장 좋지 않은 것이 권력이 직접 관여하는 것이다. 언론 자유의 기본 원칙에 배치될 뿐만 아니라 왜곡을 일삼는 방송사에 도리어 면죄부를 줄 수 있기 때문이다.……전용기 탑승 불허와 같은 단세포적이고 감정적인 대응은 여론의 비판을 불러 MBC의 문제를 가릴 수 있다. 대통령 전용기는 운영은 대통령실이 하지만 기본적으로 국민 재산이다. MBC에 대한 전용기 탑승 불허 조치는 재고하는 게 옳다."[30]

11월 11일 YTN 〈뉴스N이슈〉에서 용인대학교 교수 최창렬은 "어떤 때는 제가 봐도 MBC가 심할 때가 있어요. 저도 많이 느낍니다. 지나치게 의도성이 있다, 방향성이 너무 한쪽이다,라고 느껴요"라고 전제하면서도 이렇게 말했다. "개인적인 생각입니다다마는. 그렇다고 해서 권력이 이렇게 비행기를 안 태우고 그러면 사람들 머릿속에서는 뭐가 남느냐면 대통령실이 MBC가 잘못했다 이런 걸 떠나서 안 태워줬대, 배제했대 이거만 남는 거 아니에요. 그게 코끼리는 생각하지 마, 그거잖아요. 왜 자꾸 프레임을 갖다주냐고요. 대통령실의 누구 아이디어인지 모르겠는데 보다 디그너티, 기품 있게 품격 있게 품이 크게 가면 더 국민이 알아줍니다."[31]

그러나 윤석열 정권은 결국 '기품'을 포기했고, 따라서 MBC

를 비롯한 범언론계의 집중적인 비판 대상이 되었다. 윤석열 정권 인사들의 반격도 거세졌다. 국민의힘 당권 주자인 김기현은 11일 SBS 라디오 〈김태현의 정치쇼〉에서 MBC와 사장 박성제를 비판하는 발언을 했다. 그는 대통령실의 MBC 출입 기자에 대한 '대통령 전용기' 탑승 배제 조치를 옹호하며 "박 사장과 그 보도진, 간부들이 계속해서 유지되는 한 MBC는 해체되는 게 맞다"며 "당장 박 사장 물러나야 하고, 보도진과 간부들 싹 다 교체해야 한다"고 주장했다. 그러면서 "MBC 그거는 방송인가, 그거는 요즘 하는 것 보면 방송 자격조차 없다. 가짜뉴스를 마구 생산해대는 곳"이라고 비난했다.

'증오의 광기'가 들끓는 대한민국

MBC도 기품이 없기는 마찬가지였다. 김기현은 11월 14일 생방송으로 진행되는 MBC 〈2시 뉴스외전〉에 출연할 예정이었지만, 출연이 갑자기 취소되었으니 말이다. 그는 "MBC가 방송 출연을 일방적으로 취소했다"며 "출연이 일방적으로 전격 취소된 사유와 그 결정을 한 사람이 누구인지 공개적으로 밝혀줄 것을 요구한다"고 말했다. 그는 "박 사장과 현 경영진의 사퇴를 요구하며 가짜뉴스 생산에 앞장서온 현 체제하 MBC는 해체해야 한다고 주장하고 있는 김기현에 대해 MBC가 사전 합의된 방송 출연분마저 일방적으로 취소해버린 것"이라고 주장했다.

김기현은 "입맛에 맞는 패널만 출연시키겠다는 MBC의 방송 폭력이자 갑질"이라고 했다. 이어 "MBC 자신은 남을 제멋대로 비판하면서 남이 MBC를 비판하는 것을 받아들일 수 없다면 MBC는 더이상 방송사로서의 지위와 대우를 요구할 자격조차 없다"면서 "공개를 거부하거나 명확하지 않은 해명으로 일관한다면 MBC 스스로 조작·왜곡 방송임을 자인하는 꼴"이라고 비판했다.[32]

이즈음 한국 사회엔 '증오의 광기'가 들끓고 있었다고 해도 과언이 아니었다. 원래 증오의 언어는 장사가 되고 돈이 된다지만, 돈 욕심이 없는 성직자들마저 이런 증오의 언어 생산에 가담했으니 이를 어찌할 것인가? 11월 11일 이태원 핼러윈 참사와 관련해 용산경찰서 정보계장이 극단적 선택을 하자 어느 천주교 신부는 "경찰분들!!! 윤석열과 국짐당이 여러분의 동료를 죽인 것입니다. 여러분들에게는 무기고가 있음을 잊지 마십시오"라고 했다.[33] 11월 14일 어느 성공회 신부는 "전용기가 추락하길 바라마지 않는다. 온 국민이 '추락을 위한 염원'을 모았으면 좋겠다"고 했다.[34]

증오가 그 어떤 시대정신이 된 게 아니라면 어찌 이런 일이 가능한 것인지 도무지 믿기지 않는 일이었다. 나는 『경향신문』(11월 23일)에 기고한 「'증오의 광기'가 들끓는 대한민국」이라는 칼럼에서 "나는 대통령 윤석열이 자신을 증오하는 사람들의 광기를 탓하기 전에 일순간이나마 그들이 그렇게 말해도 괜찮다고 믿게 만든 사회적 차원의 광기에 자신이 져야 할 책임은 없는지 처절하게 성찰하길 바란다"며 다음과 같이 말했다.

"'이태원 참사'가 일어났을 때 대통령과 행정안전부 장관부터 즉각 '모든 게 다 내 책임'이라고 외치거나 울부짖는 모습을 보여줄 순 없었을까? 그렇게 하는 걸 '쇼'라고 생각하는 대응 방식이야말로 국정 운영엔 어울리지 않는 옹졸한 법조인 마인드의 광기일 수 있다는 걸 생각해보면 좋겠다."

"MBC 보도가 악의적인 10가지 이유"

11월 18일 윤석열은 출근길 질의응답에서 "MBC에 대한 전용기 탑승 배제는 국가 안보의 핵심축인 동맹 관계를 (MBC가) 사실과 다른 '가짜뉴스'로 이간질하려고 아주 악의적인 행태를 보였기 때문에 대통령의 헌법 수호 책임의 일환으로서 부득이한 조치였다"고 말했다. 이에 MBC 기자 이기주가 "MBC가 뭘 악의적으로 했다는 거죠? 뭐가 악의적이에요?"라고 큰소리로 물었으나 윤석열은 답하지 않고 자리를 떴다. 이후 대통령실 홍보기획 비서관 이기정이 "가는 분한테 그렇게 이야기하면 예의가 아니다"고 하자, MBC 기자는 "질문도 못 하나"라며 맞섰다. "말꼬리 잡지 말라", "말조심하라", "군사정권이냐?", "보도를 잘하라"는 등 한동안 고성이 오갔는데, 이게 큰 논란거리이자 이슈가 되었다.[35]

그러자 대통령실 부대변인 이재명은 서면 브리핑을 통해 "무엇이 악의적이냐"는 MBC 기자 질문에 대해 10가지 이유를 적시하고 "이게 악의적"이라고 되받았다. 그 10가지 이유는 다음과 같다.

1. 음성 전문가도 확인하기 힘든 말을 자막으로 만들어 무한 반복했다.
2. 대통령이 하지도 않은 말, 국회 앞에 미국이란 말을 괄호 안에 넣어 미 의회를 향해 비속어를 쓴 것처럼 우리 국민뿐 아니라 전 세계를 상대로 거짓 방송을 했다.
3. MBC 미국 특파원이 가짜뉴스를 근거로 미국 백악관과 국무부에 입장 표명을 요구하면서 대통령이 마치 F로 시작하는 욕설을 한 것처럼 기정사실화해 한미동맹을 노골적 이간질했다.
4. 당시 미 국무부는 '한국과 우리의 관계는 끈끈하다'고 회신했지만 MBC는 이를 보도하지 않았다. 회신을 보도하지 않을 것이면서 왜 질문을 한 것인가?
5. 이런 부분들을 문제 삼자 MBC는 '어떠한 해석이나 가치판단을 하지 않고 발언 내용을 그대로 전달했다'고 또 거짓말을 했다.
6. 공영방송 MBC는 가짜뉴스가 나가게 된 경위를 파악하기보다 다

른 언론사들도 가짜뉴스를 내보냈는데 왜 우리에게만 책임을 묻

느냐며 무책임한 태도로 일관했다.

7. 공영방송 MBC에 책임 있는 답변을 요구했으나 지금까지 사과는
   커녕 아무런 답변조차 하지 않고 있다.

8. MBC의 각종 시사교양 프로그램은 대통령 부부와 정부 비판에
   혈안이 되어 있다. 그 과정에서 대역을 쓰고도 대역 표시조차 하
   지 않았다.

9. MBC의 가짜뉴스는 끝이 없다. 광우병 괴담 조작 방송을 시작으
   로 조국 수호 집회 '딱 보니 100만 명' 허위 보도에 이어 최근에
   도 월성원전에서 방사능 오염수가 줄줄 샌다느니, 낙동강 수돗물
   에서 남세균이 검출되었다느니 국민 불안을 자극하는 내용들을
   보도했지만 모두 가짜뉴스였다.

10. 왜 이런 문제가 반복되는지 공영방송으로서 성찰하기보다 '뭐
    가 악의적이냐'고 목소리를 높인다.[36]

MBC의 '탄압 코스프레'

다음 날인 11월 19일 국민의힘 비대위원 김종혁
은 SNS를 통해 "대통령 도어 스테핑(출근길 문답) 때 대통령 뒤통
수에 대고 소리 지르고 비서관과 고성으로 싸운 MBC 이모 기자
는 대통령이 얘기할 때 팔짱을 끼고 슬리퍼 차림이었다"며 관련

사진을 소개했다. 그는 "팔짱이야 잘 안 보이는 뒤쪽에 있으니 낄수 있지만 슬리퍼를 신고 온 건 뭐라 해야 할까"라며 "공식 자리에는 그에 걸맞은 복장, 이른바 '드레스 코드'를 들먹이지 않더라도 이건 너무 무례한 거 아닌가"라고 지적했다.

이어 "대통령이 아니라 남대문 지게꾼하고 만나도 슬리퍼를 신고 나갈 수는 없다. 그건 인간에 대한, 취재원에 대한 최소한의 예의가 아닌가"라고 이 기자를 비판했다. 그는 "팔짱 끼고 슬리퍼 신고 회견장에 서 있는 모습은 기자라기보다 주총장 망가뜨릴 기회를 찾고 있는 총회꾼 같아 씁쓸하다"며 "기자는 깡패가 아니어야 하지 않는가"라고 했다. 그러면서 "언론 자유는 반드시 존중돼야 하지만 기자 이전에 인간으로서의 예의도 한 번 생각해보라"고 권했다.[37]

"윤석열 대통령의 대통령 전용기 MBC 탑승 배제는 좀스러워 보였다. 기내에서 특정 언론사 기자 두 명만 따로 부른 것도 불편했다. '선택적 언론관'이라는 지적이 나올 만했다. 동남아 순방 복귀 후 첫 도어 스테핑(지난 18일)에서 전용기 배제 이유로 '헌법 수호'를 갖다 붙인 것도 갸우뚱했다. 다만 민주주의를 떠받치는 4개의 기둥이라며 '언론의 책임'을 강조한 건, 가짜뉴스가 판치는 최근 세태와 맞물려 수긍할 만했다."

『중앙일보』 정치 에디터 최민우는 「MBC와 이재명의 '탄압 코스프레'」라는 칼럼에서 이와 같은 총평을 내린 후 "충돌은 이 직후에 벌어졌다. 도어 스테핑을 마치고 돌아가는 윤 대통령 뒤에 대고 MBC 기자가 '뭐가 악의적이에요'라며 쏘아붙였다. 질문보다 시비조였다. MBC는 언론이라는 관찰자가 아니라 실제 플레이어가 되기로 작정한 모양이다. 대통령실 홍보기획 비서관이 해당 기자를 말리자 말싸움이 벌어졌다"며 다음과 같이 말했다.

"특히 '악의적이라는 증거를 내놔요', '군사정권 시절이냐?', '이런 독재정권이 어디 있어' 등 MBC 기자의 위세가 쩌렁쩌렁했다. 비서관은 쩔쩔맸다. 한국 사회의 실질적인 권력 서열을 보여주는 듯했다. SNS엔 '군부독재 시절엔 일개 기자가 저렇게 난동 쳐도 용인됐었군, 새삼 전두환 때가 태평성대였네'라는 우스갯소리가 퍼졌다."

MBC는 "국가원수가 명확한 근거 없이 가짜뉴스로 규정하고 '악의적 행태'라고 말한 것은 언론의 자유를 위축시킬 수 있는 위협적 발언이다. 깊은 우려와 유감을 표한다"는 입장을 내놓았다. 이에 대해 최민우는 "대통령실이 이미 가짜뉴스의 근거를 술하게 제시했는데 이를 반박하지 못한 채 공자님 말씀만 늘어놓은 것이다. 한쪽이 디테일을 따질 때 반대편이 원론적 입장만 되풀이한다면 어느 쪽이 진실에 가까울지는 자명하다"고 꼬집었다.[38]

이재명의 팬덤인 '개딸'의 'MBC 응원 운동'

11월 21일 대통령실 대변인실은 "최근 발생한 불미스러운 사태와 관련해 근본적인 재발 방지 방안 마련 없이는 지속할 수 없다고 판단했다"면서 도어 스테핑 중단을 알렸다. 대통령실은 '불미스러운 사태'에 대해선 정확하게 설명하진 않았으나, 사흘 전 MBC 기자와 대통령실 비서관의 공개 설전 때문이라는 해석이 지배적이었다.

국민의힘 정책위의장 성일종은 KBS 라디오 〈최경영의 최강시사〉와 인터뷰에서 "MBC에서 뭐가 가짜뉴스고 뭐가 악의적이냐 이렇게 질의를 했다. 그런데 이게 굉장히 감정이 배어 있었다"라며 "백악관 같은 데는 (질문할 기자를) 지명해서 한다. (MBC 기자가) 지명도 안 했는데 소리를 지르며 '이게 뭐가 가짜뉴스인가요? 뭘 악의적이라고 얘기를 하느냐' 이렇게 떠들어대면서 하는 것은 제가 봤을 때는 난동 수준"이라고 비판했다.[39]

김종혁은 국회에서 열린 비상대책회의에서 MBC를 겨냥해 "자신들이 대통령 전용기에 타지 못했기 때문에 대한민국의 언론 자유가 깡그리 말살된 것처럼 '난리'를 치면서 대통령실과 '전쟁'이라도 하는 것처럼 행동하고 있다"면서 "'어디 감히 우리를' 하는 왜곡된 우월감이 짙게 배어난다"고 비판했다.[40]

이런 가운데 민주당 대표 이재명의 팬덤인 '개딸'들 중심으로 MBC 기자를 '참언론인'으로 부르며 응원하는 움직임이 일어났다. 일부 지지자들은 MBC 기자를 응원하기 위해선 네이버 구독자 수를 늘려주어야 한다며, 서로 기자의 네이버 기자 페이지를 공유했다. 설전이 벌어진 18일 2,800명대였던 MBC 기자의 구독자 수는 21일 오전 10시 기준 3만 9,000명대를 기록해 약 14배가 뛰었다. 응원 수도 1,977개에서 5만 6,813개로 약 28배가 늘었다. 구독자 통계를 보면 여성이 62퍼센트, 남성이 38퍼센트의 비율을 보였다. 가장 많은 구독자 나이대는 40대로 45퍼센트대였으며, 이어 50대(25퍼센트)였다.[41]

민주당 최고위원 장경태는 11월 21일 국회에서 열린 최고위원회의에서 이상한 상상력을 발휘해 "어제 MBC 〈스트레이트〉에 천공 스승이 '도어 스테핑 하면 안 된다'라는 발언이 방영되자 가림막 설치에 도어 스테핑 중단까지, 갈수록 가관이다"라며 "언론과 야당에 재갈을 물리고 걸핏하면 압수수색으로 문제를 해결하려고 하는 참 잔인하고 오만한 정권"이라고 비판했다.

MBC 〈스트레이트〉가 무엇을 방송했길래 그런 걸까? MBC 〈스트레이트〉는 11월 20일 '"참사는 엄청난 기회" 천공은 누구인가?' 편에서 5개월 전에 나온 천공의 발언 등을 전하며 천공의 '윤석열 대통령 멘토' 의혹을 보도했다. 천공(본명 이병철)은 6월 23일 유튜브 영상에서 '앞으로도 윤석열 대통령은 출퇴근 시간에 질의응답 시간을 계속 가져야 되는지'라는 질문에 "아, 기자들 수준이 너무 낮은데 앞으로 어떻게 하면 제일 좋은 방법이냐

하면 일주일에 한 번씩 기자회견을 합니다. 기자들하고 노상 말한다고 국민의 소통이 아니에요"라고 답했다는 것이다.

장경태의 발언에 대통령실은 "무책임한 허위 발언"이라며 강도 높은 공식 입장을 냈다. 대통령실은 "유튜브 방송을 하는 특정 개인을 아무런 근거도 없이 '대통령의 멘토로 알려졌다'고 연결 짓는 것도 문제일 뿐 아니라, 지난 6월 23일 유튜브 방송을 보고 '도어 스테핑'을 중단했다는 것은 명백한 거짓"이라고 주장했다. 대통령실은 "지난 금요일 불미스러운 일에 대한 재발 방지 대책이 수립될 때까지 도어 스테핑을 중단한다고 밝혔음에도 불구하고 민주당 최고위원이 저급한 네거티브 발언을 계속 이어가는 것에 대해 강력히 유감을 표명한다"고 밝혔다.[42]

장경태는 〈스트레이트〉에 감동을 먹은 나머지 "잔인하고 오만한 정권"이란 비난을 퍼부은 걸까? 장경태만 탓할 일은 아니었다. 프로그램을 보지도 않고 감동한 시청자도 많았으니까 말이다. MBC의 '〈스트레이트〉 예고' 기사엔 1,500여 개의 댓글이 달렸는데, 대부분 MBC에 대한 격한 찬사 일변도였다. 〈스트레이트〉가 "윤석열·김건희 때리기 전문 프로그램"으로 발 벗고 나설 만한 환호였다. 몇 가지만 소개해보자면, 다음과 같다.

"오늘 꼭 시청할게요. MBC 기자님들 고생하십니다. 조중동 기러기 100명보다 MBC 기자 1명이 훨 낫다." "MBC 잘한다. 국민과 소통이 너무 잘됨. 진짜 참언론!! 최고!!" "MBC, 정권의 눈치 보지 않는 진정한 언론 엄지 척!" "MBC밖에 없습니다. 굴하지 않은 대단한 방송입니다. MBC 사랑합니다." "MBC 응원합니다. 월드컵도 MBC만 봅시다 ~이게 힘을 실어주는 겁니다." "MBC밖에 없네. 제대로 일하는 언론사는." "MBC 말고는 믿을 수 있는 언론이 없다." "가려운 곳 긁어주는 효자손 같은 MBC!!! 살아 있는 권력에 매를 드는, 유일한 살아 있는 언론!" "20일(일요일) 저녁 8시 30분 본방사수! 시청률로 MBC에게 힘을 실어줍시다!"[43]

"이재명에게 구걸했던 MBC의 이상한 분노"

11월 23일 국민의힘 의원 조경태는 TBS 라디오 〈신장식의 신장개업〉에서 "MBC가 그동안 했던 행태들을 보면 대한민국 언론 아니다"라며 카타르 월드컵을 비유해 그렇게 생각하고 있는 이유를 설명했다. 그는 "대통령은 (월드컵 등) 국가 대항전에 나가는 축구 국가대표와 똑같다"며 "만약, 예를 들어 우리 선수가 열심히 하다가 자의든 타의든 어쩔 수 없이 페널티 라인에서 반칙을 범했다고 치자. 아무도 모르는데 우리 언론사가 상대 쪽 국가에다가 '우리 선수가 반칙했다'고 까발리면 좋겠는가"라고 불편해했다.

이어 "국민이 뽑은 대통령이 미국까지 가서 국익을 위해서 그렇게 노력하는데, 본인들이 봤을 때 조금 거슬리는 비속어를 했다고 치자, 그것도 의도적인 것도 아니고 공식적인 자리에서 한 것도 아니고 혼잣말로 가면서 했던 이야기를 굳이 미국의 백악관에다가 '우리 대통령이 이런 비속어를 썼는데 너희 나라는 어떻게 생각하냐' 이렇게 까발려 바쳐야 속이 시원하냐"고 따졌다. 그는 "그게 국익에 무슨 도움이 되냐. 정말 미국의 못된 대통령이 그걸 가지고 우리나라 국익에 반하는 어떤 조치를 취했다면 그걸 수습을 해낼 수 있겠는가"라며 "굳이 그 이야기를 미국 백악관에다가 이메일(전자우편)을 보낸 MBC에 큰 실망했다"고 거듭 MBC의 보도 행태를 비판했다.[44]

약 4년 5개월 전인 2018년 6월 13일 밤 이런 일이 있었다. 경기지사 당선이 확실해진 이재명이 각 방송사의 릴레이 인터뷰에 응했다. '스캔들' 관련 질문이 이어지자 이재명은 이렇게 외쳤다. "대변인! 이거 하고 더이상 하지 마. 엉뚱한 질문을 자꾸 해서 안 돼. 약속을 어기기 때문에 다 인터뷰 취소야." 급기야 MBC와의 인터뷰 때 앵커가 "선거 막판에 여러 가지 어려움을 겪으셨다. 앞으로 도지사가 되시면"이라면서 질문을 던지려 하자 이재명은 "감사합니다. 잘 안 들리는데요. 열심히 하도록 하겠습니다"라며 인이어 이어폰을 빼 던지면서 생방송 인터뷰를 돌연 중단했다.[45]

11월 24일 MBC 제3노조는 성명에서 이 인터뷰 중단 사건을 소환하면서 "이기주 기자의 난동에 가까운 항의와 삿대질 말싸움에 대하여 MBC는 표현의 자유라고 우기고 있다"며 "언론은 국민의 입장에서 권력자에게 난처한 질문도 해야 한다는 주장이지만 2018년 6월 MBC는 당시 지방선거에서 승리한 이재명 경기도지사 당선인에게 한없이 나약한 어조로 인터뷰를 구걸하다시피 했다"고 지적했다.

이들은 "당시 TV조선 등 방송사들이 당선 소감과 함께 어김없이 여배우 스캔들 등 선거 막판 불거진 추문에 대해 질문을 던졌고, 이재명 당선인은 매우 진노하여 엉뚱한 질문은 끊어버리겠다고 엄포를 놓았다"며 "기자들에게 '안 돼', '취소야' 등의 반말 표현을 썼고 대변인에게는 '더이상 하지 마'라고 반말 지시도 했다"고 비판했다.

제3노조는 "그러나 MBC 기자는 '엉뚱한 질문을 안 하겠다'며 기자로서의 책무를 저버리는 말을 서슴지 않았다"며 "더 황당한 것은 이후에 '박성제 앵커'라는 말을 듣자마자 돌변했던 이재명 당선인의 태도이다. 박성제 앵커의 부탁이라면 '엉뚱한' 질문을 안 할 것이라고 이재명 지사가 믿고 인터뷰에 나섰다고 볼 수 있다"고 주장했다.

이어 "박성제 앵커는 끝내 이 후보가 곤란해할 엉뚱한 질문은 하지 않았다. 그러나 여성 앵커가 '선거 막판에 여러 가지 어려움을 겪으셨어요~ 앞으로 도지사가 되시면'이라고 말하자 갑자기 '지희가 질 안 들리는데요. 열심히 하노록 하겠습니다. 고맙습니다'라고 말하고 이어폰을 뽑더니 자체적으로 인터뷰를 중단해버렸다"고 덧붙였다.

제3노조는 "당시 언론들은 이 사건을 기자의 질문을 막는 표현의 자유 침해라는 헌법적인 문제로 부각시키지 않았다"며 "왜 그때는 분노하지 않던 MBC가 지금은 분노하는가. 그 답은 MBC 보도의 편파성이다. 편파적 인물이 주도해온 편파적 여론 호도가 대통령실과 MBC의 갈등을 불러왔고 이 사태의 본질인 것"이라고 강조했다.[46]

"선동이 인기와 돈이 되는 세상"

"우리 사회가 정신적 내전 상태처럼 갈라져 있다 해도, 국민 과반수가 동의하는 상식의 추錘는 작동한다. 그런 상식의 추로 판단할 때 MBC의 행태는 도를 넘었다. '대통령실은 잘했느냐'는 반박으로 덮어버리는 건 억지다. 윤석열 대통령과 대통령실 대응의 적절성은 그것대로 따져야 할 문제고, 보수 성향 언론들도 숱하게 비판해왔다."

11월 25일 『동아일보』 대기자 이기홍이 「상상초월 MBC」라는 칼럼에서 한 말이다. 그는 "MBC 전·현직 기자들의 이야기를 들어봤다. 노조와 현 경영진에 비판적인 입장인 사람들이다"며 그들과의 대화를 소개했다. "노영勞營 방송이라고들 하는데, 실제로 노조 영향력이 어느 정도인가"라는 질문에 이런 답이 돌아왔다.

"노조가 곧 회사다. 단지 파워가 세다는 차원이 아니다. 워낙 공고하게 노조 중심 시스템이 갖춰져 있어 노조에 등을 지고는 버티기가 어렵다.(전·현직 사장이 모두 노조위원장 출신이고, 보도국은 국장을 비롯한 보직 간부 전원이 노조원이라고 한다. 공채로 들어온 기자들은 의무처럼 노조에 가입한다. 다른 일반 부서들도 대부분 노조원이다.) 노조 주도 파업에 불참하면 정상적인 직장 생활이 어렵다. 투명인간 취급하고 심지어 들리는 소리로 욕을 하는 경우도 있었다. 비노조원으로 지낸다는 건 왕따를 자처하는 중고생이나 마찬가지다."[47]

11월 28일 『미디어오늘』 기자 정철운은 「윤석열 정부 출범 이후 6개월 MBC 시청률 상승세 심상찮다」는 기사에서 "윤석열 정부 출범 이후 최근 6개월간 MBC 메인 뉴스가 상승세다. 11월에는 SBS를 제쳤다. 유튜브 조회수에선 타사를 압도하고 있다"며 "공교롭게도 MBC 뉴스의 상승세는 윤석열 정부의 지지율 하락세와 반비례하는 모습이다.……윤 대통령이 MBC와 각을 세우며 '언론 탄압' 국면이 이어지자, 정부에 비판적인 국민들이 MBC로 결집하고 있다는 추정도 가능해 보인다"고 했다.[48]

『중앙일보』 논설위원 이상언은 "현존 질서 뒤집기를 꿈꾸는 사람들에게는 언제나 명분이 필요하다. 그중 으뜸이 '권력의 폭압에 의한 피해'다. 실정법에 의거한 처벌, 합의된 제도에 따른

불이익을 별로 두려워하지 않는다. 오히려 훈장으로 여기는 이가 흔하다. 법과 제도를 무시한 정치 투쟁에 앞장섰던 사람 중 전과자 아닌 사람이 드물고, 그들 대부분이 처벌 전력을 감추려고 하지 않는 현실이 이를 증명한다"며 다음과 같이 말했다.

"그 '박해 속의 투쟁' 이미지는 당장의 이익으로도 이어진다. MBC를 보라. 저녁 메인 뉴스의 시청률이 최근 8%를 넘는 경우도 생겼다. 대통령 전용기 탑승 배제와 기자의 대통령에 대한 무례한 태도 논란 이후 시청률이 대략 두 배가 됐다. 편파 방송을 지적하는 목소리는 확 줄었고, 되레 응원이 늘었다. 대통령과 법무부 장관 등이 한데 모여 술 마시고 개인 반주에 맞춰 노래를 불렀다고 주장하는 인터넷 매체가 고발에 의해 수사를 받고 있다. 그런데 그곳에 후원금이 쏟아진다. 떡볶이 밀키트 광고까지 그 안에 등장했다. 선동이 인기와 돈이 되는 세상이다."[49]

여당 지지자들은 MBC가 섬기는 국민이 아닌가?

12월 1일 사장 박성제는 MBC 창사 61주년 기념사에서 정부·여당의 '탄압' 움직임에 맞서 싸울 것이라고 밝혔다. 그는 "지금 우리는, 그동안 겪었던 미디어 환경의 물살과는 다른, 또 하나의 거센 파도와 마주하고 있다"며 "이 파도는 오직 국민만을 주인으로 섬기는 우리의 정체성을 위협하고, 민주주의와 언론 자유에 대한 우리의 사명을 흔들려고 한다"고 밝힌 뒤 "걱정할 필요는 없다. 힘을 모은다면 슬기롭게 헤쳐나갈 수 있다"고 강조했다.

박성제는 "대한민국 방송법은 '방송편성의 자유와 독립을 보장하고 누구든지 법률에 의하지 않고서는 규제와 간섭을 할 수 없다'고 명확히 규정하고 있다"고 전한 뒤 "사규에는 '사장은 방송과 경영의 최고 책임자로서 부당한 외부 간섭을 배제하고 방송의 독립을 지켜야 한다'고 돼 있다. 이번에도 굳건한 방파제가 되어 맨 앞에서 파도와 맞설 것"이라고 말했다.[50]

이 기념식에서 "뭐가 악의적이냐"며 대통령실 관계자와 설전을 벌였던 기자는 우수상을 받았다. 이 기자가 지난 7월 5일 「대통령 나토 순방에 민간인이 동행…1호기까지 탑승?」이라는 특종 보도로, "MBC 보도의 성가를 높였고 뉴스 경쟁력을 향상시켰다"며 "성실한 근무 자세와 적극적이고 비판적인 기자 정신으로 타 기자들의 모범이 됐다"는 게 수상 이유였다. 박성제가 기념사에서 드러낸 전투성에 비추어 당연한 일이었는지는 모르겠지만, MBC가 주인으로 섬기겠다는 국민 중엔 여당 지지자들은 안 들어가는 건지 모를 일이었다.

이에 국민의힘 공정미디어소위는 「방송법 개정안은 '딱 백만' 박성제 사장 구하기인가?」라는 성명에서 "박성제 MBC 사장이 '도어 슬리퍼'로 물의를 일으킨 이 기자에게 우수상을 수여한 것은 앞으로 '개딸 전용 방송'의 길을 가겠다는 확고한 의지를 천명한 것으로 볼 수 있다"고 비난했다.

MBC 제3노조는 "이 기자는 지난 대선 때 눈 뜨고 보기 힘든 편파 보도를 저질렀고, 윤석열 정부가 출범하자 보도의 탈을 쓴 비방 같은 기사를 써온 사람"이라며 "우리는 이 기자가 지난 문재인 정부 때 단 한 번도 정부·여당을 비판했던 기억이 없다. 따라서 그가 현 정부를 공격하는 것은, 어떻게든 권력을 되찾으려는 특정 정치 세력에 부역하는 것"이라고 비난했다.[51]

국민의힘의 "군사독재 DNA"

11월 29일 수정된 방송법안이 국회 상임위 법안심사소위를 통과했다. 수정된 개정안에 따르면, 핵심 내용은 '공영방송 운영위원회'의 수를 25명에서 21명으로 줄이고 이사 추천권을 국회가 5명, 시청자위원회가 4명, 방송·미디어 관련 학회가 6명, 직능단체가 6명(방송기자연합회, 한국PD연합회, 한국방송기술인연합회 각 2인) 갖는 것이다.

12월 2일 방송법 개정안이 국회 과방위를 통과했다. 국민의힘 의원 권성동은 "민주당이 민노총 언론노조를 위해서 정치 용역을 하고 있다"며 "민노총의 입법 시녀가 되어 공영방송을 노조에게 상납한 것은 방송의 민주화가 아니라, '민주노총화'입니다"

라고 주장했다.[52]

12월 5일 민주당 과방위 위원 고민정과 전국언론노동조합, 방송기자연합회, 한국PD연합회, 한국방송기술인연합회 등 방송 직능단체가 국회에서 방송법 개정안 입법 요구 기자회견을 열었다. 이 기자회견에서 『미디어오늘』 기자는 "국민의힘이 왜 언론학계와 언론단체, 시민사회를 친민주당, 친민주노총이라고 믿고 있다고 보느냐"는 질문을 던졌다. 이에 전국언론노동조합 위원장 윤창현은 "국민의힘이 뿌리를 박고 있는 그 정치 세력과 정치집단은 정말 할 말이 없는 집단"이라며 "군사독재 시절부터 수많은 언론인을 감방에 보내고 온갖 탄압을 일삼았던 DNA를 가진게 국민의힘"이라고 주장했다.

윤창현은 "그런 과거에 대해 제대로 반성한 적 있느냐"며 "지금 이 순간까지 이명박 정권, 박근혜 정권 자행됐던 언론 탄압에 대해 누가 사과했느냐. 아무도 사과하지 않았다"고 비판했다. 그는 "국민의힘 의원들이 이런 식으로 언론계의 한 줌도 되지 않는 극우파의 목소리를 그대로 되받아서 아무런 사실에 대한 검증없이 확대재생산해서 대한민국 언론계를 계속 수렁으로 몰아간다면 심각한 정치적 위기에 직면할 수밖에 없다"고 비판했다.

기자회견을 주최한 고민정과 기자 사이에선 민주당의 내로남불을 인정하는지에 대한 문답이 있었다. 기자는 이런 질문을 던졌다. "민주당이 야당 때는 방송 녹립을 요구하면서 집권한 뒤엔 자신의 입맛에 맞는 사장을 임명해도 제도를 바꾸지 않은 채 5년을 보내다 야당이 되어 득달같이 법 개정에 나서니 비판이 나올 수밖에 없는데도, 그런 유혹을 이기지 못했다고 민주당은 인정하지 않고, 반성하지 않는 것 같다."

이에 고민정은 "가장 비겁한 것은 지금 무엇을 하지 않느냐 혹은 하느냐 이것에 대한 판단에 있다"며 "예전에 그렇게 했으니까 아무것도 하지 말아야 하느냐"고 반문했다. 그는 이어 "그 당시에 가장 실수, 가장 큰 잘못이라고 한다면 단독으로 강행 처리하지 않았던 것"이라며 "(여야 간 협상과 논의를 하는) 시도를 너무 많이 했구나 하는 생각이 든다. 하지만 이제 더이상 미룰 수 없다는 생각이 들어서 하게 됐다"고 답변했다.[53]

『조선일보』 논설위원 김태훈은 "대한민국 공영방송은 막부 시절 사무라이가 들고 다녔던 칼과 같다"며 이렇게 말했다. "이 나라 정당들은 정권 잡으면 서로에게서 칼을 빼앗아오는 것에만 몰두했다. 국민에게 방송을 돌려주는 진짜 개혁은 외면했다. 반복되는 이전투구를 중단하려면 공영방송이 누구의 칼도 되지 못하게 해야 한다.……민주당이 방송법을 개정해 국민에게 돌려줄 생각이라면 지금처럼 의원 수 앞세워 밀어붙여선 안 된다. 어느 정당도 마음대로 공영방송을 주무를 수 없는 방송법을 여야 합의로 만들어야 한다."[54]

"방송 직능단체는 친민주당"

12월 9일 국민의힘 국회 과방위 간사 박성중은 국민의힘 원내 대책회의에서 "고민정 최고위원과 기자회견을 한 방송 직능단체들은 '방송법 개정안이 특정 정파가 영구 장악하는 법안이 아니다', '방송 직능단체가 친민주당이라는 말을 들으니 굉장히 불쾌하다' 등 구체적 근거도 없는 궤변을 늘어놓았다"며 "하지만 이들은 방송법 개정안을 대표 발의한 민주당 정필모 의원을 비례대표로 추천한 바 있고, 이번 방송법 개정안이 통과됐을 경우 공영방송 이사 6인을 추천하는 막강한 권한을 가진 단체들"이라고 반박했다.

방송 직능단체가 정필모를 비례대표로 추천했다는 건 무슨 말인가? 지난 총선 당시 민주당 위성정당이었던 더불어시민당 공천심사위는 전국언론노동조합, 한국기자협회, 한국PD연합회 등 언론 현업 3단체에 언론계를 대표할 비례대표 후보 추천을 의뢰했다. 이때 언론노조는 추천 단체에서 빠졌고, 한국기자협회와 한국PD연합회가 전 KBS 부사장 정필모를 추천했지만 구성원들의 반발로 두 단체 모두 철회 의사를 밝혔다.

박성중은 "이 자체만으로도 정언유착으로 볼 수 있기 때문에 이번 민주당 방송법 개정안은 그들이 주장하는 정치적 후견인 배제라는 가장 중요한 입법 근간을 스스로 부정하고 짓밟은 자기모순에 빠져 있다"며 "또한 기존 정필모 의원의 방송법 개정안에서 직능 3개 단체에서 이사 추천권이 3명이었는데 이번에 6명으로 늘린 것만 봐도 이들이 얼마나 민주당과 연대하고 한통속이 되어 이 법을 설계했는지 알 수 있다"고 주장했다.

박성중은 "이들이 연대한 성명서를 살펴보면 내용 자체는 밑도 끝도 없는 국민의힘 공격, 윤석열 정부 공격, 검찰 공격, 경찰 공격 등과 법과 원칙을 짓밟고 진영 전쟁을 주도하는 민주당 이중대라는 것을 쉽게 알 수 있다"며 "대선 기간 내내 민주당 지원 사격을 했고 자막 조작 노영 방송 MBC와 민주당을 위해서는 부당한 언론 탄압을 주장하는 365일 진영 논리에 빠져 민주당 대변인 행세를 했다"고 주장했다.

박성중은 특히 국민의힘이 지난 3년간 이들 직능단체가 발표한 기자회견 자료를 분석한 내용 중 대표적인 내용을 조그만 패널로 만들어와 소개하면서 "당신들은 양심도 체면도 없다. 민주당을 공격한 사례는 있느냐?"며 "5년 동안 불법 편법 폭거로 전임 정권에서 임명된 공영방송 사장과 이사들을 적폐몰이로 몰아낸 자들이 양심의 가책도 없이 정의인 양 민주당 방송법 개정안 옹호에 나서는 게 말이 되느냐?"고 비난했다.

이어 "한국 언론계, 민주당이 키워주고 끌어주고 정치 편향 단체에만 존재하는 것이 아니다"라며 "이들 3개 단체가 무슨 근거로 공영방송사 사장 선출이라는 막강한 권한을 6명이나 부여받은 것인지에 대해서 근본적인 문제 제기가 빗발치고 있다"고

경고했다.[55]

"YTN도 MBC와 같은 길 가려 하나?"

12월 15일 윤석열이 국민과의 대화 형식으로 국정 과제 점검 회의를 주재한 것과 관련, YTN이 사전 리허설 장면을 무단 녹화하고 이를 실제 방송분과 교묘히 교차 편집해 '짜고 치는 생방송'이란 콘셉트로 〈돌발영상〉 프로그램을 제작·송출했다가 삭제한 걸로 드러나 논란을 빚었다.

국민의힘 공정미디어위원회는 19일 성명서를 내고 "YTN의 15일자 〈돌발영상〉 사태는 민노총(민주노총) 산하 언론노조가 장악한 방송의 민낯을 보여주기 충분했다"며 "YTN 방송노조 불공정 보도 감시단에 따르면 생방송 점검 용도로 송출한 리허설 영상을 고위 간부가 이례적으로 녹화를 지시했고, 이를 생방송 영상과 교묘히 섞어 과감히 방송까지 했다"고 했다.

국민의힘은 "문재인 캠프 공보팀장 출신 우장균(YTN) 사장과 그를 위시한 경영진은 여전히 YTN 보도와 경영에 깊숙이 개입하고 있다"며 "우장균 사장과 경영진, 〈돌발영상〉 제작팀은 이번 사태를 단순한 실수로 치부하고 어물쩍 넘어가선 안 된다"고 주장했다. 이어 "문제 영상에 대한 제작과 삭제 과정에 대한 모든 경위를 밝히고, 책임 있는 조치를 마련하길 바란다"며 "끝까지

따져 물을 것"이라고 했다.[56]

MBC 제3조는 19일 성명을 통해 "YTN 동영상 서버에 올라온 생방송 화면을 YTN 〈돌발영상〉팀이 재빠르게 받아서 악의적으로 편집했고, 이를 방송하자마자 더불어민주당에서는 기다렸다는 듯이 비난 성명을 내고 대통령실 공격에 나섰다고 한다"며 "POOL 취재단의 허락 없이 영상을 무단 사용한 사실이 드러나자 YTN은 대통령실에 사과하고 그 방송 영상을 내렸는데, 이번 사건은 어디서 많이 본 듯한 기시감이 든다. 지난 9월 22일 뉴욕 순방의 대통령 발언 조작 보도 사건에서 나타난 MBC와 민주당의 기민한 행보"라고 지적했다.[57]

12월 20일, 박성중 국민의힘 국회 과방위 간사는 국민의힘 원내 대책회의에서 "방송에서 리허설은 흔히 있는 일"이라며 "생방송을 앞두고 각종 사건 사고 방지를 위해서 불가피한 절차임에도 불구하고 YTN은 악마의 편집보다 더한 방식으로 대통령의 국민과의 대화가 짜고 치는 상황인 것처럼 매도해서 국민을 속였다"고 비판했다.

이어 "2017년 문재인 정부의 대국민 보고대회 사전 리허설 당시에는 입 다물고 있던 자들이 윤석열 정부의 리허설은 조작하면서 문재인 캠프의 공보팀장 출신 YTN 우장균 사장이 아직도 문재인 사람으로 활동하고 있다는 것을 만천하에 증명한 셈"이라고 덧붙였다.[58]

채널A 사건 제보자, "윤석열·김건희를 끌어내리자"

채널A 사건도 여전히 현재진행형이었다. 12월 23일 서울중앙지법 민사25부(재판장 송승우)는 이동재가 최강욱을 상대로 낸 손해배상 소송에서 "이 전 기자에게 손해배상 300만 원을 물어주고, 판결 확정일로부터 7일 이내에 7일간 정정문을 게시하라"고 판결했다. 재판부는 "피고가 일부 허위사실을 적시해 원고의 명예를 훼손했다고 봄이 적정하다"면서 "이동재 기자가 녹취록과 편지에서 이 같은 내용의 발언을 하지 않았던 것으로 밝혀졌으므로, 이를 바로잡습니다"라는 정정문을 게시하라고 했다. 재판부는 최강욱이 이를 이행하지 않을 경우 게시할 때까지 매일 100만 원씩 물어내야 하며, 소송 비용도 최강욱이 모두 부담하라고 판결했다.[59]

자신이 그토록 애를 썼음에도 정권 교체가 이루어진 것에 대한 좌절 때문이었을까? 채널A 사건의 제보자 지현진은 이즈음 자신이 한 제보의 신뢰성을 스스로 무너뜨리는 과도한 정치 발언을 쏟아내고 있었다. 그는 12월 25일 자신의 페이스북을 통해 "이명박 5년은 10년 같았다. 윤석열 5년은 50년 같을 듯하다"면서 "윤석열·김건희를 끌어내려서 무도한 검찰 독재를 내년에 반드시 끝장내자"고 주장했다.

지현진은 "이재명 대표나 더탐사, 그리고 또 다른 사건의 무차별 압수수색과 조작 수사 등……윤석열, 한동훈 검찰의 '폭압적 검찰 독재 행태'는 국가인권위원회나 '유엔 인권이사회'에 제소해서 대한민국에서 벌어지는 윤석열, 한동훈의 '법을 이용한 깡패짓'을……세계에 널리 알려야 한다"고 했다. 그는 "이 무도한 '검찰 독재'를 잠시라도 저지하려면……법무부 장관 한동훈과 검찰총장에 대한 국회 탄핵을 진행해야 한다. 대한민국을 살리고, 시민을 살리는 길"이라며 "민주당은 일하라!"고 목소리를 높였다.[60]

지현진은 다음 날엔 유튜브 채널 '더탐사' 측 관계자에 대해 압수수색 영장을 청구한 검사의 인적 사항을 그의 미성년 자녀들 정보까지 포함되어 있는 채로 소셜미디어에 공개했다. 그는 '더탐사'가 "윤석열 대통령과 한동훈 법무부 장관과 죽도록 싸워주는 것만으로도……그놈들의 무도한 탄압을 이처럼 견뎌주는 것만으로도……저에게는 '동지'다. 함께 싸우겠다"면서 "윤석열 퇴진, 김건희 구속의 그날까지……"라고 썼다.

이재명에 대해 우호적이었던 지현진은 다른 게시물에선 이재명의 경쟁자였던 전 국무총리 이낙연을 맹비난했다. 그는 "이명박·박근혜 모두 사면. 이낙연이 그토록 바라던 이명박과 박근혜가 모두 사면됨으로써 '적폐들의 해방 세상'이 돌아왔다"면서 "앞으로 이낙연의 생존 노후는, 윤택하고 편안하겠지만, 사후 역사엔 '호남 최악의 정치인'으로 기록될 것"이라고 악담을 퍼부었다.[61]

"YTN은 특정 정당의 선전 선동 조직"인가?

12월 28일 YTN은 공지를 내 보도국 영상 에디터와 보도제작국 제작1팀장에 경고 조치를, 보도국 영상취재2부 담당 PD에게는 주의 조치를 결정했다고 밝혔다.[62] 이에 YTN 방송노조는 "결국 '솜방망이' 처벌로 끝났다"고 강력히 비판했다. 비민주노총 계열 독립 노조인 방송노동조합 불공정 보도 감시단은 입장문을 내고 "기습적 '매복 보도'에 대통령실이 격분하고 지상파 방송은 물론 종편, 대다수 신문까지 주요하게 다루며 파장이 걷잡을 수 없이 커지자, 시청자들에게 사과하고 방송 사과 대책위를 연다고 호들갑을 떨며 10일 이상 질질 끌다가 내린 결론"이라며 "(징계 과정에서) 관리·감독 책임이 있는 보도제작국장 진술은 듣지도 않았다. 징계 사유도 적시하지 않았다"고 주장했다.

이어 "교묘한 의도적 짜깁기로 희대의 '방송 사건'을 저질러 놓고 방송 사고로 위장한 공지에 슬며시 붙여 '꼼수 인사'까지 냈다"며 "모두 같은 편이라 사건의 전모를 밝힐 의사는 처음부터 없었을 테니, 팀장급으로 피신시켜주는 '생색내기' 인사는 당연한 것인가"라고 일갈했다. 방송노조는 "책임자에게 중징계를 내리기 위한 인사위 회부는 논의조차 하지 않았다고 한다"며 "예상 시나리오에서 한 치도 벗어나지 않는, 그야말로 요식행위"라고 YTN 측의 징계 과정과 결과를 비판했다.[63]

이와 관련, 약 2개월 후(2023년 3월 2일) YTN 라디오 〈뉴스 정면승부〉 진행자 이재윤이 약 일주일 전 '보수 편향'을 이유로 YTN 라디오 A 상무에게 음주 폭언을 당했다며 발표한 개인 성명서 내용을 참고할 필요가 있겠다. 그는 자신이 진행하던 라디오에 대해 "출연 패널은 좌파 인사들로 가득했고 방송 내용은 좌파에서 들고나오는 이슈로 넘쳤다"며 "이재명 관련 범죄 혐의 수사에 대해서는 입을 닫고 '청담동 술자리' 같은 '지라시' 수준의 의혹에는 눈에 불을 켜는 식이다. 한창 문재인 전 대통령의 풍산개 파양이 화제였을 때는, 이를 이슈로 다루지 않으려 해 진행하면서 이에 대한 질문을 추가해야 했다"고 했다.

이재윤은 "진행자의 균형감이 중요하다는 믿음으로, 여권 또는 여권 성향 인사가 나오면 여권에 불편한 질문을 했고, 야권 또는 야권 성향 인사가 나오면 그들이 피하고 싶어 하는 질문을 했다"며 "균형을 잡는다고 그렇게 했지만, 그동안 YTN이 보여준 편파적인 보도 행태 때문에 무엇을 해도 양쪽 모두로부터 편파적이라는 오해가 이어졌다"고 했다.

이어 "YTN 라디오 상무라는 자가 진행자에게 대낮에 술 먹고 고성으로 '진행이 보수 쪽에 편향적이다'라는 망발을 했다"며 "이를 문제 삼을 수밖에 없는 이유는, 균형을 찾으려는 그간의 노력이 사내에 확산하기는커녕 전혀 인정받지 못했다는 자괴감 때문"이라고 했다. 그는 "그동안 수많은 편파 방송 지적에 눈감아온 자가 갑자기 나를 편향적이라며 행패를 부리니 어이없는 헛웃음이 나온다"며 "대선 전은 물론 그 이후에도 YTN은 공정성 논란을 피하지 못했다. 그 편파성으로 보면 언론사가 아니라 특정 정당의 선전 선동 조직이라 부를 만하다"고 했다.[64]

'증오의 광기'가 들끓는 MBC의 대한민국이 드러낸 한 풍경이었다. 이는 MBC만의 문제도 아니었고 YTN만의 문제도 아니었다. 한때 존경받던 지식인과 성직자들까지 출범한 지 겨우 수개월 된 정권을 향해 공공연하게 '대통령 퇴진'을 외치는 '정치 과잉'과 '열정 과잉'의 나라에서 어찌 공영방송이라고 해서 제정신을 지킬 수 있었겠는가?

제6장

MBC가 '민주당 방송'인 걸 모르는 사람도 있는가?

"제2, 제3의 김어준이 우후죽순으로 생겨나고 있다"

『경향신문』이 2023년 새해를 맞아 여론조사 전문 기관 메트릭스에 의뢰해 12월 30~31일에 실시한 여론조사를 보면, 윤석열 정부 출범 이후 국민의 자유가 이전보다 축소되었 다는 답변은 36.5퍼센트(매우 축소 17.4퍼센트, 축소 19.1퍼센트)였 고, 변화가 없다는 답변은 38.3퍼센트였다. 자유가 확대되었다 는 응답은 20.8퍼센트(매우 확대 6.6퍼센트, 확대 14.2퍼센트)였다.

자유가 축소되었다고 응답한 사람 가운데 71.5퍼센트가 자 유가 가장 축소된 분야가 언론이라고 답했다. 이에 『경향신문』은 "지난해 9월 미국 순방 과정에서 불거진 윤 대통령의 비속어 사 용 논란 보도와 이후 대통령실의 MBC 기자 대통령 전용기 탑승 배제 조치 등이 이 같은 선택에 영향을 미친 것으로 풀이된다"고

했다.[1]

이 여론조사 결과와 『경향신문』의 분석은 언론 자유에 대한 전통적인 시각의 관점에서 보자면 타당한 것이었겠지만, 앞서 지적한 "정권과 맞짱 뜨는 공영방송"이라는 새로운 현상을 담아내기엔 역부족이었다. 그 이유가 무엇이건 정치적으로 '두 개로 쪼개진 나라'에서 정권을 반대 진영의 권력으로만 보고 타격을 가하려는 공영방송이 있다고 한다면, 이런 희한한 관계에서 이전의 '권력-언론' 모델로 모든 걸 설명하는 게 과연 온당하겠느냐는 문제가 생겨날 수밖에 없다. 그건 MBC 사장의 신년사만 보고 MBC와 윤석열 정권의 관계를 이해해보려는 시도처럼 부질없는 게 아닐까?

1월 2일 MBC 사장 박성제는 신년사에서 "며칠 전에는 '한국인이 가장 즐겨 보는 뉴스 채널은 MBC'라는 갤럽의 조사 결과도 발표됐습니다. 뉴스와 스포츠 방송의 경쟁력은 개별 프로그램이 아니라 꾸준히 형성된 스테이션 이미지가 더 중요한 요인으로 작용합니다. 그래서 저는 분명히 말씀드립니다. 우리는 잘해왔으며 올해도 잘할 수 있습니다"라면서 다음과 같이 말했다.

"지난 3년 동안 우리는 위기를 이겨내는 방법을 체득했습니다. 새로운 미디어들과의 경쟁도, 정체성을 흔드는 파도도 두려워할 필요 없습니다. 자신감을 갖고 당당히 헤쳐나갑시다. 변화에 대응하는 유연함은 날카로운 창이요, 시청자의 신뢰는 든든

한 방패입니다. 우리의 주인인 국민과 시청자만 믿고 간다면, 어떤 위협에도 버틸 수 있는 강한 MBC가 될 것입니다. 그리하여 2023년은 굳건한 공영방송의 반석 위에서 콘텐츠 르네상스의 기반을 완성하는, 도약의 한 해가 되기를 기원합니다."[2]

언론 시장은 그런 공식적 언어로는 감지할 수 없을 만큼 이미 디지털 혁명의 한복판에서 혁명적인 변화를 겪고 있었지만, 권력과 언론의 관계에 대한 여론조사 분석은 여전히 디지털 혁명 이전의 세상을 기준으로 하고 있었다. 더모아 정치분석실장 윤태곤처럼 달라진 환경의 핵심을 간파하는 전문가가 있다는 게 불행 중 다행이었다.

윤태곤은 약 1개월 전 언론 인터뷰에서 "정치가 점점 나빠지고 있다"는 진단을 내렸다. 그는 "특히 더불어민주당이 나쁜 정치를 선도하고 있다. 지지층을 격동시키는 방식, 즉 '김어준식' 정치에 빠지면서 정치가 제 역할을 못하게 됐다"며 "제2, 제3의 김어준이 우후죽순으로 생겨나면서 정치인들이 장외에 끌려다니는 황당한 상황이 벌어졌고 그 힘이 너무 커져버렸다. 이 때문에 정치의 악순환이 반복되고 있다"고 개탄했다.

그렇게 된 이유에 대해 윤태곤은 "이주의 전망을 쓰기 시작한 2015년을 기점으로 생각해보자. 문재인 전 대통령이 2012년 대선 패배 후 다시 활동 폭을 넓힐 때다. 김어준 씨가 그전에도 영향력이 있었지만 이때부터 원톱으로 올라섰다. 거의 신흥 종교

단체였다"며 다음과 같이 말했다.

"정치권에 있어야 할 유권자들이 김씨에게 가서 설교 말씀도 듣고, 헌금도 냈다. 정치인들도 우르르 몰려갔다. 김씨가 '저기 뒤에 의원님 오셨습니다' 하면 일어나서 인사했다. 이해찬 전 총리 같은 사람은 '김어준만이 정론'이란 식으로 규정하며 힘을 실었다. 김씨가 가족 상을 당했을 때 '배지(국회의원)'들이 인산인해를 이뤘지 않나. 김씨는 문재인 정부 5년 내내 엄청난 영향력을 행사했다. 정치는 그렇게 장외에 끌려다녔다. 그런데도 여전히 김어준이 되겠다며 나서는 '더탐사', '민들레' 등이 우후죽순 생겨나고 있다."[3]

돈벌이가 되는 가짜뉴스의 전성시대

여러 차례 가짜뉴스를 생산해낸 민주당 의원 김의겸을 보자. 그는 2022년 10월 24일 국회 법사위 국정감사에서 법무부 장관 한동훈을 상대로 '윤석열 대통령·김앤장 변호사 30여 명과 심야 술자리' 의혹을 제기하면서 청담동 고급 바, 그랜드피아노, 여성 첼리스트, 술, 윤도현 노래, 〈동백아가씨〉, 자정부터 새벽 3시까지 등 이야깃거리들이 풍성한 썰을 선보였다. '윤석열·한동훈의 청담동 심야 술자리 의혹'을 제기한 유튜브 매체 '더탐사'의 선전원 노릇을 한 것이다.

한동훈은 10여 일 전 김의겸이 자신에게 요구했던 "직을 걸라"는 말을 되돌려주면서 "저는 다 걸겠다. 의원님은 무엇을 걸 것인가?"라고 물었지만,[4] 김의겸은 나중에 입장문을 통해 "뒷골목 깡패들이나 할 법한 협박에 말려들고 싶은 생각은 없다"며 당당하게 받아치는 묘기를 보여주었다.[5] 40일 전 민주당 의원 이재정과 관련된 거짓말로 한동훈을 모욕하고서도 사과하지 않은 김의겸의 배포가 다시 돋보였다.[6]

진중권은 김의겸의 묘기를 '적반하장賊反荷杖'이라고 규정하면서 "어떻게 저런 분들이 세비를 먹고 저걸 지금 의정 활동이라고 하고 있는가"라고 개탄했지만,[7] 김의겸은 그 어떤 비판과 협박에도 굴하지 않겠다는 뜻을 분명히 했다. 국민이 즐길 수 있는 쇼를 위해 '지라시 정치인'이라는 오명에도 자신의 모든 걸 바치겠다는 희생정신을 재차 천명한 것이다.

그럴 만한 가치는 있었다. 이 가짜뉴스 덕분에 그는 정치자금법이 규정한 비례대표 국회의원 후원금 모금액 한도인 '1억 5,000만 원'을 모두 채웠기 때문이다. 실제로 친민주당 성향 커뮤니티에는 "윤 대통령, 한 장관과 싸우는 선봉에 서 있는 김의겸 의원에게 후원한다", "악전고투하고 있는 김의겸 의원을 후원한다" 등의 글이 올라왔다. 김의겸에 대한 후원을 독려하는 글도 여럿 있었다. 국민의힘은 논평을 내고 김의겸을 "가짜뉴스 제조기"라고 불렀지만,[8] 두 개로 쏘개신 나라에서 그선 절반의 사람들에겐 명예에 가까운 별명이었다.

그 가짜뉴스를 위해 김의겸과 협업을 한 더탐사도 김의겸 못
지않은 대박을 쳤다. 2023년 1월 4일, 더탐사는 2022년 12월 한
달 동안 유튜브 슈퍼챗으로만 7,128만 9,739원을 거둬들여 국내
유튜브 채널 중 가장 많은 유튜브 슈퍼챗 수익을 기록한 것으로
나타났다. 더탐사는 전 세계 유튜브 슈퍼챗 순위에서도 13위에
올랐다. 『조선일보』는 "슈퍼챗 수익이 전부가 아니다. 더탐사는
슈퍼챗 외에도 후원금과 광고 등으로도 수익을 내고 있다"며 "더
탐사는 여전히 해당 의혹이 진실이라 주장하며 돈을 벌어들이고
있다. 최초 영상을 내리지도 않았다"고 개탄했다.[9]

가짜뉴스가 만들어낸 국가적 비극

돈벌이가 되는 가짜뉴스의 전성시대라고 해도 공
영방송의 대표 격인 KBS마저 가짜뉴스의 생산지로 전락한 건
딱한 일이었다. 1월 5일, "유시민 씨와 관련한 의혹을 제기하는
데 한동훈 검사장(현 법무부 장관)과 이동재 전 채널A 기자가 공모
했다는 대화 내용이 검찰 확보 녹취록에 있다"는 KBS 오보와 관
련, 법무연수원 연구위원(검사장) 신성식과 해당 보도를 한 KBS
기자 A씨가 출판물에의한명예훼손·정보통신망법위반(명예훼손)
으로 각각 불구속 기소되었다.

MBC를 돕기 위해 벌인 일이었을까? 그건 아니었겠지만, MBC의 채널A 사건 보도 내용을 곧이곧대로 다 믿었기에 저지른 오보일 가능성이 높았다. 검찰은 A씨 혐의에 관해 "A씨는 기자로서 약 2주 이상 관련 취재를 진행하던 상황에서, 신성식 검사 발언에 배치되는 취재 자료와 발언의 신빙성을 의심할 만한 여러 정황이 있었는데도 반론권 보장 등 사실 확인에 필요한 절차를 제대로 거치지 않고 이동재 기자가 구속된 직후 검찰 수사심의위원회 개최를 앞두고 허위사실을 그대로 기사화했다"고 설명했다.

검찰은 "A씨는 사건 관련 녹취록(한동훈 검사장-이동재 기자의 대화 녹취록)을 직접 확보하거나 그 내용을 확인한 사실이 없는데도 마치 KBS 취재를 통해 확인한 것처럼 단정적으로 보도했다"며 "신성식이 녹취록상 대화라고 언급하지 않은 신성식의 총선 관련 발언마저도 한동훈과 이동재 사이 대화 내용인 것처럼 사실관계를 왜곡해 허위 보도를 했다"고 밝혔다.

검찰은 "A씨의 보도 과정에서의 관여 정도, 역할 및 지위, 허위성 인식 정도 등을 종합적으로 고려할 때 형사 처벌이 불가피하다고 판단했다"고 밝혔다. 검찰은 보도에 관여한 나머지 KBS 기자들에 대해서는 각각 기소유예 처분을, KBS 간부들에 대해선 보도·편집 과정에 관여한 바가 없어 불기소 처분을 내렸다.[10]

이와 관련, 『중앙일보』 칼럼니스트 오병상은 "신성식은 왜 가짜뉴스를 만들었을까. 정치적 맥락으로 보자면 정말 드라마입니다"라면서 이렇게 말했다. "당시는 '조국 사태'로 들끓던 정국이었습니다. 진보 진영의 공적은 윤석열 검찰총장이었고, 한동훈은 윤석열의 분신이었습니다. '한동훈이 유시민을 모함한다'는 진보 진영을 흥분하게 만드는 자극적 스토리입니다. 윤석열을 공격해서 조국을 수호하는 효과를 냅니다."

오병상은 "당시 윤석열을 공격하는 가짜뉴스가 많았다"며 "이런 가짜뉴스들은 정치적으로 꽤 영향을 미쳤다"고 했다. "채널A 사건 직후인 2020년 4월 15일 총선에서 민주당이 압승했습니다. 수도권의 경우 근소한 표차로 이긴 곳이 많습니다. 가짜뉴스에 흥분한 촛불이 당락을 가른 곳이 적지 않을 겁니다."[11]

당시 여권이 수단과 방법을 가리지 않는 이런 공격으로 총선에선 압승을 거두었지만, 그 진상이 꽤 밝혀지면서 문재인 정권은 정권 재창출에 실패하고 말았다. 국가적으론 비극이었다. 야당이 된 민주당의 '입법 독재'가 만들어낸 갈등으로 인해 나라가 극도의 혼란 상태로 빠져들었기 때문이다.

박성제, "MBC의 새 사장에 다시 도전한다"

1월 13일 MBC 사장 박성제는 페이스북을 통해 다음 달 임기 만료를 앞두고 연임 의사를 밝혔다. 박성제는 자신의 임기 동안 "MBC 뉴스는 한국인이 즐겨 보는 채널 1위, 신뢰하는 뉴스 1위라는 성적표를 받아들었고, 유튜브 조회수는 전 세계 뉴스 채널 중 1위라는 놀라운 성과를 기록했다"고 밝혔다. 그는 "지금 MBC를 둘러싼 환경은 심상치 않다"며 "권력과 언론의 긴장 관계는 필요하지만, 지금 MBC는 도를 넘는 압박과 여러 위협을 받고 있다"고 했다. 그러면서 "MBC의 새로운 사장에 다시 도전한다"며 "지난 3년간 구성원들과 함께 만들어낸 성과로 평가와 이해를 구하겠다"고 했다.[12]

이에 MBC 제3노조는 성명을 통해 박성제가 언급한 '매체 신뢰도'에 문제가 있다고 했다. 이들은 "KBS의 신뢰도 조사를 인용한 건데, '딱 보니까 백만 명' 발언 이전 MBC 신뢰도는 6~8위로 바닥권이었다"며 "그때는 그래도 MBC 신뢰 응답자 중 보수·중도·진보 비율이 큰 차이가 없었다. 그러다가 박 사장의 '딱 보니까' 발언과, MBC의 친조국 편향 방송이 이어지면서 2019년 4분기 기준 MBC 신뢰도는 갑자기 배 이상 증가, 일약 3위로 올라섰다. 친민주당 시청자들이 MBC로 몰린 것이다"고 주장했다.

또한 당시 1위를 놓치지 않던 JTBC는 조국 전 장관 사태에 '입바른 소리'를 했다가 진보층 지지자들에게 외면받고 2020년 2분기부터 MBC에 밀려 3위로 떨어졌다고 설명했다. 제3노조는 "지난 분기 신뢰도 1위는 박 사장이 한쪽 정치 성향의 편에 서서 방송을 해온 결과"라면서 "허울 좋은 1위 내용을 보면, 진보

층 성향 응답자가 51.5%나 됐고, 보수 성향은 12%에 불과했다. 무려 4배 차이가 나게 회사를 한쪽으로 찌그러뜨린 장본인이 박 사장인 것"이라고 비난했다.

제3노조는 "MBC의 신뢰도가 1위라는 것은 우리 사회 확증 편향을 심화하는 데 MBC가 가장 (큰) 역할을 했다는 증거로 봐 야 한다"며 "자랑할 게 아니다. 특정 정당을 지지하는 국민 일부 가 듣고 싶은 말만 하는 편파 보도로 국민 다수의 불신과 역겨움 을 산 장본인이 바로 그(박 사장)다"라고 비판했다. 그럼에도 "뻔 뻔스럽게 어떻게 '연임'이라는 말이 나오냐"며 "박 사장이 보도 국에 취재센터장으로 돌아온 2017년 말부터 지난 5년간 MBC 는 친민주당 방송의 '대명사'가 됐다"고 비판했다.[13]

2008년 미국 대선에서 유행했던 개념 중의 하나가 '정치의 유튜브화Youtube-ification of politics'였다. 동영상 중심으로 '보고 느 끼는' 이미지와 감성 중심의 정치 담론이 '읽고 쓰는' 텍스트 중 심의 정치 담론을 대체하는 경향을 가리킨 말이다.[14] MBC는 지 난 5년간 친민주당 방송의 '대명사'가 된 동시에 '정치의 유튜브 화'와 '방송의 진영화'를 결합시켜 이끈 선두 주자였으며, 이는 상업적으로도 성공을 거두었다.

유튜브 통계 사이트 '플레이보드'에서 확인한, 2022년 6월부 터 2023년 4월까지 11개월간 주요 방송 뉴스 유튜브 채널 조회 수·구독자 수를 미리 살펴보기로 하자. 「MBC 뉴스 유튜브 구독자, 윤 정부에서 100만 명 늘었다」는 『미디어오늘』 기사가 시사하듯이, MBC가 먹고사는 주요 양식은 '윤석열 정권 비판'이었다. 11개월간의 누적 조회수는 MBC〉YTN〉SBS〉JTBC〉KBS〉채널A〉MBN〉TV조선 순이었다. MBC 누적 조회수는 약 47억 9,875만으로 MBC보다 60만 명 이상 많은 구독자를 보유한 보도전문채널 YTN보다 약 17억 많은 결과를 보였다. 같은 기간 SBS 누적 조회수와는 2배 차였다. MBC는 2022년 12월 말 한국갤럽 조사에서 '한국인이 가장 즐겨 보는 뉴스 채널'로 꼽히기까지 했으니,[15] MBC가 기존 노선을 정상화해야 할 이유는 찾기 어려웠다고 볼 수 있겠다.

MBC 〈뉴스 하이킥〉의 첫 게스트는 김어준

1월 14일 TBS에서 시사 프로그램을 진행하다 하차한 변호사 신장식이 MBC 저녁 시사 프로그램인 〈뉴스 하이킥〉의 새 진행자로 발탁되었다. 이에 제3노조는 「신장식을 불러 편파 보도의 경지를 이루려나 보다」라는 성명을 내고 "그가 누구인가. 김어준과 함께 TBS 편파 보도의 양대 축으로 지목됐던 사람"이라며 "박성제 사장은 지금의 MBC 편파 보도로도 성에 안 차는 모양"이라고 했다. 그러면서 "굳이 신장식까지 불러들여 극악의 경지까지 치닫고 싶은 듯하다"며 "그래서 MBC에 대한 국민의 불신이 폭발하든 말든, 공영방송이 특정 정파의 선전 도구로 썩어 문드러지든 말든, 누구에게 충성만 드러내면 되는가 보다"고 비판했다.[16]

신장식은 16일 첫 게스트로 김어준을 초대했다. 김어준은 자신이 진행했던 〈김어준의 뉴스공장〉을 평가해달라는 요청에 "우리 사회에선 언론이 자기 입장 없이 기계적으로 반반 보도하는 걸 공정하다고 하는 도그마가 있다. 독재정권 시절 만들어낸 가짜 신화"라며 "우리나라처럼 언론 진영이 보수우파 진영으로 완전히 기울어진 나라에서는 기계적으로 반반 한다고 그러면 그게 편파고 불공정"이라고 주장했다. 이어 "자기 입장을 오해의 소지 없이 드러내고 자기주장을 분명히 하는 건 편파가 아니라 오히려 언론이 마땅히 그렇게 해야 하는 것"이라며 "그런 입장을 가지게 된 과정이 공정하기만 하면 된다. 그런 생각으로 만든 게 〈뉴스공장〉이고, 뉴스 소비자들이 그런 방송에 목말라왔다는 걸 청취율로 입증한 게 〈뉴스공장〉이다"고 했다.

김어준은 윤석열 정부에 대해서는 "여태 한 일이라고는 문재인 정부에 대한 전면 부정, 이재명 대표에 대한 제거 작업 두 개밖에 없다"며 "대통령이 되어서 무엇을 하고 싶다가 없는 분이 대통령이 되다 보니까 원래 할 줄 알던 거, 수사하고 압수하고 영장 치고 기소하고. 그것만 계속하고 있는 것"이라고 했다. 그는 '마지막으로 오세훈 서울시장에게 하고 싶은 말이 없느냐'는 질

문에 "오세훈 땡큐!"라고 답했다.[17]

인터넷·소셜미디어·유튜브 등 뉴미디어가 기성 언론을 압도하고 있는 상황에서 여론 형성 권력은 언론에서 소비자들에게로 넘어간 지 오래인데도 "우리나라처럼 언론 진영이 보수우파 진영으로 완전히 기울어진 나라" 운운해대는 게 딱하거니와 한심했다. 그렇게 완전히 기울어진 나라에서 어떻게 진보 정권이 세 번이나 탄생했으며, 총선과 지방선거에서 여러 차례 나타났던 진보 압승은 어떻게 가능했단 말인가?

'처럼회'의 '채널A 사건 특검 임명 법안'

1월 19일 서울중앙지법 항소심 재판부는 검언유착 의혹의 당사자인 이동재 전 채널A 기자와 백승우 기자에 대해 무죄판결을 내렸다. 이동재는 재판이 끝난 후 기자들에게 "정치권력과 언론, 사기꾼, 음모론자들의 총체적인 권언유착이 또 드러났다. 허위사실을 유포해 나와 공직자를 망가뜨리려 한 유시민, 최강욱, 김어준, 민언련(민주언론시민연합)에 반드시 끝까지 책임을 물을 것"이라고 했다. 이동재는 KBS의 일명 '검언유착 오보' 사건을 두고 "검찰과 결탁해 허위 보도를 한 공영방송에 대해서도 책임을 물을 것이다. 그것이야말로 검언유착"이라고 했다.[18]

1월 25일 대검찰청이 공소심의위원회를 열어 검토한 결과,

이동재에 대한 상고를 포기하기로 결정함에 따라 이동재의 무죄가 확정되었다. 하지만 이틀 후인 1월 27일 민주당 의원 김용민 등 이른바 '처럼회' 국회의원들이 '채널A 사건'과 '고발 사주使嗾' 의혹 등에 대한 특별검사(특검) 임명 법안을 대표 발의했다. 당내 초선 강경파 모임인 '처럼회' 소속 장경태·최강욱·황운하·이수진 의원과 무소속 민형배 의원 등 15명이 공동 발의자에 이름을 올렸다. 이는 민주당 대표 이재명이 '처럼회'와 오찬 회동을 하면서 '잘 싸워달라'고 독려한 지 이틀 만에 나온 것이었다.[19]

김용민은 1월 27일 밤 자신의 페이스북을 통해 "채널A 사건이 무죄 확정되었는데 재수사 특검법을 발의했다는 『조선일보』 기사가 있다. 바보인 척하고 쓴 기사"라며 "공범 관계에 있던 한동훈은 기소된 적이 없다. 당연히 수사해서 기소할 수 있다. 법률적으로 아무 문제가 없다"고 했다. 그러면서 "채널A 사건은 정의로운 척했던 윤석열·한동훈 검사의 민낯을 확인할 수 있고 그들의 대국민 사기극과 대통령 편취를 확인할 수 있는 중대 사건"이라며 "언론이 더 관심 갖고 문제 제기해야 정상"이라고 했다.[20]

김용민 등은 발의안을 통해 "검찰은 윤 대통령의 검찰총장 재직 이후부터 지금까지 대통령 일가·측근의 비위와 검찰과 관련된 의혹을 제대로 수사하지 않았고, 관련 조사·수사를 무마하고 직권을 남용하고 있다"고 주장했다. 그러나 법조계에선 채널A 사건 자체가 윤석열 당시 검찰총장 지휘권이 배제된 채 수사가 이루어졌고, 친민주당 성향 검찰 간부에게서 무리한 수사 지휘가 이루어졌다는 비판을 받았다는 점에서도 민주당의 '봐주기 수사' 주장은 억지란 비판이 나왔다.

서초동의 한 변호사는 "친민주당 성향 검찰 간부가 수사를 지휘했음에도 한 장관은 불기소로 결정이 나고, 먼저 기소된 이 전 기자에 대해서도 법원이 무죄를 확정한 사안"이라면서 "이제는 민주당이 특검까지 꺼내 검언유착 의혹을 다시 만들려고 한다"고 지적했다. 또 다른 변호사도 "나중엔 수십 년 전 무죄 확정판결까지 정치적 목적으로 꺼내들 수도 있다"고 꼬집었다. "민주당 의원들이 이 대표 소환을 앞두고 방탄 국회를 위해 무리한 특검 법안을 발의해 정치적 논쟁거리를 만들고 있다"는 비판도 나왔다.[21]

검언유착인가, 권언유착인가? 언론이라도 당파성을 잠시나마 유예하고 양쪽의 주장을 다 소개하면서 시시비비를 가려주면 좋으련만, 그런 법은 없었다. 어느 한쪽만을 통해 반대편을 비난하는 식이었다. 이즈음 출간된 『한겨레』 기자 이춘재의 『검찰국가의 탄생: 검찰 개혁은 왜 실패했는가?』라는 책은 그런 점에서 매우 아쉬웠다. 검언유착이 아니라 권언유착으로 볼 소지가 다분한 '증거'들도 언급하면서 반론을 폈으면 좋으련만 그런 이야기는 전혀 없고 채널A, 한동훈, 윤석열만 일방적으로 비판하고 있으니 말이다.[22]

"MBC가 '민주당 방송'인 걸 모르는 사람은 없다"

2월 7일 MBC 최대 주주 방문진은 정기 이사회 면접 평가를 통해 MBC 사장 공모에 지원한 13명 중 박성제, 안형준, 허태정 후보를 1차 합격자로 선정했다. 3인은 18일 156명의 시민평가단이 참여한 정책토론회에서 정책 발표와 질의응답을 진행했다.

박성제는 "맨날 국민의힘 의원들로부터 성명이 나온다. 이미 부당한 외압을 받고 있지만 더 심각한 압력이 들어오면 공개하고 기자들보다 맨 앞에서 싸우겠다"고 했다. 또 "기자·PD들은 사장이 간섭만 안 하면 알아서 잘한다. 양심껏 취재해서 권력을 감시하고 약자들 편에 서라고 하겠다"고 했으며 "MBC 저널리즘 위원회를 만들어 MBC 신뢰 보고서를 발간하겠다"고 공약했다. 그러면서 "(MBC가) 특정 정당에 우호적이라는 생각은 프레임이다. 우리 뉴스는 문재인 정부에서도 지지자들로부터 비판을 받았다. 어떤 정부든지 불만은 나온다"며 "중요한 건 진실이다. 진실 앞에 중립은 없다"고 했다.

안형준은 정책 발표에서 "국민의 절반은 MBC를 신뢰하지만 다른 절반은 비판합니다. 어떤 조사는 신뢰도 1위지만 다른 조사는 '믿지 않는다'는 불신이 3위입니다.……MBC 내부는 분열과 갈등이 심합니다. 스케이트장 등으로 유배를 가는 일이 정권교체 때마다 반복되고 있습니다"며 박성제를 비판했다. 그는 "다른 방송은 김경수 전 경남지사 유죄 리포트가 톱이었지만 우리는 15번째였다. 특정 정치 세력에게 유리한 편집이었다는 오해를 살 만했다"며 뉴스 공정성 확보를 위해 "팩트체크119팀을 만들고 공정성 평가위원회를 신설해 매주 회의를 열겠다"고 공약했다.

허태정은 "지금 MBC가 민주당 방송이라는 것을 모르는 사람이 없습니다. '딱 보니 100만', 박성제 후보가 보도국장 시절 서초동 조국 옹호 집회 참여 인원에 대해 〈김어준의 뉴스공장〉에서 발언한 내용입니다. 박성제 후보가 보도국장 시절 그의 부인은 문재인 정부 청와대 뉴미디어 비서관이었습니다"라며 박성제가 주도한 친민주당 성향의 방송을 비판했다. 그는 "윤 대통령 바이든 날리면 보도도 국익 부분과 알권리 부분을 고민해야 한다. 팩트체크를 세 번 네 번 해서 듣고 확실할 때만 보도해야 한다. '나는 그렇게 들렸어' 그것만으로 보도해선 안 된다"고 했다. 그는 현재 MBC 공정성 점수를 50점 이하로 평가했고, 박성제의 '딱 보니 100만' 발언은 "징계해야 한다"고 주장했다.

시민평가단 투표 결과 안형준과 허태정이 최종 후보로 결정되었다. 박성제의 탈락은 이변으로 여겨졌는데, 방문진이 사장 선임 과정에서 역사상 처음으로 도입한 시민평가단이 그런 이변을 만들어냈다. 시민평가단은 3명의 후보에게 17개의 공통 질문을 던져 답변을 듣고 난 뒤 1인당 누 명의 후보를 섞어냈는데, 박성제는 최종 후보 명단 2인에 들지 못한 것이다.

MBC 제3노조는 「출마 후보들마저 인정한 '민주당 방송'···결국 박성제 탈락」이라는 성명을 통해 "'불행 중 다행'으로 노골적인 친민주당 방송을 이어가던 박성제 후보가 시민평가에서 탈락하는 이변이 나왔다"며 "그러나 안형준, 허태정 후보 또한 언론노조의 홍위병 노릇을 하며 2017년 파업 불참 기자들을 탄압하던 후보들"이라고 주장했다.[23]

'안형준 사장' 내정은 '짜고 치는 고스톱'이었는가?

2월 21일 최종 면접에서 안형준은 "공영방송 향한 외풍을 막아내겠다. MBC는 검언유착 의혹을 단독 보도한 장인수, 민간인 전용기 탑승을 단독 보도한 이기주 등 살아 있는 기자들이 적지 않다"면서 "검언유착 의혹 보도는 가짜뉴스가 아니다"고 했다. 다만 "(편향성) 오해를 일으킬 뉴스 편집이 있었다"며 "편집회의가 지금보다 더 수평적으로 이뤄져야 한다"고 했다.

반면 허태정은 최종 면접에서 "나는 어느 한쪽에 서지 않았다"고 강조한 뒤 "현재 MBC 보도가 민주당 편향이라는 것은 외부에서도 그렇게 생각하고, 박성제 사장이 MBC가 신뢰도 1위라고 했지만 국민들이 (시민평가단 투표를 통해) 아니다라고 표시한 것"이라며 "편향됐던 부분을 엄격하게 반성해야 한다"고 했다.[24]

이날 방문진은 안형준을 차기 MBC 사장 내정자로 결의했다. 이에 대해 MBC 제3노조는 성명을 통해 "(방문진은) 안형준 후보를 대표이사 후보로 선정한 결정을 즉각 철회하고, 대표이사 선발 절차에서 손을 떼야 마땅하다"고 주장했다. 아울러 "방문진 이사들은 이번 사장 선임 절차의 부실과 위법에 책임을 지고 스스로 물러나야 하며, 대표이사 선임 절차는 새로운 이사회를 꾸려 처음부터 다시 시작돼야 한다"고 촉구했다.[25]

전 MBC 보도국장 문호철은 페이스북을 통해 "MBC 내부에서는 '딱 봐도 100만 사장 박성제의 MBC는 친민주당 방송'이라고 비판한 허태정은 결국 선택받지 못할 것이라는 예상이 이미 파다했다"고 전했다. 그는 "민주당 추천 방문진 이사가 6명(국민의힘 추천 이사 3명)인 현재의 방문진이 '민주당 방송'임을 대놓고 폭로한 허태정을 뽑을 리가 없다는 것이었다"며 "예상대로 오늘 방문진 면접부터 권태선 이사장을 포함한 민주당 추천 이사와 허태정은 격렬하게 부딪치며 신경질적인 설전을 벌였다"고 밝혔다.

이어 "반면 안형준은 허위사실로 드러난 '검언유착' 보도를 가짜뉴스가 아니라고 강조하면서 이를 보도한 기자와 이른바 '쓰레빠 기자'를 '살아 있는 기자'라고 추켜세웠다"며 "면접 내내 민주당 추천 이사들과 화기애애한 분위기를 이어갔다. '짜고 치는 고스톱'이라는 말에 딱 걸맞은 결과였다"고 수장했다. 문호철은 "시작부터 끝까지 위법과 불공정으로 점철된 선임 절차로 선정된 안형준은 사장으로 인정될 수 없다. 방송문화진흥회 이사들은 책임을 엄중히 여겨 하루빨리 퇴진해야 한다"며 "새로 구성된 방문진이 MBC 사장 선임을 처음부터 다시 시작해야 한다. 새 술은 새 부대에 담아야 한다"고 주장했다.[26]

2월 24일 국민의힘 과방위 간사 박성중은 국회 원내 대책회의에서 "MBC 안형준 신임 사장은 후보자 내정 과정에서 과거 KBS PD였던 동창에게 거액의 주식을 숨기기 위해 이름을 빌려줬다는 '배임수재 공범 혐의'를 받고 있음에도 어제 MBC 사장에 최종 선임되었다"며 "문제는 방문진이 이 같은 비리 혐의를 지난 20일 사장 선임 과정에서 투서가 접수되어 알고 있었음에도 정확한 사실 확인조차 하지 않은 채 뭉갰고 사장 선임을 어제 주주총회(23일 오전 11시)에서 날치기 처리하였다"는 점이라고 밝혔다.

박성중은 "특히 방문진은 접수된 투서에 대한 사실 확인서를 제출받았지만, 제출된 '사실 확인서'가 기본적인 사실관계조차 맞지 않은 '허위 답변'에도 이를 무시한 것으로 드러났다"며 "방문진은 안형준 내정자 지인 전 KBS PD의 일방적인 주장이 담긴 입장문 수준의 확인서를 가지고 모든 혐의를 갈음한 것"이라고 말했다. 그는 "이처럼 이번 MBC 사장 선임 절차 전반에서 총체적 무능함이 드러난 방문진에 대해 감사원의 엄정한 감사가 이뤄져야 한다"며 "방문진 권태선 이사장과 이사진들은 이번 사태에 대해 책임지고 전원 사퇴할 것을 경고한다. 다시 한번 경고한다"고 밝혔다.[27] 이는 앞으로도 MBC를 둘러싼 안팎의 전쟁이 치열하게 벌어질 것임을 예고한 발언이었다.

김성태 관련 'MBC 오보'의 문제와 의미

3월 30일 MBC 〈뉴스데스크〉는 「낙하산 앉히려고?…KT 정관 만지작」 보도에서 김성태 전 자유한국당(현재 국민의힘) 원내대표가 KT 사장에 응모했다고 보도했다. 하지만 실제 지원한 사람은 같은 이름의 전 자유한국당 비례대표 의원이었다. MBC 〈뉴스데스크〉는 31일 뉴스 시작에 앞서 "철저히 사실 확인을 하지 않고 틀린 내용을 보도해 혼란을 드린 점, 김 전 원내대표와 시청자 여러분께 깊이 사과드린다"고 밝혔다.[28]

국민의힘은 원내대변인 논평에서 "공인을 비판하는 뉴스를 내보내려면 동명이인인지 사실관계를 확인하는 것은 기본 중의 기본"이라며 "'김성태 전 의원이 KT 사장에 지원했다'는 팩트에 흥분한 나머지 어떤 김성태 전 의원인지에 대해 추가 팩트 확인을 하지 않았다고 볼 수밖에 없다"고 비판했다. 이어 "형식적인 사과와 정정보도로 끝내서는 안 될 일이다. 왜 오보가 나왔는지에 대한 총체적인 방송 시스템 점검이 필요해 보인다"고 했다.

국민의힘은 "이번에 오보를 낸 MBC 기자는 불과 몇 달 전 탈북 작가를 성폭행범으로 몬 허위 보도로 회사에 1억 3,000만 원의 손해배상 책임을 지게 한 전력이 있었지만, 징계는커녕 버젓이 메인 뉴스에 다시 가짜뉴스를 보도한 것"이라며 "이 정도면 '사회적 공기'가 아니라 '사회적 흉기'라고 불러야 할 지경"이라고 비판했다.

진보적 언론 전문지인 『미디어오늘』은 "MBC 오보의 문제는 단순히 동명이인을 착각한 수준에 그치지 않는다는 점에 있다"며 이렇게 말했다. "MBC는 원내대표 출신 김성태 전 의원을 KT 사장 지원자로 보도하면서 '사장에 지원했던 김성태 전 의원은 (KT) 사장에게 직접 자녀의 정규직 채용을 청탁한 사실이 인정돼 유죄를 선고받기도 했다'며 그의 동영상과 당시 인터뷰까지 편집해 보도했다. 검색 한 번이면 확인할 수 있는 김성태 지원자의 신상정보를 취재기자부터 최종 데스크까지 모두 놓치면서 '자녀 채용을 청탁했던 인사가 이제는 아예 청탁에 나섰던 회사의 사장에 공모했다'는 식의 허위 메시지를 내놓은 셈이다."[29]

4월 13일 MBC 인사위원회는 오보의 책임을 물어 데스크였던 김모 부장에게 감봉 2개월, 홍모 취재기자에게 감봉 1개월 징계를 결정했다. MBC는 애초 취재기자가 작성한 원고는 문제가 거의 없었으나 데스크가 수정하는 과정에서 '딸 KT 채용 청탁'으로 대법원 유죄가 확정된 김성태 전 의원이 추가되면서 문제가

발생했다고 판단해 위와 같은 양형을 적용한 것으로 전해졌다.[30]

김성태는 "MBC와 같은 큰 방송사에서 취재를 이렇게 제대로 하지 않고 보도하는 것은 납득할 수 없는 일"이라고 했지만,[31] 납득 못할 일은 아니었다. MBC는 그간 내내 '문재인·이재명 옹호'와 '윤석열 때리기'를 위해 그런 식의 자세와 행태를 보였기 때문이다.

"KBS 라디오를 장악한 몇몇 좌파 매체"

5월 1일 국민의힘 정책위의장 박대출은 국회에서 열린 당 최고위 회의에서 대한민국언론인총연합회와 KBS방송인연합회의 윤석열 대통령의 방미 5일간 KBS-1 라디오 출연자 분석 결과를 소개했다. 그는 "5개 시사 프로그램에서 좌파 또는 야당 친화적 견해를 주로 피력하는 출연자가 80명인데 비해, 우파 혹은 여당 정부 친화적 견해를 피력하는 출연자는 11명에 불과했다"고 주장했다.

박대출은 "특히 〈최영일의 시사본부〉와 〈주진우 라이브〉에서 5일간 42명이 나와서 좌파 또는 야당 친화적 견해를 제시하는 동안 우파 혹은 여당 정부 친화적 견해 출연자는 단 한 명도 없었다. 이게 말이 되는가"라며 "세부 내용을 들여다보면 더 참담하다. 몇몇 좌파 매체들이 KBS-1 라디오를 가지고 논다고 해도 과언이 아니다"고 했다. 그러면서 구체적인 프로그램명을 하나하나 시간대별로 열거했다.

박대출은 "아침 출근길에는 전『뉴스타파』기자가 진행하는 프로그램에『미디어오늘』,『미디어스』,『오마이뉴스』출신이 나와서 뉴스를 전한다. 점심 무렵에는『오마이뉴스』,『국민TV』출신들이 출연한다. 퇴근길에는 나꼼수 출신 진행자에『미디어오늘』,『시사IN』기자가 나오고, 심야에는『미디어오늘』기자가 진행하고『미디어스』,『프레시안』,『국민TV』출신이 시사평론을 늘어놓는다"고 했다.

이어 "지금 KBS 라디오는『미디어오늘』과『오마이뉴스』가 없으면 방송을 못 하는 지경"이라며 "KBS-1 라디오에는 최소 하루 4번 이상『미디어오늘』전·현직 기자들이 출연하고 있다. 〈최경영의 최강시사〉고정 출연자, 〈주진우 라이브〉에서는 상시 출연자, 〈김성환의 시사야〉진행자가 모두『미디어오늘』출신"이라고 했다. "『오마이뉴스』출신 기자들도 하루 최소 2회 이상 고정적으로 출연하고 있다"고 덧붙였다. 그는 "『미디어오늘』은 민주노총 언론노조의 기관지로 출발했으며, 아직도 민노총 언론노조가 대주주 지위를 유지하고 있다"며 "결국 민주노총이 KBS 라디오를 점령했다고 봐도 무방할 것"이라고 했다.

박대출은 "언론사나 언론인이 특정한 정치적 견해를 가질 수는 있다"면서도 "그렇지만 공영방송 KBS는 이렇게 대립되는 견해를 균형 있게 보도할 책무가 있다. 대통령 방미처럼 정치적으로 민감한 사안이 있을 때일수록 더 그렇다"고 했다. 이어 "이제 민주당이 왜 기를 쓰고 방송법 개정안을 통과시키려 하는지 국민들은 더욱 똑똑히 알게 됐다. 방송법 개정안은 민노총과 그 유관단체를 이용해서 간접적으로 방송을 장악하려는 민주당의 꼼수"라며 "방송법 개정안이 국회를 통과하면 대통령은 재의요구권을 행사해야 마땅할 것"이라고 했다. 대통령 거부권 행사를 요청하겠다는 것이다.[32]

같은 날 국민의힘 소속 국회 과방위 간사 박성중은 원내 대책회의에서 "국민들이 버스를 타거나 택시를 타면 온종일 나오는 좌편향 라디오에 몸서리를 친다는 민원이 많다. 라디오방송의 편파 왜곡의 심각성은 어제오늘의 일이 아니다"라며 "지금 이 순간에도 KBS, MBC, YTN 라디오는 TBS〈김어준의 뉴스공장〉처럼 좌편향 패널들을 섭외해서 온종일 정파성이 짙은 왜곡 방송을 틀고 있다"고 주장했다. 그는 "민노총 언론노조가 장악한 공영방송 라디오들은 좌파 태풍 이상"이라며 "그들은 편파·왜곡 방송으로 전국을 쑥대밭으로 만들었어도 시종일관 보수 진영을 비웃어도 태풍의 눈처럼 안전지대에 있다. 방심위가 수수방관하고 있기 때문"이라고 했다.

"MBC 라디오 패널의 80%가 친야"

같은 날 MBC 제3노조는 성명서를 통해 윤석열 대통령이 미국을 국빈 방문한 기간 MBC 라디오 프로그램에 나온 출연진 중 야권 성향 인사가 여권 성향 인사보다 압도적으로 많았다며 "편파적인 패널 섭외"라고 주장했다. 친여당 성향 패널은 해당 기간 4명 출연했고, 친야당 성향 패널은 37명이 출연했다는 것이다.

제3노조가 공정언론국민연대 모니터 결과를 참조해 공개한 '대통령 방미 기간 MBC 표준FM 주요 시사 프로그램 출연진' 자료를 보면 〈김종배의 시선집중〉에는 우파 혹은 친여당 성향의 패널 또는 방송인이 해당 기간 2명이 출연했고, 좌파 혹은 친야당 성향의 패널 혹은 방송인은 10명이 출연한 것으로 나타났다. 〈신장식의 뉴스 하이킥〉은 우파 혹은 친여당 성향의 패널 또는 방송인이 해당 기간 2명 출연했고, 좌파 혹은 친야당 성향의 패널 혹은 방송인은 27명이 출연했다.

제3노조는 "〈김종배의 시선집중〉의 경우 지난달 26일에 박수현 전 청와대 국민소통수석이 출연하고, 지난달 27일 목요일에는 문재인 정부 시절 외교부 차관이었던 최종건 연대 교수가 나와 한미정상회담의 성과와 논란을 정리하는 편파 방송을 했다"며 "지난달 28일에도 최종건 교수가 나와 윤 대통령의 상하원 합동 연설의 메시지에 대해 설명했고, 한미정상회담의 경제적 성과에 대해 문재인 정부 때 산업부 통상 정책관을 지낸 김형주 씨가 나와 설명해 역시 부적절한 편파 방송의 우려를 낳았다"고 했다.

이어 "〈신장식의 뉴스 하이킥〉의 경우도 유사하다. '전 통일부 장관이 본 한미정상회담'이라는 주제로 지난달 27일 정세현 전 통일부 장관이 나왔고, '위기의 한러 관계 경제적 여파는?'이라는 제목의 코너에서는 문재인 정부 당시 북방경제 협력위원장을 지낸 박종수 씨가 출연했다"며 "현 정부의 성과에 대해 과거 정부 고위 공직자들이 나와서 전문가라면서 설명하는 것은 누가 봐도 편파적인 패널 섭외 아닌가?"라고 비판했다.[33]

『조선일보』는 사설을 통해 "KBS·MBC 두 방송을 합하면 라디오 시사 프로그램 패널 구성이 야권 117대 여권 15다. 이 정도면 공영방송 간판을 단 정치 세력이다"며 이렇게 주장했다. "방송통신심의위는 이런 편파 방송을 막으라고 존재하는 기관인데 두 공영방송의 노골적인 편파 방송을 방치하고 있다. 이 역시 지난 정권 사람들이 장악하고 있다. 종편에 대해선 현미경을 들고 들여다보면서 공공 전파를 쓰는 KBS의 한 시사 보도 프로그램이 좌파 패널을 80회 넘게 출연시키고 보수 인사는 한 차례도 부르지 않았는데도 문제 삼지 않았을 정도다. 지금 공영방송은 정상적인 것이 무엇인지 알 수 없을 정도다."[34]

이런 비판에 내해 『경향신문』은 사실을 통해 "징권의 입맛에 맞지 않으면 '편향'이라고 간주해 배제하고 찍어내는 내로남불식 구태를 반복한 것이다"고 비판했지만,[35] 구체적이거나 세부적인 반론은 하지 않았다. 『한겨레』와 진보적 언론 전문 매체인 『미디어스』는 이런 비판의 근거인 "보수 성향 언론단체들의 모니터링 결과가 자의적이고 신빙성이 떨어진다는 지적"이 있다며 몇 가지 사례를 소개했을 뿐,[36] 전면적인 검증이나 반론은 하지 않았다.

바로 이게 문제였다. 공영방송들의 친진보 성향 방송은 보수 성향 언론단체들만 모니터링을 했고, 공영방송들의 친보수 성향 방송은 진보 성향 언론단체들만 모니터링을 했다. 이런 선택적 모니터링 자체가 언론단체들의 정치적 편향성을 말해주는 것이지만, 한 가지 분명한 사실은 과장은 있을망정 모니터링을 하는 주체가 하지 않는 쪽에 비해 비교적 더 할 말이 많고 옳을 가능성이 더 높다는 사실이다.

부디 '무지의 장막' 안으로 들어가라

"민주당은 방송 장악에 관한 한 안면 몰수하고 강경 전투 모드다. 야권은 현재 진보 좌파 진영 사장들이 포진해 있는 MBC·KBS·YTN 등을 뺏기면 다시는 정권을 찾아오기 어렵다는 절박감을 갖고 있다. 앞으로 이들 방송의 민노총 계열 노조들, 좌파 계열 단체들이 민주당과 합심해 문재인 정권 초기 보수파 이사진을 쫓아내기 위해 벌였던 식의 신상 털기 등 극렬한 수단을 동원할 가능성이 크다."[37]

『동아일보』 대기자 이기홍이 「야野는 국익 팽개치고 사생결단 전면전, 여與는 웰빙」이라는 칼럼에서 한 말이다. 설령 그런 일이 벌어진다 해도 그건 민주당만 탓할 일은 아니었다. 공영방송 사원들의 다수가 그런 식의 생각을 하고 있다면, 즉 방송인들 스스로 방송의 공정성을 당파성으로 대체하면서 사실상 정당원 행세를 한다면, 지식인과 언론인들마저 자신의 이념적·정치적 지향성에 따라 당파성의 포로 행세를 한다면, 그게 어찌 민주당에만 책임을 물어야 할 일이겠는가? 문제는 오염되고 타락한 '과잉 정치화'일진대, 공영방송을 비롯한 한국 사회가 처해 있는 위기의 본질은 바로 이것이었다.

전 민주당 의원 금태섭은 4월 18일 국회에서 열린 '다른 미래를 위한 성찰과 모색 포럼 준비 모임' 사전 발제문에서 민주당에 "지금 주도적으로 추진하고 있는 양곡법, 방송법 등의 개정이 진짜로 필요한 것이라면, 왜 집권하고 있던 여당 시절에는 안 했나?"라고 물었다. 그는 "박근혜 정부 당시 민주당이 야당이던 때 가장 강력하게 추진하던 과제 중 하나가 방송법 개정이었다"며 "공영방송의 정치적 중립성을 보장하기 위해 정부·여당의 영향력을 최소화해야 한다는 것이 그 이유였다"고 했다.

이어 "그러다기 여당이 되지 정반대로 태도를 바꾸어서 여당의 힘을 최대한 누렸다"며 "그 후 다시 정권 교체가 되니까 또 입장을 바꿔서 여당의 입김이 미치지 않도록 법을 개정해야 된다고 한다"고 했다. "도대체 민주당의 시각에서 볼 때 방송법 개정은 해야 되는 일인가, 아닌가"라고 물은 금태섭은 "해야 한다면 압도적 다수 의석을 차지하고 있던 여당 시절 했어야 한다. 아니라면 그대로 둬야 한다"고 했다.

금태섭은 "입장을 바꾸려면 최소한 여당이었을 때 개정을 하지 않은 데 대한 진심 어린 사과라도 있어야 한다"고 했다. 그는 "이 모순에 대해 답을 하지 못하는 것이 지금 민주당의 근본적인 문제"라며 "내가 하면 괜찮고 남이 하면 문제라는 태도. 정략적으로 자신들에게 유리한 이슈에만 관심을 갖는 모습. 여기에서 정치에 대한 국민들의 불신이 생겨난다"고 했다.[38]

그렇다. 바로 그게 문제였다. 여기에 더하여 그런 행태에 비판을 퍼붓진 못하더라도 맞장구를 쳐주면서 놀아나지는 말아야 할 언론노조와 진보적 시민단체·학자들의 행태다. 이들은 민주당과 똑같은 행태를 보이면서도 그걸 가리켜 '친민주당' 행보라고 하면 펄펄 뛰는 이상한 모습을 보여왔다. 호소한다. 이 문제를 이념적·당파적으로 접근하면 안 된다. 이 책을 통해 여러 차례 강조해왔지만, 이 문제는 국민의힘이 얼마나 나쁜 정치 집단인가하는 문제와는 무관하며 그렇게 다루어야 한다.

민주주의 체제의 선거에선 특정 집단의 관점에서 볼 때에 얼마든지 나쁜 정치 세력이 등장할 수 있지만, 선거법은 그걸 고려하지 않는다. 좋건 나쁘건 동등하게 대해야 한다는 게 선거법의 정신이다. 방송법도 다를 게 없다. 내가 '머리말'에서 말한 '무지의 장막veil of ignorance' 원칙을 적용해야 한다. 방송 공정성 문제는 국민의힘, 윤석열, 김건희 등에 대한 증오·혐오의 정서와 분리해서 생각해야 한다. 알 만큼 알고 배울 만큼 배운 분들이 어쩌자고 나로 하여금 이런 초보적인 원칙 이야기를 반복하게 만드는가? 부디 '무지의 장막' 안으로 들어가 "네게 그렇게 하면 기분이 어떨 것 같니?"[39]라는 역지사지易地思之의 원칙을 되새겨주시기 바란다.

맺는말

'공영방송의 중립지대화'를 위하여

MBC 사장 박성제의 '잔인한 천진난만'

"사장하면서 단 한 번도 뉴스나 시사 프로그램 내용에 간섭을 한 적이 없다. 기자·PD들의 양심과 소신을 믿고 외압을 막아준 것뿐이다. 앞으로도 MBC 언론인들이 진실만을 추구하는 보도를 위해 노력해줄 것이라 믿어 의심치 않는다. 그 믿음을 바탕으로 이제 무거운 짐을 내려놓고 홀가분하게 떠나겠다."[1]

MBC 사장 연임이 좌절된 박성제가 2023년 2월 19일에 한 말이다. 사적으론 심심한 위로의 뜻을 전하고 싶지만, 공적으론 무서울 정도로 순진한 말이라는 걸 지적하지 않을 수 없다. 그의 논리 구조는 단순하다. 간섭을 한 적이 없기 때문에 MBC는 진실만을 추구하는 보도를 해왔다는 것이며, MBC가 특정 정당에 우호적이라는 생각은 프레임에 지나지 않는다는 주장이다. 그는 자신이 어떤 잘못을, 어떤 죄를 저질렀는지 전혀 인정하지 않을 뿐만 아니라 이해조차 하지 못한다. '잔인한 천진난만'이라고 할 수 있겠다.

이상한 일이다. 윤석열 정권에 비판적인 사람들은 이구동성으로 '검찰 정권' 운운하면서 이심전심以心傳心의 원리에 따라 움직이는 걸 가능케 한 윤석열 정권의 동질성과 획일성을 문제 삼는다. 나는 이런 비판에 전적으로 동의한다. 그런데 문제는 이들이 "제 눈의 대들보는 보지 못하고 남의 눈에 있는 티끌만 본다"는 점이다. 물론 MBC도 마찬가지다.

이런 분들을 이해하기 위해 제시된 사회과학적 이론 중의 하나가 바로 '집단 극화group polarization'다. 2005년 여름 미국 법학자 캐스 선스타인Cass Sunstein을 비롯한 연구집단이 동성 결혼, 차별 철폐 조치, 지구 온난화라는 세 가지 논쟁적인 문제를 토론하기 위해서 콜로라도 시민 63명을 모아 실험을 했다. 이 실험은 사람들이 같은 견해를 가진 다른 사람들과 대화를 나누거나 정보를 공유하면 할수록, 그들의 견해는 더욱더 극단화된다는 걸 보여주었다.[2] 선스타인은 그런 집단 극화가 일어나는 이유에 대해 다음과 같이 말한다.

"비슷한 생각을 지닌 다른 이들과 이야기를 할 때 사람들은 자신의 견해들을 더 과장하는 경향이 있으며, 이는 내면의 다양성을 감소시키는 방법으로 이뤄진다. 우리는 이런 현상이 정치에서 일어나는 것을 목격한다. 가족, 기업, 교회, 유대교회당에서도, 심지어 학생 조직에서 벌어지기도 한다."[3]

선스타인은 "집단 구성원들의 소속감과 유대감이 강한 경우에는 극단화가 더 심해진다. 사람들이 가족, 정치, 종교적 신념 같은 요소들로 인해서 유대감을 강하게 느끼면 전체의 입장과 반대되는 생각은 약해진다. 구성원들이 서로를 친절하고, 호감이 가며, 자신과 비슷한 부류하고 느끼는 경우에는 그 집단의 성향이 특정 방향으로 움직이는 폭이 더 커진다"며 다음과 같이 말한다.

"이러한 유대감은 의견의 다양성이 사라지게 만들고, 사회적 영향이 집단의 선택에 비치는 힘이 더 강해지도록 한다. 이처럼 집단이 업무가 아니라, 정서적 유대감으로 단결되어 있을 때는 더 큰 잘못을 저지를 수 있다. 그런 분위기에서는 반대 의견이 겉으로 드러날 가능성이 줄어들기 때문이다."[4]

MBC의 '구조적 편향성'과 '순혈주의'의 위험

MBC와 KBS의 차이도 바로 여기에 있다. 불공정 방송에 미쳐 돌아가더라도 MBC가 KBS보다 더 심한 이유는 MBC와 KBS의 규모 차이도 있겠지만 더 결정적인 건 MBC 구성원들의 동질성이다. 앞서 제1장에서 지적된 MBC의 '순혈주의'에 대한 집착을 상기할 필요가 있다. 다시 소개하자면, 이런 내용이다. 정말 살려고 도망치듯이 회사를 떠났던 한 명예퇴직자는 "2017년 언론노조가 저렇게까지 잔인하고 잔혹하게 보복한 이유 중의 하나가 자신들의 빈자리를 경력 기자들이 채웠기 때문"이라며 "오랜 파업의 동력으로도 볼 수 있는 MBC라는 드높은 자부심, 이 근간을 이루는 순혈주의의 틈새를 경력직들이 무임승차하듯이 파고드는 현실을 도저히 묵과하기 힘들었을 것"이라고 했다.[5]

어느 집단이건 집단 구성원의 생각과 판단에 영향을 미치는 '구조적 편향성systematic bias'을 갖고 있기 마련인데,[6] MBC는 이 '구조적 편향성'이 매우 강한 집단이다. KBS와 비교해보자면, 이는 1980년에 이루어진 언론통폐합의 산물이기도 하다.

언론통폐합의 결과 KBS는 TBC-TV, TBC 라디오, DBS, 전일방송, 서해방송, 대구FM 등을 흡수했다. TBC-TV는 KBS-2TV가 되었다. 보도 기능이 박탈되고 선교 방송만 전담하게 된 기독교방송CBS의 보도 요원은 모두 KBS에 통합되었다. 이렇게 다양한 조직 출신으로 이루어진 KBS는 동질성을 갖기 어려웠던 반면, MBC는 기존 동질성에 아무런 변화가 없었다. MBC는 당시 별도 법인으로 운영되고 있던 지방의 제휴사 21개 사의 주식 51퍼센트를 인수해 그들을 계열사화했지만, 그때나 지금이나 지방 계열사들은 서울 MBC가 사장을 내려보내는 '식민지'일 뿐인서 교류는 없는 별도의 조직들이다.

나는 "단 한 번도 뉴스나 시사 프로그램 내용에 간섭을 한 적이 없다"는 박성제의 주장을 100퍼센트 믿는다. 아예 그럴 필요가 없었다고 보기 때문이다. 그렇게 독보적인 동질성을 갖고 있는 데다, 정치적 성향이 다른 기자·PD들은 철저하게 숙청되었는데, 간섭을 할 필요가 있을 리 만무했다. 게다가 '의리'는 좀 강한가? MBC 사장 후보였던 허태정이 정책 발표에서 지적한 박성제의 다음과 같은 인사 스타일도 간섭의 필요성을 없애 주었을 게다.

"현재 MBC의 본부장 10명 가운데 해고자 출신인 박 사장이 임명한 해고자 본부장이 3명, 친한 보도국 입사 동기 3명을 포함해 동기 본부장이 4명, 사장이 노조위원장을 할 때 노조 간부였던 본부장 1명 등 모두 8명이 자리를 차지하고 있다. 문제가 터지면 관계사 사장으로, 회전문 인사로 돌려막고 계속 의리를 지킨다."[7]

아니 그게 어찌 사장의 인사 스타일만의 문제이랴. MBC가 명실상부한 노영 방송이라는 사실 자체가 더 문제라고 보는 게 옳을지도 모르겠다. MBC 주요 본부장 등 고위 간부들과 인사·노무 담당 부장 등 노조 활동이 법적으로 제한된 공영방송의 주요 보직자들마저 민주노총 산하 전국언론노동조합 MBC본부에 가입해 활동하고 있다고 하니, 더 말해 무엇하랴.

MBC 제3노조는 5월 10일 "MBC 주요 본부장·국장·부장·

팀장 등 회사 내 주요 보직자들이 언론노조 MBC본부 조합원 신분을 유지하고 있다는 공문이 최근 발견됐다"며 "문건에 따르면 MBC 내 전체 보직자 148명 중 132명(89.1%·2021년 2월 기준)이 민노총 산하 언론노조 조합원 신분으로 회사 측 보직을 수행하고 있었다"고 밝혔다. 제3노조는 이를 근거로 "현재 MBC 내 교섭 대표 노조인 민노총 언론노조는 사실상 어용 노조"라고 주장했다. 이에 대해 언론노조 MBC본부 측은 "제3노조의 주장은 2021년 기준으로, 현재 본부장들은 언론노조에 가입되어 있지 않으며, 국장급 및 인사·노무 담당 보직 팀장 등은 조합원으로서의 권리와 의무를 유예하고 있다"며 제3노조에 법적 조치를 검토할 것이라고 밝혔다.[8]

2021년 기준이라고 하더라도 놀랍지 않은가? 사실 바로 이 점에서 국민의힘은 민주당에 비해 훨씬 불리했다. 민주당은 노조의 친민주당 지향성을 이용해 노조를 통한 자연스러운 '이심전심' 통제가 가능하지만, 노조와 사이가 좋지 않거나 적대적 관계인 국민의힘은 노조의 감시 속에서 비교적 갈등의 소지가 큰 부자연스러운 통제의 과정을 거쳐야 하기 때문이다. 방송 통제에 관한 한 국민의힘이 민주당에 비해 더 나쁜 악당이라고 보는 건 그런 차이를 무시한 착시 효과일 뿐이다. 탐욕은 같은 탐욕이지, 진보의 탐욕이 보수의 탐욕보다 더 고상한 건 아니다.

문재인 정권하의 공영방송 평가부터 하자

두 정당의 차이가 어떠하건, 20여 년 전부터 내가 간절히 꿈꾸었던 건 '공영방송의 중립지대화'였다. 그래서 무보수 명예직으로 방송사 사장만 뽑는 이른바 '방송의회' 구성을 주장하기도 했다. 하지만 공영방송 장악에 혈안이 된 두 거대 정당은 '공영방송의 중립지대화'에 관심이 전혀 없었다.

민주당 진영에선 종편으로 인한 '기울어진 방송 운동장' 때문에 공영방송 장악은 꼭 필요하다는 주장이 의외로 설득력을 얻고 있었다. 권력과 정치가 손을 떼면 '시장 논리'에 따라 저절로 반반이 될 텐데, 왜 그렇게 자신이 없는 걸까? 민주당 진영 내에만 만만찮은 세력을 형성한 반反기업 정서 또는 반反자본주의 정서를 포기할 뜻이 없기 때문일까?

'공영방송의 중립지대화'는 쉽지 않은 프로젝트였다. 내가 내린 현실적인 결론은, 공영방송 지배구조 개편에 대한 여야 합의는 오직 대선 1년 전의 상황에서만 가능하다는 것이었다. 어떤 정권이건 사실상 그간 여당 프리미엄으로 주어져온 공영방송 장악을 스스로 포기할 리는 만무하기 때문이다. 대선 1년 전에 여야 타협이 가능한 이유는 여당으로선 정권이 야당으로 넘어갈 수 있는 가능성에 대한 대비, 야당으로선 대선 기간 중 방송 보도에서 여당 프리미엄을 없애거나 최소화해야 할 필요성 때문이다.

2017년 5·9 대선 전 앞서 말한 '공영방송 장악 금지법'에 대해 여야 합의가 이루어진 것도 바로 그런 이유 때문이었다. 그런데 문재인과 민주당은 집권 후 이 약속을 깨고 5년간 내내 공영방송을 장악해놓고선 대선에 패배하자 엉뚱한 방송법 개정안을 들고나왔다는 건 앞서 말한 바와 같다. 여론 압박 공세를 펴면 국민의힘이 워낙 어리석은지라 그런 '내로남불 꼼수'에 넘어가줄 수도 있다는 기대를 걸었던 모양이다.

현재 주요 쟁점 중의 하나는 3개 직능단체의 중립성 문제다. 방송인들에게 큰 영향을 미치는 언론노조의 정치 성향도 이 문제와 무관할 수 없다. 직능단체와 더불어 언론노조가 '친민주당'이냐 아니냐를 따지는 게 무슨 의미가 있을까? 오히려 언론노조와 언론노조에 가입한 다수 방송인들의 기본 인식은 "국민의힘은 한마디로 방송 장악에 있어서는 전과 집단"이며,[9] "군사독재 시절부터 수많은 언론인을 감방에 보내고 온갖 탄압을 일삼았던 DNA를 가진 게 국민의힘"이라고 본다는 점에 주목할 필요가 있다.[10]

그간 언론노조는 이런 비판을 많이 해왔지만, 흥미로운 건 언론노조가 문재인 정권하의 공영방송 평가에 대해선 침묵하고 있다는 점이다. 이게 말이 되나? 무슨 어려운 평가를 말하는 게 아니다. 내가 앞서 던진 "문재인 정권의 방송 장악은 있었나 없었나?"라는 질문에 답하기만 하면 된다. 모든 걸 다 제쳐놓고, 이에 대한 백서부터 작성해보자. 문재인 정권하의 공영방송이 바람직한 모습을 보여왔다면 그들의 주장은 설득력을 갖겠지만, 그렇지 않다면 그들은 자기들의 과오와 죄악을 얼렁뚱땅 얼버무리면서 기득권을 계속 유지하겠다는 걸로 오해받을 수 있는 게 아닌가?

내로남불, 이젠 지겹지도 않은가?

언론노조가 자꾸 과거 민주화의 역사를 소환하는 건 입법과 관련해 여야 정당을 대하는 중립적 자세라고 보기는 어렵다. 과거의 역사로 인해 형성된 방송인들의 '아비투스(습속)'가 어떤 정당에 더 유리하게 작용한다면 어쩔 것인가? 앞서 보았듯이, 문재인 정권 출범 때 방송사 경영진을 바꿀 수 있는 KBS 이사회와 방문진 이사진 교체를 위해 온갖 무리수를 저지르면서 앞장선 건 언론노조와 시민단체였다. 윤석열 정권은 이들을 동원할 수 없거나 그럴 수 있는 역량이 없다. 이런 차이를 모를 리 없는 민주당이 자기들에게 유리한 개정안을 들고 나와 권력의 방송 장악에 결사반대하는 공정성의 화신처럼 구는 건 보기에 민망하다. 후안무치厚顔無恥도 정도 문제다.

그런 식으로 하면 안 된다. 일방적으로 내놓은 개정안에 대해 반대하면 "대안을 내놓으라"고 다그치는 건 고약하기까지 하다. 이용마의 '국민 대표단 제도'도 있고, '공영방송 장악 금지법'도 있잖은가? 하지만 현 시점에선 대안이 중요한 게 아니다. 내가 말했잖은가? 공영방송 지배구조 개편에 대한 여야 합의는 오직 대선 1년 전의 상황에서만 가능하다고 말이다.

그래서 앞으로 3년을 더 기다리자는 게 아니다. 여야 합의를 깬 것과 그럼에도 적반하장賊反荷杖 태도를 보인 것에 대한 민주당의 사죄가 필요하다. 언론노조와 방송인들은 방송법 개정안을 문재인 정권 마지막 1년 내에 성사시키지 못한 것에 대해 사과하거나 그런 자세를 가져야 한다. 그런 공손한 자세로 국민의힘에 타협을 요청해도 될까 말까 한 일을 모든 정의正義는 전세 낸 듯이 큰소리를 뻥뻥 쳐가면서 일을 추진해서야 되겠는가? 무엇보다도 MBC가 계속 "정권과 맞짱 뜨는 공영방송"으로 머무르겠다는 허황된 야욕을 버리고 스스로 "공영방송의 중립지대화 모델"을 실천하는 게 가장 좋은 방법일 수도 있다.

무엇보다도 무조건 윤석열 정권을 향해 외치는 '방송 장악' 운운하는 상투적인 구호부터 다시 생각해보자. 그게 오래된 습관임을 이해하지만, 자꾸 그런 식으로 나가면 합리적 소통이 불가능해진다. 예컨대, 4월 18일 출범한 국무총리 직속 '미디어·콘텐츠 산업 융합 발전위원회'와 대통령 직속 국민통합위원회 산하 '국민 통합과 미디어 특별위원회'에 대한 언론노조의 성명을 보자. 언론노조는 두 위원회가 보수 일색으로 구성된 것을 문제 삼아 "윤석열 정권은 공영방송 장악-비판 언론 옥죄기-미디어 자본 규제 완화로 미디어 공론장을 장악하겠다는 자신들의 야욕을 노골적으로 드러냈다"고 비난했다.[11]

나 역시 두 위원회의 구성 방식이 한심하다고 생각한다. 그런데 왜 그런 일이 벌어졌는가? 나는 언론노조와 민주당의 책임이 더 크다고 생각한다. 답답하다. 왜 역지사지를 하지 않는가? 언론노조와 민주당은 자기들끼리만 모여서 방송법 개정안이라는 결론을 미리 내려놓고 윤석열 정권에 수용하라고 윽박지르는 건 괜찮고 당연하다고 생각하면서, 왜 윤석열 정권이 비슷한 방식으로 대처하는 것에 대해선 그런 살벌한 음모론을 내놓는가? 같은 똥이라도 자신들의 똥은 향기롭다는 건가?

윤석열 정권이 원하는 건 '방송 장악'이라기보다는 문재인 정권이 누렸던 방송에 대한 통제권 정도는 갖겠다는 걸로 보인다. 그런데 문재인 정권이 했던 게 '방송 장악'이었다면, 이에 대해 사과를 하고 이젠 다른 길을 모색해보자고 윤석열 정권을 설득해야 한다. 그래서 문재인 정권하의 공영방송 평가부터 해보자는 것이다. 문재인 정권이 '방송 장악'을 하지 않았다면, 윤석열 정권이 문재인 정권 수준의 '방송 통제권'을 갖겠다는 건 정당한 요구로 보이는데, 왜 자꾸 그걸 '방송 장악'이라고 하는가? 내로남불, 이젠 지겹지도 않은가?

언론노조, 방송 유관단체, 관련 학계는 양쪽 모두 동의할 수 있는 방안을 찾아야지, 한쪽은 적극 찬성하고 한쪽은 적극 반대하는 개정안을 다수결과 여론몰이로 밀어붙여 보겠다는 민주당의 행태에 지지를 보내는 건 옳지 않다. 이전의 '공영방송 장악 금지법'에 대한 민주당의 배신에 분노하긴 했는가? '공영방송 전쟁'의 종전 선언은 주요 갈등 당사자들의 합의에 의해서만 가능하다는 걸 잊지 않으면 좋겠다. MBC 기자의 '전용기 탑승 불허' 등과 같은 윤석열 정권의 어리석은 일련의 행태엔 침을 뱉더라도 입법에 대해선 좀더 냉정해지자. 국민의힘에 대한 압박이 좀더 정의롭고 합리적인 것이 되기를 기대한다.

누가 과연 진정 MBC를 사랑하는가?

끝으로 조국 사태 시 '돌아오라 손석희'를 외치면서 '돌아온 MBC'에 대해 무한 애정을 베풀었고 지금도 베풀고 있는 시청자들에게 호소하는 걸로 이 책을 끝맺고 싶다. 당신들의 그런 생각을 존중하련다. 그러나 일관성은 가져달라. 그 생각은 민주주의와 공영방송의 기본 원리에 맞지 않는다. 당신들의 생각과 일관된 비전을 그려보자면 이 세상은 이렇게 바뀌어야 한다. 민주당은 MBC를 장악한다. 이걸 법으로 명시하자. 아니 MBC를 아예 민주당의 하부 조직으로 편입시켜 민주당의 선전·선동 책임자가 운영하도록 하자.

민주당이 KBS까지 장악하면 좋겠지만, 그렇게 되면 대한민국은 북한과 비슷해진다. 민주당 '일당독재'는 호남에서만 하는 걸로 만족하시고, 대국적으로 양보하자. KBS는 국민의힘에 주

자. 다른 공영방송사들도 의석수 규모에 따라 그런 식으로 정당들에 분양하자. 이렇게 되면 방송 공정성 문제로 싸울 일이 없어지고, "괴물과 싸우다 괴물이 된 MBC의 비극" 운운하는 말을 일삼는 자들도 할 말이 없어지게 된다.

이거 농담 아니다. 지금은 어떻게 달라졌는지 모르겠지만, 한때 이탈리아의 대표적인 공영방송인 RAIRadiotelevisione Italiana(라디오텔레비시오네 이탈리아나)의 3개 채널이 그런 식으로 운영되었다. 기민당은 RAI 1, 사회당은 RAI 2, 민주좌익당은 RAI 3을 차지했다. 어느 한 정당이 집권해 모든 공영방송을 장악한 후 일방적인 선전·선동의 도구로 악용하는 것보다는 훨씬 더 진일보한 민주적 방식이 아닌가?

정녕 그런 방식을 원하시는가? 그렇게 바꾸자고 주장할 게 아니라면, 다시 생각해보시기 바란다. 명색이 공영방송인 MBC가 문재인과 조국과 이재명이라는 정치적 편향성이 강한 인물을 사랑하거나 지지하는 당신의 마음에 쏙 드는 정치 방송을 하는 게 괜찮은가? 당신이 꿈꾸는 세상이 당신과 정치적 성향이 다른 사람들은 다 숙청하고 제거하는 북한 체제가 아니라면, 당신의 MBC 사랑에 돌을 던지는 게 옳지 않겠는가? 앞서 소개한 바 있는 당신들의 다음과 같은 환호가 오히려 MBC를 망가지게 만든 건 아닌지 성찰해보시기 바란다.

"오늘 꼭 시청할게요. MBC 기자님들 고생하십니다. 조중동 기러기 100명보다 MBC 기자 1명이 훨 낫다."　"MBC 잘한다. 국민과 소통이 너무 잘됨. 진짜 참언론!! 최고!!"　"MBC, 정권의 눈치 보지 않는 진정한 언론 엄지 척!"　"MBC밖에 없습니다. 굴하지 않은 대단한 방송입니다. MBC 사랑합니다."　"MBC 응원합니다. 월드컵도 MBC만 봅시다 ~이게 힘을 실어주는 겁니다."　"MBC밖에 없네. 제대로 일하는 언론사는."　"MBC 말고는 믿을 수 있는 언론이 없다."　"가려운 곳 긁어주는 효자손 같은 MBC!!! 살아 있는 권력에 매를 드는, 유일한 살아 있는 언론!"　"20일(일요일) 저녁 8시 30분 본방사수! 시청율로 MBC에게 힘을 실어줍시다!"

이런 환호는 한류에 기여하는 제작 역량 부문에서 얻고, 뉴스 등의 보도물은 오히려 시청자들의 열광이나 애착이 없게끔 건조하게 만인이 동의할 수 있는 신뢰도를 높이는 쪽으로 가면 안 되는 걸까? 바로 그게 공영방송이 지켜야 할 사명이 아닐까? 공영방송이 '두 개로 쪼개진 나라'의 고착화를 위해 어느 한쪽만을 열광시키는 방향으로 나아간다면, 그건 스스로 공영방송의 존재 근거를 말살하는 것이며, 궁극적으로 민영화를 요구하는 여론을 키우는 게 아닐까?

MBC가 보수 정권에 대한 다수의 반감과 혐오에 편승해 "정권과 맞짱 뜨는 공영방송"의 길로 나아간다면, 그게 바로 스스로 MBC의 무덤을 파는 길이라는 길 왜 생각을 못하는 긴지 안디깝다. 기존 노선에 대한 문제 제기는 MBC 내부에서 나와야 한다. 그간 이루어진 큰 변화들은 모두 다 정권 교체 등과 같은 정치적 변화에 의해 '밖에서 안으로' 가해진 충격의 결과였기에 그 어떤 바람직한 결과를 생산해내지 못했다는 것에 대한 준엄한 성찰이 모든 MBC 방송인에게 있기를 소망한다. 우리 모두 자문자답해 보자. 누가 과연 진정 MBC를 사랑하는 사람인가?

머리말

1   강준만, 「언제까지 방송은 전리품인가?」, 『한국일보』, 2008년 1월 2일; 강준만, 「'방송의회'를 구성하자」, 『한국일보』, 2008년 7월 30일; 강준만, 「이젠 방송을 놓아주자」, 『한겨레』, 2014년 5월 26일.

2   존 롤스(John Rawls), 황경식 옮김, 『사회정의론』(서광사, 1971/1985), 137~208쪽; 데이비드 존스턴(David Johnston), 정명진 옮김, 『정의의 역사』(부글북스, 2011), 324~325쪽; 디팩 맬호트라(Deepak Malhotra)·맥스 베이저먼(Max H. Bazerman), 안진환 옮김, 『협상 천재』(웅진지식하우스, 2007/2008), 192쪽.

제1장

1   김도인, 『적폐몰이, 공영방송을 무너뜨리다: 언론노조의 MBC 장악 기록』(프리뷰, 2019), 216, 237쪽. 2022년 12월 16일 대법원은 이 170일 파업에 대해 "공정 방송은 쟁의행위의 정당한 목적이 될 수 있다"는 판결을 내렸다. 전국언론노동조합 MBC본부는 대법원 판결에 성명을 내고 "공영방송을 장악하려는 권력, 그 권력과 내통해 공영방송을 팔아넘긴 적폐 경영진에 맞서 공정 방송 쟁취를 위한 '2012년 170일 파업'이 오늘 사법부로부터 최종적으로 정당성을 인정받았다"면서 "공정 방송은 노사 양측에 요구되는 의무임과 동시에 방송 종사자들의 근로 관계 기초를 형성하는 원칙이기에 공정 방송 쟁취를 위한 파업은 정당한 쟁의행위임을 확인시켰다"고 환영했다. 정철운, 「2012년 김민식과 이용마의 170일 파업은 정당했다」, 『미디어오늘』, 2022년 12월 16일.

2   오정환, 「MBC 오정환이 고발한다: '형수 욕설' 외면하고 'XX'만 반복…MBC
     정상화 시급하다」, 『중앙일보』, 2022년 10월 5일.

3   「[사설] 종편 개국, 언론과 민주주의의 대재앙 시작되다」, 『한겨레』, 2011년
     12월 1일.

4   정철운, 『박근혜 무너지다: 한국 명예혁명을 이끈 기자와 시민들의 이야기』
     (메디치, 2016), 100~102쪽.

5   김원철, 「최민희 "비판하던 종편에 왜 출연하냐고요? 극단적 편파 않고 바뀌
     고 있다 봤죠"」, 『한겨레』, 2016년 8월 3일.

6   이정환, 「최순실 사태의 이면, '프레임 전쟁'이 시작됐다」, 『미디어오늘』,
     2016년 11월 12일.

7   정철운, 「시사저널 조사에서도 JTBC가 신뢰하는 언론 1위」, 『미디어오늘』,
     2016년 9월 13일.

8   정철운, 「TV조선·한겨레·JTBC가 합작한 '박근혜 퇴진' 100일의 기록」, 『미
     디어오늘』, 2016년 11월 10일.

9   채혜선, 「'썰전' 정청래 "'종편 금지' 발의했으나…JTBC만은 출연 결심"」,
     『중앙일보』, 2017년 1월 20일.

10   강성원, 「MBC 기자들 "이러려고 기자 된 게 아닌데, 부끄럽다"」, 『미디어오
     늘』, 2016년 11월 8일.

11   김도연, 「JTBC엔 "환호" KBS엔 "니들도 공범" MBC "…"」, 『미디어오늘』,
     2016년 11월 13일.

12   강성원, 「MBC 기자들 "이러려고 기자 된 게 아닌데, 부끄럽다"」, 『미디어오
     늘』, 2016년 11월 8일; 남지원, 「"MBC 뉴스, 더 욕하고 비난해달라" 막내
     기자들, 공개 비판 영상 올려」, 『경향신문』, 2017년 1월 6일.

13   김지은, 「국민 86% "박근혜 파면 잘했다"」, 『한겨레』, 2017년 3월 11일.

14   강성원, 「유시민 "야권의 집권, 정치권력만 잡은 것일 뿐"」, 『미디어오늘』,
     2017년 5월 6일.

15   장덕진, 「결손민주주의 vs 결손민주주의」, 『경향신문』, 2019년 10월 8일,
     31면.

16   조갑제, 「친박은 '보수의 敵' 조중동과 싸워야 살길이 열린다!」, 『조갑제닷
     컴』, 2016년 12월 12일.

17   김지은, 「국민 86% "박근혜 파면 잘했다"」, 『한겨레』, 2017년 3월 11일.

18   정철운·금준경, 「"조중동 종편, 폐지보다 민주 노조 세워야"」, 『미디어오늘』,
     2017년 5월 17일.

19   황기현, 「[미디어 브리핑] 2017 MBC 잔혹사 ①-점령군의 입성」, 『데일리

안』, 2023년 1월 2일.

20 김도인, 『적폐몰이, 공영방송을 무너뜨리다: 언론노조의 MBC 장악 기록』(프리뷰, 2019), 41쪽.

21 박수진, 「"공범자들 민낯 보여주고 싶었다": 공영방송 몰락 10년 담은 다큐 영화 연출한 최승호 PD」, 『한겨레21』, 2017년 8월 7일.

22 김도인, 『적폐몰이, 공영방송을 무너뜨리다: 언론노조의 MBC 장악 기록』(프리뷰, 2019), 55~56쪽.

23 김도인, 『적폐몰이, 공영방송을 무너뜨리다: 언론노조의 MBC 장악 기록』(프리뷰, 2019), 56~58쪽.

24 김아진·이옥진, 「[단독] 與 "KBS·MBC 野측 이사 비리 부각시키고, 시민단체로 압박"」, 『조선일보』, 2017년 9월 8일.

25 황기현, 「[미디어 브리핑] 2017 MBC 잔혹사 ①-점령군의 입성」, 『데일리안』, 2023년 1월 2일.

26 방통위는 2018년 1월 전체회의를 열고 '방문진 고영주 이사 해임에 관한 건'을 의결했다. 2022년 12월 22일 서울행정법원 행정7부(수석부장판사 정상규)는 고영주가 방통위를 상대로 제기한 '해임 처분 취소 소송'에서 원고(고영주) 승소로 판결했다. 재판부는 "방통위 해임 처분의 사유가 대부분 인정되지 않는다"고 했다. 방통위가 고영주의 '해임 사유'로 들었던 'MBC 사장 선출 과정에서 부당노동행위 조장'에 대해 재판부는 "검사가 무혐의 처분했다. 정당한 해임 사유로 보기 어렵다"고 했다. 또 '과거 발언'과 관련해 "이사가 되기 전 행위이고, 이에 대해서는 무죄 판결이 선고된 바 있어 처분 사유로 삼기 어렵다"고 했다. 박서연, 「고영주 전 방문진 이사장, 방통위 상대 '해임 처분 취소 소송' 승소」, 『미디어오늘』, 2022년 12월 22일.

27 황기현, 「[미디어 브리핑] 2017 MBC 잔혹사 ①-점령군의 입성」, 『데일리안』, 2023년 1월 2일.

28 김도인, 『적폐몰이, 공영방송을 무너뜨리다: 언론노조의 MBC 장악 기록』(프리뷰, 2019), 110~111쪽.

29 김도인, 「MBC는 어쩌다 이렇게 정파적인 방송이 되었나?」, 『펜앤드마이크』, 2022년 10월 28일. 나는 개인적으론 최승호가 MBC 사장으로 있다가 나중에 『뉴스타파』 PD로 복귀한 것, 그리고 김어준의 무책임한 행태를 비판한 것을 매우 높게 평가한다는 걸 밝혀두고 싶다. 최승호는 2020년 7월 4일 그간 김어준이 주장해온 '세월호 고의 침몰설'과 '18대 대선 개표 조작설' 등의 음모론을 공개적으로 비판했다. 그는 세월호 고의 침몰설을 반박하기 위해 『뉴스타파』가 민든 '그들에게만 보인 유령선…세월호 참사일 제주VTS 항적 조

작설 검증' 영상을 소개하면서 이 같은 비판을 했다. 최승호는 "김어준은 이해할 수 없는 현상이 발견되면 '취재'하기보다 상상·추론하고 음모론을 펼치다가도 반박이 나오면 무시한다"면서 "자신의 위상만큼 책임을 지려고 노력했으면 한다, 틀린 것은 틀렸다고 인정하고 사과해야 한다"고 지적했다. 그는 "대중들은 김어준의 이런 행동 방식에 대해 매우 관대하다, 그는 사실이 아닌 위험한 주장을 마음껏 할 수 있는 특권을 가진 것 같다"고도 했다. 신동흔, 「최승호 前 MBC 사장 "김어준, 취재 안 하고 상상으로 음모론 펴"」, 『조선일보』, 2020년 7월 6일, A18면.

30 황기현, 「[미디어 브리핑] 2017 MBC 잔혹사 ②-88인의 조리돌림」, 『데일리안』, 2023년 1월 3일.

31 선우정, 「자칭 '권력의 나팔수' MBC」, 『조선일보』, 2020년 7월 8일, A30면.

32 이광효, 「언론노조, 한국당 입당 배현진 '조명 창고서 대기 발령' 주장에 "피해자 코스프레"」, 『아주경제』, 2018년 3월 9일.

33 이광효, 「MBC, 배현진 퇴사 직전까지 지낸 공간 공개 "조명기구 창고 아냐, 빈 사무실"」, 『아주경제』, 2018년 3월 10일.

34 강성원, 「배현진, 이제 자유한국당의 꼭두각시가 될 텐가」, 『미디어오늘』, 2018년 3월 9일; 이광효, 「언론노조, 한국당 입당 배현진 '조명 창고서 대기 발령' 주장에 "피해자 코스프레"」, 『아주경제』, 2018년 3월 9일.

35 황기현, 「[미디어 브리핑] 2017 MBC 잔혹사 ②-88인의 조리돌림」, 『데일리안』, 2023년 1월 3일.

36 김도인, 『적폐몰이, 공영방송을 무너뜨리다: 언론노조의 MBC 장악 기록』(프리뷰, 2019), 79~95쪽.

37 황기현, 「[미디어 브리핑] 2017 MBC 잔혹사 ②-88인의 조리돌림」, 『데일리안』, 2023년 1월 3일.

38 배진영, 「최승호 사장 시절 '적폐'로 몰려 '조명 창고'로 쫓겨났던 MBC 간부, 대법원에서 승소」, 『월간조선 뉴스룸』, 2020년 9월 26일.

39 신동흔, 「"정권은 바뀌어도 방송은 안 바뀔 것"」, 『조선일보』, 2022년 3월 15일; 신동흔, 「"언론 홍위병의 사퇴 압박…한 명은 버텼다는 기록 남기고 싶었다": KBS 이사 해임 무효 소송 2심 승소 강규형 명지대 교수」, 『조선일보』, 2021년 5월 3일; 강태화, 「文, 이번엔 "KBS 이사 해임 부당" 판결 불복해 상고」, 『중앙일보』, 2021년 5월 20일; 「[사설] '부당 해임 책임' 文 끝까지 불복, 자신은 잘못 없고 남에겐 가혹」, 『조선일보』, 2021년 5월 22일 참고.

40 박지현, 「"공들여 쌓은 금자탑 무너뜨린 MBC, 탈레반과 다름없어": 인터뷰 김영일 전 강릉 MBC 사장」, 『월간조선』, 2023년 1월호.

41 김도인, 『적폐몰이, 공영방송을 무너뜨리다: 언론노조의 MBC 장악 기록』(프리뷰, 2019), 136~137쪽.

42 김도인, 「MBC는 어쩌다 이렇게 정파적인 방송이 되었나?」, 『펜앤드마이크』, 2022년 10월 28일.

43 고희진, 「복직한 MBC 계약직 아나운서들 "직장 내 괴롭힘 막아달라"」, 『경향신문』, 2019년 7월 16일; 유덕기, 「"골방 배정 후 전산망 차단"…MBC 아나운서, 갑질 신고」, 『SBS 뉴스』, 2019년 7월 16일; 손호영, 「'괴롭힘' 예시와 판박이였다…MBC 아나운서들 1호 신고」, 『조선일보』, 2019년 7월 17일, A12면; 장세정, 「아나운서 7명은 MBC 12층 '외딴 골방'에 모여 있었다」, 『중앙일보』, 2019년 8월 6일, 26면.

44 장일호, 「MBC 12층에 이상한 방이 있다」, 『시사IN』, 2019년 7월 18일.

45 양성희, 「방송가의 '부역자들'」, 『중앙일보』, 2019년 7월 24일, 30면.

46 양성희, 「방송가의 '부역자들'」, 『중앙일보』, 2019년 7월 24일, 30면.

47 유덕기, 「"일 안 주고 따돌려" MBC 계약직 아나운서들, 진정서 제출」, 『SBS 뉴스』, 2019년 7월 17일.

48 강다은, 「MBC, 허가 없이 드론 띄워 조국 집회 불법 촬영」, 『조선일보』, 2019년 10월 1일, A14면; 박서연, 「촛불집회에 드론 띄운 MBC 문제없었나」, 『미디어오늘』, 2019년 10월 1일.

49 김도인, 「MBC는 어쩌다 이렇게 정파적인 방송이 되었나?」, 『펜앤드마이크』, 2022년 10월 28일.

50 권태호, 『공짜 뉴스는 없다: 디지털 뉴스 유료화, 어디까지 왔나?』(페이퍼로드, 2019), 98, 101쪽.

51 김도연, 「윤석열 검증 뉴스타파 보도 달라진 평가 왜?」, 『미디어오늘』, 2019년 9월 10일.

52 손석희, 『장면들: 손석희의 저널리즘 에세이』(창비, 2021), 272~278쪽.

53 최문선, 「'기레기' 없는 세상에 살고 싶다면」, 『한국일보』, 2019년 10월 3일.

54 김도인, 「MBC는 어쩌다 이렇게 정파적인 방송이 되었나?」, 『펜앤드마이크』, 2022년 10월 28일.

55 김경필, 「MBC 보도국장 "조국 지지 집회 딱 보니 100만 명"」, 『조선일보』, 2019년 10월 2일, A4면; 유성운, 「MBC 출신 여당 의원도 "MBC 촛불집회 방송 부적절하다" 지적」, 『중앙일보』, 2019년 10월 14일.

56 김희웅, 「'권력의 입'이 되다…"MBC 뉴스를 반성합니다"」, 『MBC 뉴스데스크』, 2017년 12월 27일; 선우정, 「자칭 '권력의 나팔수' MBC」, 『조선일보』, 2020년 7월 8일, A30면.

57 박성제, 『권력과 언론: 기레기 저널리즘의 시대』(창비, 2017), 294쪽.

58 신규진, 「"주진우 회당 출연료 600만 원… 사장 연봉 맞먹어"」, 『동아일보』, 2018년 9월 28일; 신동흔·구본우, 「親與 인사 2배 더 불러 '조국 방어' 총력…"뉴스공장 아닌 뉴스 공작"」, 『조선일보』, 2019년 10월 4일, A21면; 김순덕, 「'나꼼수'가 주름잡는 대한민국」, 『동아일보』, 2019년 10월 23일.

59 「[사설] '조국 블랙홀' 넘어, 더 커진 '촛불' 요구에 응답해야」, 『한겨레』, 2019년 10월 7일, 27면.

60 조국백서추진위원회, 『검찰개혁과 촛불시민: 조국 사태로 본 정치검찰과 언론』(오마이북, 2020), 239~242쪽.

61 김도인, 「MBC는 어쩌다 이렇게 정파적인 방송이 되었나?」, 『펜앤드마이크』, 2022년 10월 28일.

62 조광형, 「"서초동 촛불은 톱…개천절 집회는 17번째 뉴스라니": KBS공영노조·MBC노조…"지상파 뉴스, 광화문 집회 축소 보도" 개탄」, 『뉴데일리』, 2019년 10월 4일; 「[사설] 헬기까지 띄워 '조국 수호' 대대적 보도한 TV 방송들」, 『조선일보』, 2019년 10월 7일, A31면.

63 정세진 외, 「하나의 증언, 인식의 간극…유시민 vs KBS」, 『KBS 저널리즘 토크쇼J』, 2019년 10월 13일.

64 「[사설] 유시민 앞에 벌벌 떤 국가 공영방송, 이게 나라 맞나」, 『조선일보』, 2019년 10월 11일, A31면.

65 한현우, 「시청률 11→4%, 19→11%…정권 호위하는 공영방송 뉴스의 추락」, 『조선일보』, 2020년 1월 16일, A32면; 김도연, 「따뜻한 연대, '현대판 장발장'에 울컥한 이유」, 『미디어오늘』, 2019년 12월 14일.

66 「[사설] 탄핵에 이를 수도 있는 대형 사건을 외면하는 방송들」, 『조선일보』, 2019년 12월 20일, A39면.

67 에릭 호퍼(Eric Hoffer), 이민아 옮김, 『맹신자들: 대중운동의 본질에 관한 125가지 단상』(궁리, 1951/2011), 144~145쪽.

제2장

1 정철운, 「진중권 대 유시민, '기레기'로 시작해 '조국' 공방으로」, 『미디어오늘』, 2020년 1월 2일.

2 진중권, 「[진중권의 트루스 오디세이] 멀쩡했던 지식인 얼빠진 소리하는 이유는 '버티고' 현상 때문」, 『한국일보』, 2020년 1월 23일.

3   정철운, 「민주당은 MBC·한국당은 TV조선…모두에게 외면받은 방송은」, 『미디어오늘』, 2019년 11월 1일; 김도인, 「MBC는 어쩌다 이렇게 정파적인 방송이 되었나?」, 『펜앤드마이크』, 2022년 10월 28일.

4   진중권, 「[진중권의 트루스 오디세이] 멀쩡했던 지식인 얼빠진 소리하는 이유는 '버티고' 현상 때문」, 『한국일보』, 2020년 1월 23일.

5   정철운, 「"PD수첩에 성역은 없다" 한학수, 진중권 주장 반박」, 『미디어오늘』, 2020년 1월 30일.

6   김도연, 「박성제 새 MBC 사장 "신뢰도 1위 자신 있다"」, 『미디어오늘』, 2020년 2월 25일.

7   진중권, 「[진중권의 트루스 오디세이] 멀쩡했던 지식인 얼빠진 소리하는 이유는 '버티고' 현상 때문」, 『한국일보』, 2020년 1월 23일.

8   이민석·류재민, 「與도 문제없다던 윤석열 장모 사건, 검경 3곳서 재수사」, 『조선일보』, 2020년 3월 19일, A12면.

9   윤지원, 「채널A 기자 "유시민 비위 내놔라" 압박」, 『경향신문』, 2020년 4월 1일, 13면.

10 백지수, 「진중권 "MBC '윤석열 최측근' 보도, 프레임 걸고 세팅된 느낌"」, 『머니투데이』, 2020년 4월 1일.

11 이동재, 「[토로] '검언유착' 공작에 맞선 어느 기자의 2년여 소송기」, 『월간조선』, 2023년 4월호.

12 백지수, 「진중권 "MBC '윤석열 최측근' 보도, 프레임 걸고 세팅된 느낌"」, 『머니투데이』, 2020년 4월 1일; 김형원, 「진중권 "MBC는 사회적 흉기…툭하면 권력과 한 팀 돼"」, 『조선일보』, 2020년 4월 2일.

13 박태훈, 「최강욱 "MBC 보도 검언유착 빨대는 바로 그놈, 누군지 다 아는…"」, 『뉴스1』, 2020년 4월 1일; 박국희·이정구, 「장모 이어 측근…親조국 세력, 집요한 '윤석열 몰이'」, 『조선일보』, 2020년 4월 2일, A1면.

14 이동재, 「[토로] '검언유착' 공작에 맞선 어느 기자의 2년여 소송기」, 『월간조선』, 2023년 4월호.

15 박국희, 「[기자의 시각] 사기꾼 영웅 만든 뉴스타파」, 『조선일보』, 2020년 4월 10일, A30면.

16 박국희, 「[기자의 시각] 사기꾼 영웅 만든 뉴스타파」, 『조선일보』, 2020년 4월 10일, A30면.

17 박국희·류재민, 「친여 브로커 "윤석열 부숴봅시다"…9일 뒤 MBC '檢·言 유착' 보도」, 『조선일보』, 2020년 4월 3일; 박국희·표태준, 「황희석, 최강욱과 "둘이서 작전 늘어갑니다"」, 『소선일보』, 2020년 4월 3일; 김진선, 「'檢

言 유착' 보도한 MBC, 친여 브로커의 '프레임'에 속았나?」, 『파이낸스투데이』, 2020년 4월 3일; 김도인, 「MBC는 어쩌다 이렇게 정파적인 방송이 되었나?」, 『펜앤드마이크』, 2022년 10월 28일.

18 박국희·류재민, 「친여 브로커 "윤석열 부숴봅시다"…9일 뒤 MBC '檢·言 유착' 보도」, 『조선일보』, 2020년 4월 3일; 박국희·표태준, 「황희석, 최강욱과 "둘이서 작전 들어갑니다"」, 『조선일보』, 2020년 4월 3일; 김진선, 「'檢·言 유착' 보도한 MBC, 친여 브로커의 '프레임'에 속았나?」, 『파이낸스투데이』, 2020년 4월 3일; 김도인, 「MBC는 어쩌다 이렇게 정파적인 방송이 되었나?」, 『펜앤드마이크』, 2022년 10월 28일.

19 김도연, 「최강욱 의원의 "유시민에 돈 줬다 해라" 게시글 허위지만 무죄가 된 이유」, 『미디어오늘』, 2022년 10월 12일.

20 이동재, 「[토로] '검언유착' 공작에 맞선 어느 기자의 2년여 소송기」, 『월간조선』, 2023년 4월호.

21 허욱, 「KBS, 이동재 채널A 前 기자에 사과…허위 보도 3년 만에」, 『조선일보』, 2023년 4월 10일; 김도연, 「KBS 기자들이 이동재 전 채널A 기자에게 사과한 사연」, 『미디어오늘』, 2023년 4월 11일.

22 양은경, 「진중권 "사기꾼과 MBC의 콜라보…정경심 때랑 똑같다"」, 『조선일보』, 2020년 4월 3일; 조예리, 「진중권 "사기꾼 이철과 MBC의 콜라보…세상은 이렇게 만들어진다"」, 『서울경제』, 2020년 4월 3일.

23 김민우, 「진중권, MBC '檢·言 유착' 보도에 "윤석열 죽어야 文 정권 산다고 믿으니 필사적"」, 『조선일보』, 2020년 4월 4일; 김지성, 「진중권 "윤석열 죽어야 文 정권 산다고 믿으니 저리 필사적"」, 『머니투데이』, 2020년 4월 4일.

24 이동재, 「[토로] '검언유착' 공작에 맞선 어느 기자의 2년여 소송기」, 『월간조선』, 2023년 4월호.

25 이가영, 「"이철은 조희팔급 사기꾼"…VIK 피해자들, MBC에 사과 요구」, 『중앙일보』, 2020년 4월 6일; 박국희·표태준, 「VIK 피해자들 "MBC가 사기꾼의 대변인이냐"」, 『조선일보』, 2020년 4월 7일, A12면.

26 신동흔·표태준, 「"사실이 아니어도 좋다 운운…최강욱 주장은 엽기적 거짓"」, 『조선일보』, 2020년 4월 16일, A25면; 박사라, 「MBC 간부 "최강욱이 공개한 녹취록 요지, 원본과 달라"」, 『중앙일보』, 2020년 4월 16일, 14면.

27 김도인, 「MBC는 어쩌다 이렇게 정파적인 방송이 되었나?」, 『펜앤드마이크』, 2022년 10월 28일.

28 박국희·류재민, 「최경환 신라젠 65억 투자 보도…MBC 내부서도 "검증 없이 보도"」, 『조선일보』, 2020년 4월 3일, A12면.

29 박국희, 「MBC '검·언유착' 보도 그 후」, 『조선일보』, 2020년 4월 27일, A30면.

30 강광우·김수민·김민상, 「MBC는 빼고 채널A만 압수수색…"윤석열 황당해 했다"」, 『중앙일보』, 2020년 4월 29일, 10면.

31 허진무·윤지원, 「윤석열 "검·언유착 수사, 균형 있게 조사하라"」, 『경향신문』, 2020년 4월 29일; 김아사, 「윤석열, MBC 부실 영장 이성윤에 "균형 있게 조사하라"」, 『조선일보』, 2020년 4월 30일, A11면.

32 「[사설] MBC는 빼고 채널A만 압수수색, 법 집행인가 정치인가」, 『조선일보』, 2020년 4월 30일, A27면.

33 「[사설] 압수수색 자초한 채널A, 진실 밝히는 게 정도다」, 『한겨레』, 2020년 4월 30일, 23면.

34 김태규·임재우, 「윤석열 "균형 수사" 지시, '측근 검사장·채널A 유착 의혹' 물타기 노렸나」, 『한겨레』, 2020년 4월 30일; 박용현, 「[유레카] 채널A와 MBC, '거짓 등가성'의 오류」, 『한겨레』, 2020년 5월 7일, 22면.

35 김지경, 「"할머니와 소통 부족…의혹은 통합당과 보수 언론 모략"」, 『MBC 뉴스데스크』, 2020년 5월 12일; 손호영, 「윤미향 해명에 '판' 깔아준 親與 방송들…지상파도 합세」, 『조선일보』, 2020년 5월 20일, A18면.

36 박국희, 「'조작 비망록'의 황당한 부활」, 『조선일보』, 2020년 5월 23일, A26면; 손호영, 「'한명숙 판결' 뒤집으려는 여권…일주일 전부터 불 지핀 지상파들」, 『조선일보』, 2020년 5월 26일, A18면.

37 김혜인, 「손석춘 "정파적 저널리즘, 한겨레·경향·공영방송에 악영향": [80년 제작 거부 언론 투쟁 40년 기획 세미나] 상업성-정파성, 독자와 멀어지는 저널리즘」, 『미디어스』, 2020년 6월 11일.

38 정성택, 「손석춘 "공영 시사 프로, 친정부 편향 세력 영향권"」, 『동아일보』, 2020년 6월 11일.

39 박국희, 「채널A 기자 "권력·사기꾼·MBC 합작, 업그레이드된 김대업 사건"」, 『조선일보』, 2020년 7월 2일, A12면.

40 「[사설] 秋 장관 수사 지휘, '제2의 김대업 사건' 덮으려는 건가」, 『조선일보』, 2020년 7월 3일, A35면.

41 이정구, 「진중권 "검언유착 의혹? 사기꾼과 최강욱·황희석의 작전이다"」, 『조선일보』, 2020년 7월 5일.

42 김진원, 「[단독] '검언유착' 무리한 영장 청구 확인…올해 강요죄 구속 '1명'」, 『헤럴드경제』, 2020년 7월 1일.

43 박국희, 「"수사팀 다수가 채널A 기사 녕상 반대…이싱윤이 밀이붙었디"」, 『조

선일보』, 2020년 7월 27일, A4면.

44 이보배, 「채널A 기자 구속에 진중권 "영장판사 '검언 신뢰' 언급, 정치적"」, 『한국경제』, 2020년 7월 18일.

45 표태준, 「'한동훈 공모' 못 밝힌 검찰⋯판사는 무슨 증거로 이동재 구속?」, 『조선일보』, 2020년 8월 6일.

46 이민석, 「[단독] 이성윤, 한동훈 통화한 검사들까지 채널A 사건 엮으려 했다」, 『조선일보』, 2020년 12월 21일.

47 강영수, 「"언론 자유가 특권이냐"던 KBS, 오보 사과선 "불가피한 실수"」, 『조선일보』, 2020년 7월 20일.

48 이세영, 「진중권 "구라 친 KBS⋯이 X의 정권은 날조·공작 없이는 유지 안 되나"」, 『조선일보』, 2020년 7월 20일; 오진영, 「진중권 "이 정권은 허위, 날조, 왜곡, 공작 없이는 유지 안 되나"」, 『머니투데이』, 2020년 7월 20일.

49 「[사설] 정권과 친여 매체들의 '윤석열 죽이기' 공모가 '검·언유착'이다」, 『조선일보』, 2020년 7월 21일, A35면.

50 장구슬·나운채, 「'KBS 한동훈 오보 의혹' 신성식 검사장, 거짓 정보 제공 일부 시인」, 『중앙일보』, 2022년 10월 27일.

51 이민석, 「KBS 오보 다음 날, MBC가 또 보도⋯채널A 前 기자 측 "오늘 전문 공개"」, 『조선일보』, 2020년 7월 20일, A35면.

52 조예리, 「'한동훈 녹취록' 전문 공개되자 진중권 "무서운 인간들⋯공중파로 언론플레이"」, 『서울경제』, 2020년 7월 22일.

53 박국희·표태준, 「검찰, 이동재 기자 구속영장 내용 MBC에 유출 의혹」, 『조선일보』, 2020년 7월 22일, A10면.

54 「[사설] 국회서 '윤 총장 가족 자료' 본 秋, 또 다른 공작 시작되나」, 『조선일보』, 2020년 7월 22일, A35면.

55 김은빈, 「유시민 "윤석열 개입"에⋯진중권 "피해망상에 현실 짜맞추기"」, 『중앙일보』, 2020년 7월 24일; 박준규, 「"사악한 유시민, 아침부터 거짓말했다" 진중권 맹비난」, 『국민일보』, 2020년 7월 24일.

56 박국희, 「"수사팀 다수가 채널A 기자 영장 반대⋯이성윤이 밀어붙였다"」, 『조선일보』, 2020년 7월 27일; 박광준, 「"수사팀 다수가 채널A 기자 영장 반대⋯이성윤 밀어붙였다"⋯」, 『한길타임즈』, 2020년 7월 27일.

57 「[사설] 진짜 유착은 KBS와 '이성윤 검찰'의 소행 아닌가」, 『중앙일보』, 2020년 7월 28일, 30면.

58 표태준, 「'한동훈 공모' 못 밝힌 검찰⋯판사는 무슨 증거로 이동재 구속?」, 『조선일보』, 2020년 8월 6일; 박사라, 「[단독] 이동재 공소장 보니⋯'한동훈

공모' 억지로 밀어붙였다」,『중앙일보』, 2020년 8월 10일.

59 「[사설] 헛발질로 끝난 '검·언유착', 이제 정권·MBC의 '공작' 수사하라」,
    『조선일보』, 2020년 8월 6일, A31면.

60 이민석·류재민, 「"한상혁, 윤석열·한동훈 쫓아낸다 전화"」,『조선일보』,
    2020년 8월 7일, A1면; 「[사설] "방송위원장이 윤석열·한동훈 공격", 드러
    나는 정권·방송 공작」,『조선일보』, 2020년 8월 7일, A35면; 김민상·정유
    진·현일훈, 「"한상혁, 윤석열·한동훈은 꼭 쫓아내야 한다고 말했다"」,『중
    앙일보』, 2020년 8월 7일, 6면; 박사라·김수민·나운채, 「이성윤팀 내부서
    도 "MBC 권언유착 제대로 수사를" 보고서」,『중앙일보』, 2020년 8월 7일,
    6면; 「[사설] 검찰은 이제 '권·언유착'을 철저히 수사해야 한다」,『중앙일
    보』, 2020년 8월 7일, 30면; 정희완·박순봉, 「"방통위원장이 윤석열·한동
    훈 꼭 쫓아내야 한다고 말해"」,『경향신문』, 2020년 8월 7일, 9면; 임재우·
    김정필, 「한상혁 "MBC 보도 뒤 통화" 내역 공개…방송 사전 인지 부인」,『한
    겨레』, 2020년 8월 7일, 6면; 장세정, 「누가 검찰과 정치의 '야합'을 부추기
    나」,『중앙일보』, 2020년 8월 13일, 28면.

61 독자들이 헷갈릴까봐『조선일보』는 다음과 같은 용어 해설을 달았다. "검언
    유착: 이동재 전 채널A 기자가 한동훈 검사장과 공모, 수감 중인 이철(55)
    전 밸류인베스트먼트코리아(VIK) 대표에게 혹독한 추가 수사를 받을 것이라
    고 협박하며 유시민 노무현재단 이사장 등 여권 인사의 비리를 캐려고 했다
    는 주장." "권언유착: 열린민주당 최강욱 대표, 황희석 최고위원, 사기 전과
    자 지현진이 MBC와 협력, 이동재 전 기자를 유인 취재해 한동훈 검사장과
    유착된 것처럼 몰아갔고, 이를 통해 윤석열 검찰총장 사단을 찍어내려 했다
    는 주장." 이정구, 「중앙지검, 권언유착 수사하자는 내부 보고서 묵살」,『조선
    일보』, 2020년 8월 7일, A3면.

62 안영, 「"박원순 고소인, 피해자냐 피해 호소자냐" MBC 입사 시험 논란」,『조
    선일보』, 2020년 9월 14일, A10면.

63 정대연, 「MBC, '박원순 피해 호소인' 논술 시험 다시 치르기로」,『경향신문』,
    2020년 9월 14일.

64 이슬비, 「野 "공영방송, 親與 패널 내보내 뉴스 공작"」,『조선일보』, 2020년
    10월 8일, A1면.

65 김도인, 「MBC는 어쩌다 이렇게 정파적인 방송이 되었나?」,『펜앤드마이크』,
    2022년 10월 28일.

66 신동훈, 「MBC, 적폐라고 자른 계열사 사장들 물어줄 돈만 38억」,『조선일
    보』, 2020년 10월 19일.

제3장

1   김예리, 「박성제 MBC 사장 "부정확한 기사·이슈몰이 속 국민 불안 해소"」,
『미디어오늘』, 2021년 1월 4일.

2   박국희·김아사, 「채널A 사건 '검언유착' 몰다, 거꾸로 기소당해」, 『조선일
보』, 2021년 1월 28일, A10면.

3   최석진, 「이동재 전 기자, 최강욱 상대 5,000만 원 손배 청구…"지어냈는지
제보받았는지 밝혀라"」, 『아시아경제』, 2021년 1월 29일; 박국희, 「前 채
널A 기자 "최강욱, 5,000만 원 배상하라"」, 『조선일보』, 2021년 1월 30일,
A10면.

4   김재완, 「만기 하루 앞둔 보석에 이동재 측 "장기간 구속, 심히 유감"(종합)」,
『CBS노컷뉴스』, 2021년 2월 3일.

5   신동훈·정석우, 「KBS·MBC 정규 방송 끊고…정부 'LH 사과' 생중계」, 『조
선일보』, 2021년 3월 8일.

6   「[사설] LH 사건 '내 편끼리' 수사 이어 난데없는 생중계 쇼, 어김없는 前 정
부 탓」, 『조선일보』, 2021년 3월 9일.

7   금준경, 「"야당이 성범죄 프레임 씌워" 보도한 MBC에 '의견 제시'」, 『미디어
오늘』, 2021년 3월 19일.

8   박서연, 「이동재 전 채널A 기자 "200일 넘게 강력범과 수감…모든 걸 잃
어"」, 『미디어오늘』, 2021년 5월 14일.

9   정철운, 「박성제 MBC 사장 "적극적 공영방송" 주장」, 『미디어오늘』, 2021년
5월 14일. 이에 대해 MBC 제3노조는 5월 15일 '박성제는 나가라! 국민을
가르는 자 공영방송에서 나가라'라는 성명을 통해 박성제의 사실상 '보도 지
침' 발언을 규탄했다. 황기현, 「MBC 제3노조 "박성제 '3가지 보도지침' 공
인…'친민주당 방송' 국정조사 불가피"」, 『데일리안』, 2023년 2월 19일.

10 이는 2023년 5월 12일 법무부 장관 한동훈이 자신을 '퇴출 1순위 공직자'로
꼽은 참여연대를 향해 낸 입장문에서 한 말이다. 그는 "(문재인 정부) 5년 내
내 정권 요직에 들어갈 번호표 뽑고 순서 기다리다가, 정권 바뀌어 자기들 앞
에서 번호표 끊기자마자 다시 심판인 척하는 건 국민을 속이는 것"이라고 비
판했다. 박상수는 "한 장관이 말한 '번호표' 얘기가 너무나 정확하다고 생각한
다"고 했다. 김영훈, 「한동훈, '악연' 참여연대와 사흘째 입씨름…대응 방식 두
고 논란도」, 『한국일보』, 2023년 5월 12일; 이가영, 「참여연대 출신 변호사
"文 때 고관대작 배출하면 열렬한 환송회"」, 『조선일보』, 2023년 5월 15일.

11 권순완, 「한동훈 측 "참여연대, 책임 두려워 얄팍한 가정법…법적 조치 검

토」, 『조선일보』, 2021년 6월 10일; 남상욱, 「한동훈 "참여연대, 얄팍한 가정법으로 허위사실 유포" 법적 조치 검토」, 『한국일보』, 2021년 6월 10일.

12 「[사설] 시민단체에 설설 기는 정부와 기업」, 『조선일보』, 2017년 9월 8일.

13 박은주, 「서울대 위에 참여연대…지금 대한민국은 '만사참통'?」, 『조선일보』, 2018년 4월 21일.

14 김윤덕, 「'화천대유'란 불구덩이에 이 남자가 뛰어든 이유」, 『조선일보』, 2021년 10월 2일.

15 윤석만, 「"정부 감시 대신 정권 옹호" 86세대 성공 루트된 시민단체」, 『중앙일보』, 2020년 5월 26일, 6면. 이 시점에서 청와대 비서관급 이상 51명(국가안보실·경호처 제외) 중 시민단체 출신은 9명(실장 1·수석 3·비서관 5), 177명의 더불어민주당 소속 의원 중 시민단체 출신은 20명이었다. 이와 관련, 단국대학교 교수 가상준은 "권력을 감시해야 할 시민단체가 권력의 빈자리를 메우는 '파이프라인' 역할을 하고 있다"고 비판했다. 김효성, 「시민운동 하다 정·관계 발탁…NGO와 여권 '회전문 공생'」, 『중앙일보』, 2020년 6월 10일, 3면.

16 서종민, 「진중권 "시민단체, 여권에 붙어서 더 해먹고 있어"」, 『문화일보』, 2020년 6월 10일; 최연진, 「"진중권 참여연대는 불참연대…與에 붙어먹어"」, 『조선일보』, 2020년 6월 11일.

17 정성택, 「손석춘 "공영 시사 프로, 친정부 편향 세력 영향권"」, 『동아일보』, 2020년 6월 11일; 김정환, 「親與서도 경고음 "시민언론운동이 민주당 하위 조직 편입…"」, 『조선일보』, 2020년 6월 12일, A5면.

18 선정민, 「권력이 된 좌파 시민단체…野 비판 87% vs 與 비판 13%」, 『조선일보』, 2020년 6월 12일.

19 박승철·최현재, 「박원순 서울시, 시민단체에 5년간 7,000억 지원」, 『매일경제』, 2021년 4월 11일.

20 홍기빈, 「국무총리가 허락한 시민운동?」, 『경향신문』, 2021년 5월 29일.

21 채효정, 「기업이 되려는 NGO」, 『경향신문』, 2021년 5월 31일.

22 곽승한, 「한상진 "시민단체, 반대 의견 묵살하며 전체주의화…정치도 통제 못해"」, 『주간조선』, 2021년 9월 26일.

23 성지원, 「최장집 "촛불시위 뒤 팬덤 리더는 있어도 정당 리더 없다"」, 『중앙일보』, 2023년 4월 19일.

24 원선우, 「조국이 좌표 찍자…文 비판한 광주 자영업자 마녀사냥 당했다」, 『조선일보』, 2021년 6월 17일.

25 금준경, 「윤석열 장모 구속 보도, MBC와 TV조선 차이는 뚜렷했디」, 『미디어

오늘』, 2021년 7월 3일.

26 「본사 기자 취재 윤리 위반 확인…"사과드립니다"」, 『MBC 뉴스데스크』, 2021년 7월 9일; 김동현·유종헌, 「MBC 취재진, 경찰 사칭해 '윤석열 아내 논문' 취재 시도」, 『조선일보』, 2021년 7월 10일.

27 최나실, 「이동재 무죄 나왔지만…법원 "명백한 취재 윤리 위반" 질타」, 『한국일보』, 2021년 7월 16일.

28 김도연, 「'채널A 기자 무죄' 법원 "제보자 X, 유도 질문 던지고 메시지도 왜곡"」, 『미디어오늘』, 2021년 7월 17일; 권순완, 「"제보자 지현진, 채널A 기자·이철 사이 양쪽 메시지 왜곡 전달"」, 『조선일보』, 2021년 7월 19일; 김도연, 「'검언유착' 제보, '범죄 이력 공개' 조선·동아일보에 1억 청구」, 『미디어오늘』, 2023년 4월 19일.

29 박국희·이정구, 「"채널A 사건 검언유착 몰더니…'MBC·이성윤·秋' 권언유착 드러난 셈"」, 『조선일보』, 2021년 7월 17일.

30 안아람, 「무죄 받은 이동재 "누가 '검언유착 의혹' 기획했는지 밝혀야"」, 『한국일보』, 2021년 7월 16일.

31 「[사설] 채널A 사건 무죄판결, 정권의 조작 의혹 규명은 지금부터」, 『조선일보』, 2021년 7월 17일.

32 박성국, 「한동훈 검사장 "집권 세력과 일부 검찰 총동원된 유령 같은 거짓 선동"」, 『서울신문』, 2021년 7월 16일; 양은경, 「이동재 "사건 누가 기획했는지 수사해야"…한동훈 "거짓 선동·공작 책임 꼭 묻겠다"」, 『조선일보』, 2021년 7월 17일.

33 윤주현, 「한동훈 "민언련, 권력과 '연합'만 있어" 진중권 "민언련 해체해야"」, 『조선일보』, 2021년 7월 17일; 김능현, 「진중권 "민언련은 사회적 흉기…스스로 해체해야"」, 『서울경제』, 2021년 7월 17일.

34 박국희·이정구, 「"검·언유착 보도 이어간다"던 MBC, 이제와 "검·언유착 이름표 안 붙였다"」, 『조선일보』, 2021년 7월 19일.

35 이어 『기자협회보』는 다음과 같이 말했다. "이 전 기자의 강요 미수 혐의에 대해 무죄판결이 내려졌다고 해도 그의 상식 밖 취재 행위가 면죄부를 받는 것은 아니다. 법원은 이 전 기자에게 무죄를 선고하면서도 '명백한 취재 윤리 위반'이라는 점을 강조하고 '비난받아 마땅하다'고 질책했다. 언론의 신뢰 회복은 엄격한 취재 윤리 준수가 바탕이 된다는 점은 더이상 강조할 필요가 없다." 「'검언유착 의혹' 판결 MBC 보도 유감: [우리의 주장] 편집위원회」, 『기자협회보』, 2021년 7월 20일.

36 박서연, 「채널A "MBC 검언유착 보도 '이달의 기자상' 재심사 요청"」, 『미디

어오늘』, 2021년 7월 23일; 강아영, 「기자상 심사위원회 '채널A 검언유착 의혹' 보도 재심사 진행: 전임 심사위원장, 상 수여 경위 등 의견서 형식으로 전달키로」, 『기자협회보』, 2021년 7월 30일; 강아영, 「기자상 심사위 '채널A 검언유착 의혹' 보도 재심 진행 않기로: "기존 수상작 재심사 권한, 심사위에 없다"」, 『기자협회보』, 2021년 8월 24일.

37 윤주헌, 「한동훈, '권언유착' 부인하는 MBC에 "국민들의 기억력 어떻게 보고 이러나"」, 『조선일보』, 2021년 7월 17일; 한영혜, 「한동훈, MBC에 "국민들 기억력 어떻게 보고 이러는지 황당"」, 『중앙일보』, 2021년 7월 18일.

38 김도연, 「"'검언유착 의혹'이라고 했지 '검언유착'이라고 안 했다"」, 『미디어오늘』, 2021년 7월 19일.

39 표태준, 「與 비밀번호 공개 요구에 한동훈 "별건 수사 꼬투리 찾겠다는 의도"」, 『조선일보』, 2021년 7월 19일; 신혜연, 「한동훈, 추미애 저격…"증거 차고 넘친다더니 비번 타령만"」, 『중앙일보』, 2021년 7월 19일.

40 「[사설] '검언유착' 무죄, 이제 의혹 제기자가 답하라」, 『중앙일보』, 2021년 7월 19일.

41 김수민, 「이동재 "나와 털끝만 닿아도 검언유착…檢, 매일 한동훈만 캤다"」, 『중앙일보』, 2021년 7월 19일.

42 황재하, 「이동재 "최강욱 글에 '인격 살인' 당해…엄벌해달라"」, 『연합뉴스』, 2021년 7월 23일.

43 박국희, 「채널A 이동재, 최강욱에 손배액 4배 올려 2억 소송 제기」, 『조선일보』, 2021년 7월 26일; 홍수민, 「채널A 이동재, 최강욱에 손배액 4배 올려 2억 소송 제기」, 『중앙일보』, 2021년 7월 26일.

44 김은중, 「흥분한 김어준, 김경수 재판부에 "개놈XX들 열 받네"」, 『조선일보』, 2021년 7월 25일; 김소정, 「김경진, 방송서 김어준 비판하자…주진우 "여기까지 들을까요?"」, 『조선일보』, 2021년 7월 26일; 권남영, 「"개놈XX들 열받네" 김어준, 김경수 재판부 원색 비난」, 『국민일보』, 2021년 7월 26일.

45 노지민, 「MBC 구성원 "김경수 재판 보도, 시청자에 대한 모독"」, 『미디어오늘』, 2021년 8월 17일.

46 전국언론노동조합 KBS본부장 유재우도 "공영방송에 대한 반감과 실망감을 윤 후보가 대변하고 각성을 촉구하는 것은 좋지만, 대선 유력 후보라면 문제에 대한 해결책을 내놓아야지 '공영방송 폐지'와 같은 감정적인 주장을 하는 건 책임 있는 답변이 아니다"라며 "민영화가 공영방송의 대안일 수도 없다"고 비판했다. 조현호, 「KBS·MBC 노조위원장 "윤석열, 무지와 편견에 무책임"」, 『미디어오늘』, 2021년 12월 16일.

47 정철운, 「언론노조 위원장 "국민의힘은 방송 장악 전과 집단"」, 『미디어오늘』, 2022년 7월 15일; 조현호, 「권성동 "우리 언론 자유 지킨 정당, 언론 장악 안 해" MB-朴 때 방송 장악은?」, 『미디어오늘』, 2022년 7월 17일.

제4장

1   노지민, 「박성제 MBC 사장 "외풍에 흔들리지 않는 지배구조 만들어야"」, 『미디어오늘』, 2022년 1월 3일.
2   박순종, 「20대 대선 불공정 보도 국민 감시단, "금주 최악의 진행자로 김종배 씨 선정"」, 『펜앤드마이크』, 2022년 1월 12일.
3   조준혁, 「국민의힘, '김건희 녹취' MBC·'돌발영상' YTN에 "괴벨스 본능" 공세」, 『미디어오늘』, 2022년 1월 13일.
4   김가연, 「진중권 "김건희 통화 공개? 이재명 욕설도 틀어라"」, 『조선일보』, 2022년 1월 15일.
5   이가영, 「김건희 통화 공개 '스트레이트' 자체 최고 시청률…게시판엔 "알맹이 없다"」, 『조선일보』, 2022년 1월 17일; 강애란, 「'김건희 통화' 공개 MBC '스트레이트' 시청률 17.2%…자체 최고」, 『연합뉴스』, 2022년 1월 17일.
6   박서연, 「MBC 내부 "김건희 7시간 통화 보도 아쉬움 남아"」, 『미디어오늘』, 2022년 3월 13일.
7   박국희, 「최경환 前 부총리, 법원에 "오보 MBC 기자들 기소해달라"」, 『조선일보』, 2021년 8월 6일; 이성웅, 「최경환 "신라젠 보도 MBC 기자도 기소해달라" 법원에 재정신청」, 『이데일리』, 2021년 8월 6일.
8   김도연, 「최경환에 승소했지만 法 "MBC 보도, 진위 조사 없이 경솔"」, 『미디어오늘』, 2022년 4월 26일.
9   김도인, 「MBC는 어쩌다 이렇게 정파적인 방송이 되었나?」, 『펜앤드마이크』, 2022년 10월 28일.
10 김용욱, 「[영상] 박성중 "MBC 배달 대행 서비스업체로 전락" 맹비난」, 『미디어오늘』, 2022년 1월 25일.
11 김도연, 「'김혜경 심부름' 폭로…SBS·TV조선·채널A 보도 주목」, 『미디어오늘』, 2022년 2월 2일.
12 김하나, 「[미디어 브리핑] MBC 제3노조 "'의전 논란'이 무슨 말? 해괴하다"」, 『데일리안』, 2022년 2월 4일. 2월 3일 공정 방송과 미래비전 회복을 위한 직원연대(KBS 직원연대)는 '여당의 선거 캠프로 전락한 공영방송사들'이라

는 제목의 성명서를 통해 "KBS, MBC, YTN, TBS 등 5개 공영방송이 (김혜경 의혹) 관련 기사를 축소 보도하거나 누락했다"며 "지금과 같은 방관적인 자세는 직무유기를 넘어 사실상 여당의 선거운동원 역할을 하고 있다는 국민적 비판에 직면할 것"이라고 비판했다. 김하나, 「[미디어 브리핑] KBS 직원연대 "공영방송사들, 여당 선거 캠프로 전략"」, 『데일리안』, 2022년 2월 3일.

13   김효숙, 「[미디어 브리핑] MBC 제3노조 "보도국 수뇌부는 이재명 부부 대변인인가"」, 『데일리안』, 2022년 2월 11일.

14   김명일, 「"李 청중 많아 보이게 보도, 독재국가냐" MBC 제3노조 반발」, 『조선일보』, 2022년 3월 2일; 나예은, 「청중 없는 윤석열 유세?…MBC 노조 "李만 청중 보이게 보도, 독재국가냐"」, 『아시아경제』, 2022년 3월 2일.

15   배주환, 「윤-안, 단일화 선언…"자리 나눠 먹기 야합"」, 『MBC뉴스』, 2022년 3월 3일; 김명일, 「"尹·安 단일화에 '야합' 제목, 언론 맞나" MBC 3노조 또 반발」, 『조선일보』, 2022년 3월 4일.

16   박태훈, 「與, 김만배 녹취록에 "선거 끝났다" 환호…野 "지고 있냐? 쉰내 나는 뻘소리를"」, 『뉴스1』, 2022년 3월 7일.

17   김소정, 「원희룡 예상대로 '김만배 녹취록' 언급한 김어준…심각한 표정으로 한 말」, 『조선일보』, 2022년 3월 7일; 정은나리, 「"친여 라디오서 떠들 것" 원희룡 예상대로…김어준 "尹, 정말 모르나" 김만배 녹취 언급」, 『세계일보』, 2022년 3월 7일.

18   고석현, 「진중권 "김만배 녹취 공개는 '쉰 떡밥'…선거 3일 앞두고 공작"」, 『중앙일보』, 2022년 3월 8일.

19   최훈민, 「[단독] '김만배 녹음' 속 대화자, 뉴스타파 돈 받는 용역직이었다」, 『조선일보』, 2022년 3월 7일. 이 사건과도 관련된 '김만배 공작'에 대해선 최우석, 「야권의 尹 대장동 몸통 근거 '윤석열 커피'는 김만배 공작」, 『월간조선』, 2023년 1월호 참고할 것.

20   이학수, 「"이재명은 난 놈이야. 욕 많이 했지"…공익 환수 비난한 김만배」, 『MBC 뉴스데스크』, 2022년 3월 7일; 신동흔, 「"정권은 바뀌어도 방송은 안 바뀔 것"」, 『조선일보』, 2022년 3월 15일.

21   정철운, 「"인수위에서 언론사 간담회? 전두환밖에 없었다"」, 『미디어오늘』, 2022년 3월 25일.

22   정철운, 「KBS·MBC 구성원들 "공영방송 암흑사 마침표 찍자"」, 『미디어오늘』, 2022년 4월 28일.

23   최혜정 외, 「문 대통령, 방송법 수정 언급…보수 야당 "언론 장악 의도"」, 『한겨레』, 2017년 8월 25일; 나혜윤·강수희, 「민주당, 文 대통령 힌미디어에 '방

송법 개정안' 뜯어고치기로」, 『뷰스앤뉴스』, 2017년 8월 25일; 김도연, 「방송 개혁 의지 강한 文 '방송법 개정안 재검토 지시'」, 『미디어오늘』, 2017년 8월 25일.

24 정철운, 「"공영방송 정치적 후견주의, 우리가 집권당일 때 끊어야 한다"」, 『미디어오늘』, 2020년 11월 29일.

25 이한기, 「백낙청 "윤석열 '탄핵 요구'보다 '퇴진 권고'가 합리적"」, 『오마이뉴스』, 2022년 10월 11일.

26 김하나, 「[미디어 브리핑] MBC 제3노조 "박성제 고소…민노총 아니면 업무 배제·사회적 살인"」, 『데일리안』, 2022년 6월 26일.

27 이가영, 「공영방송 유튜브 맞아? MBC 섬네일에 "김건희 또 사고 쳤다"」, 『조선일보』, 2022년 7월 8일; 이예솔, 「"김건희 또 사고 쳤다" MBC 유튜브 섬네일, 인권위로」, 『국민일보』, 2022년 7월 11일.

28 노지민, 「대통령실 '명백한 허위, 악의적 프레임'에 MBC 입장 들어보니」, 『미디어오늘』, 2022년 7월 9일.

29 주형식, 「권성동 "민노총 산하 언론노조가 KBS·MBC 방송 모두 좌지우지"」, 『미디어오늘』, 2022년 7월 15일.

30 장슬기, 「권성동 "KBS·MBC 언론노조에 장악" 최경영 "양심의 자유 반하는 발언"」, 『미디어오늘』, 2022년 7월 14일; 주형식, 「권성동 "민노총 산하 언론노조가 KBS·MBC 방송 모두 좌지우지"」, 『미디어오늘』, 2022년 7월 15일.

31 정철운, 「언론노조 위원장 "국민의힘은 방송 장악 전과 집단"」, 『미디어오늘』, 2022년 7월 15일.

32 조현호, 「권성동 "우린 언론 자유 지킨 정당, 언론 장악 안 해" MB-朴 때 방송 장악은?」, 『미디어오늘』, 2022년 7월 17일.

33 장슬기, 「보수 시민단체, 언론 장악 발언 권성동 고소 언론노조에 공개 토론 제안」, 『미디어오늘』, 2022년 7월 18일.

34 한영혜, 「조해진 "민주, 이보다 완벽한 방송 장악 어디 있나…적반하장"」, 『중앙일보』, 2022년 7월 19일.

35 조의준, 「언론사 중도보수 노조 "KBS·MBC·연합뉴스·YTN 사장 퇴진하라"」, 『조선일보』, 2022년 7월 21일; 이수일, 「[미디어 브리핑] 공영언론 노조 "아직도 친문 사장이 인사 좌지우지"」, 『데일리안』, 2022년 7월 20일.

36 조현호, 「MBC 이재명 백현동 감사 결과 뉴스데스크 보도 안 한 이유」, 『미디어오늘』, 2022년 7월 23일.

37 김영일, 「'이재명 수사' 관련 보도 외면하는 MBC…제3노조 "보도국장, 李 비호하나?"」, 『더퍼블릭』, 2022년 7월 25일; 김하나, 「[미디어 브리핑] MBC 제

3노조 "MBC만 이재명 책임 아니라는 듯이 보도"」, 『데일리안』, 2022년 7월 26일.

38 조광형, 「"'민주 편향' KBS 만든 민주당…야당 신세 되자 '지배구조 개혁' 운운"」, 『뉴데일리』, 2022년 7월 27일.

39 김도인, 「MBC는 어쩌다 이렇게 정파적인 방송이 되었나?」, 『펜앤드마이크』, 2022년 10월 28일.

40 강아영, 「"MBC 뉴스 공정·신뢰, 다양성·시청률은 아쉬워": 경영평가단, '2021년도 문화방송 경영 평가 보고서'에서 밝혀」, 『한국기자협회』, 2022년 8월 9일.

41 김도인, 「MBC는 어쩌다 이렇게 정파적인 방송이 되었나?」, 『펜앤드마이크』, 2022년 10월 28일.

42 강준만, 「왜 멀쩡한 사람도 예비군복을 입으면 태도가 불량해지는가?: 몰개성화」, 『생각과 착각: 세상을 꿰뚫는 50가지 이론 5』(인물과사상사, 2016), 217~223쪽 참고.

43 황형준, 「멀쩡한 사람도 예비군복만 입으면…」, 『동아일보』, 2015년 6월 18일.

44 김수아, 「'이대남'과 반페미니즘 담론: '메갈 손가락 기호' 논란을 중심으로」, 『여성문학연구』, 53호(2021년 8월), 443~475쪽.

제5장

1 조현호·노지민, 「윤석열 대통령, 미 의회에 "이 XX들이…쪽팔려서" 발언 파문」, 『미디어오늘』, 2022년 9월 22일.

2 강아영, 「대통령 비속어 발언 보도 MBC "정치권 '좌표 찍기' 비난 유감"」, 『기자협회보』, 2022년 9월 23일.

3 김동하·주희연, 「'날리면' 해명에…野 "우리가 XX냐" 與 "자해 외교 말라"」, 『조선일보』, 2022년 9월 24일.

4 한기호, 「나경원 "뇌송송 구멍탁에 尹 발언 왜곡 MBC가 국가 망신…보수 지리멸렬 걱정된다"」, 『디지털타임스』, 2022년 9월 25일.

5 김세희, 「권성동, 윤석열 대통령 '이 XX' 발언 최초 보도한 MBC 향해 "신속한 조작"」, 『디지털타임스』, 2022년 9월 25일; 송혜수, 「尹 '이 XX' 보도한 MBC에…권성동 "좌파 언론, 정치 삐라 수준"」, 『이데일리』, 2022년 9월 25일.

6 한영혜, 「하태경 "MBC는 팩트체크 불량, 대통령실은 'XX' 대응 부실"」, 『중앙일보』, 2022년 9월 27일.

7   장상진, 「美 정부에 'Biden, damn' 쓴 외신 보낸 MBC…권성동 "자해 공갈"」, 『조선일보』, 2022년 9월 27일; 박기범, 「권성동 "MBC, 조작 기사 백악관에 보내 논평 구해…메일 공개해야"」, 『뉴스1』, 2022년 9월 27일.

8   신동흔, 「MBC가 만들어낸 이상한 나라」, 『조선일보』, 2022년 9월 28일.

9   박지현, 「"공들여 쌓은 금자탑 무너뜨린 MBC, 탈레반과 다름없어": 인터뷰 김영일 전 강릉 MBC 사장」, 『월간조선』, 2023년 1월호.

10   오병상, 「여권의 MBC 책임론, 그 뿌리는 '광우병 파동'」, 『중앙일보』, 2022년 9월 29일.

11   전영기, 「MBC가 대통령의 욕설을 보도하는 방식」, 『시사저널』, 2022년 9월 30일.

12   정민진, 「MBC 앵커 출신 신경민 "자막 논란 MBC 기자의 과잉 친절 잘못"」, 『조선일보』, 2022년 9월 30일.

13   이상철, 「대통령은 대통령다운 말 쓰고 MBC는 정파성에서 벗어나라」, 『시사저널』, 2022년 10월 1일.

14   정민경, 「MBC '"비속어 발언' 비판 빠져나가려고 희생양 삼아 탄압"」, 『미디어오늘』, 2022년 9월 26일.

15   김경희, 「국힘 "MBC, 김건희 방송 '자막 조작'보다 더해…막 가자는 것"」, 『중앙일보』, 2022년 10월 12일; 한지혜, 「'재연' 표기 없이 김건희 똑 닮은 女 등장…MBC 'PD수첩' 파문」, 『중앙일보』, 2022년 10월 12일; 김민서, 「與 "김건희 대역 미고지, 의도된 조작…MBC 사장 사퇴해야"」, 『조선일보』, 2022년 10월 13일.

16   장상진·최혜승, 「PD수첩, '논문 저자 김건희 편'에서 대학원 관계자 무더기 대역 쓰고 고지 안 했다」, 『조선일보』, 2022년 10월 14일.

17   김소정, 「PD수첩 자막엔 '김건희 제보자'…실제론 대역 쓰고 모자이크 처리했다」, 『조선일보』, 2022년 10월 14일; 신동흔, 「PD수첩, 국민대 '실루엣 제보자'도 대역이었다」, 『조선일보』, 2022년 10월 15일.

18   이기홍, 「상상초월 MBC」, 『동아일보』, 2022년 11월 25일.

19   조광형, 「"윤석열 퇴진" 76초, "이재명 구속" 8초…MBC, 또 편파 보도 논란」, 『뉴데일리』, 2022년 10월 24일.

20   최혜승, 「MBC 노조 "김의겸 제기 의혹에 뉴스데스크 침묵…민주당 똥볼은 안 다루고 싶나"」, 『조선일보』, 2022년 10월 27일; 홍민성, 「MBC 노조 "뉴스데스크, 김의겸 '술자리 의혹' 제기 이틀 연속 외면"」, 『한국경제』, 2022년 10월 27일.

21   조광형, 「"종이 명패와 전화기 하나 달랑"…"MBC 파업 불참 대가는 혹독했

다"」, 『뉴데일리』, 2022년 10월 27일; 인세영, 「[MBC노조 성명] "특별 근로 감독으로 기나긴 차별과 인권유린을 끝장내길 바란다!"」, 『파이낸스투데이』, 2022년 10월 28일.

22 김도인, 「MBC는 어쩌다 이렇게 정파적인 방송이 되었나?」, 『펜앤드마이크』, 2022년 10월 28일.

23 장상진, 「참사 하루도 안 지나서…PD수첩 "이태원 사고, 당국 문제점 제보받아요"」, 『조선일보』, 2022년 10월 30일; 나성원, 「PD수첩 "당국 사전 대응 문제점 제보 달라"…논란 일자 수정」, 『국민일보』, 2022년 10월 30일.

24 조광형, 「참사로 이어진 '이태원 구름 인파'…MBC 뉴스도 한몫했나?」, 『뉴데일리』, 2022년 10월 31일.

25 정대연·유정인, 「"MBC, 외교 관련 왜곡 보도 반복"…전용기 탑승 불허한 대통령실」, 『경향신문』, 2022년 11월 9일; 김동하, 「尹, MBC 전용기 배제에 "해외 순방에 중요 국익 걸려 있다"」, 『조선일보』, 2022년 11월 10일.

26 정철운, 「'MBC 전용기 탑승=국익 훼손?' MBC 기자들 "대통령실 주장 궁색"」, 『미디어오늘』, 2022년 11월 10일.

27 김하나, 「[미디어 브리핑] MBC 제3노조 "특정 정당의 선전 도구 MBC, 이 오명부터 벗어라"」, 『데일리안』, 2022년 11월 10일.

28 김명일, 「MBC 3노조 "전용기 배제 기사로 도배, 공영방송이 사유재산인가"」, 『조선일보』, 2022년 11월 11일; 이한솔, 「MBC 뉴스데스크, 1시간 방송 절반을 '전용기 배제'로 도배」, 『자유일보』, 2022년 11월 13일.

29 양다훈, 「진중권 "대통령실, 졸지에 MBC를 '언론 자유 투사'로 만들어주고 앉아 있다"」, 『세계일보』, 2022년 11월 10일; 김명진, 「진중권 "대통령실, 졸지에 MBC를 언론 자유 투사로 만들어"」, 『조선일보』, 2022년 11월 10일.

30 「[사설] 대통령실의 감정적이고 단선적인 MBC 대응」, 『조선일보』, 2022년 11월 11일.

31 「[뉴스앤이슈] 尹, 오늘부터 엿새간 첫 동남아 순방…MBC는 민항기로 이동」, 『YTN 뉴스N이슈』, 2022년 11월 11일.

32 강은영, 「김기현 "MBC가 내 방송 출연 일방 취소…방송 폭력이자 갑질"」, 『한국일보』, 2022년 11월 15일. MBC 제3노조는 15일 성명을 통해 "여당 정치인의 발언이 MBC에 비판적이었다는 이유로 출연을 배제시키고 그 발언권을 봉쇄하는 것은 여당을 지지하는 절반가량의 국민의 알 권리와 담론 참여의 기회를 봉쇄하는 것"이라며 "MBC는 독재자처럼 대담 프로그램에 특정 출연자를 배제하고 블랙리스트화하는 일을 당장 중단하라"고 촉구했다. 김하나, 「[미디어 브리핑] MBC 제3노소 "김기현 출연 취소? 블랙리스트 중단하

라」,『데일리안』, 2022년 11월 16일.

33 김갑식, 「'尹 전용기 추락 기원' 천주교 신부 직무 정지 처분」,『동아일보』,
    2022년 11월 16일.

34 박태근, 「"전용기 추락하길"…尹 겨냥 글 올린 신부 논란」,『동아일보』, 2022년
    11월 14일.

35 정철운, 「"지금 군사정권이에요?" 대통령실-MBC 기자 설전의 전말」,『미디
    어오늘』, 2022년 11월 18일; 김소정, 「개딸들, MBC 기자에 "참언론인"…구
    독자 수 2,800명서 4만 명으로」,『조선일보』, 2022년 11월 21일.

36 이재명, 「윤 대통령 출근길, MBC 기자 질문에 대한 이재명 부대변인 브리
    핑」,『대한민국 대통령실』, 2022년 11월 18일.

37 박태훈, 「김종혁 "MBC 기자, 대통령 말하는데 팔짱 끼고 슬리퍼?…총회꾼,
    깡패냐"」,『뉴스1』, 2022년 11월 19일.

38 최민우, 「MBC와 이재명의 '탄압 코스프레'」,『중앙일보』, 2022년 11월 22일.

39 최경영, 「[최강시사] 성일종 "MBC 기자, 난동 수준…가짜뉴스 사과했나?"」,
    『KBS 최강시사』, 2022년 11월 21일; 김명진, 「與 성일종 "MBC 기자 질의,
    감정 배 있어…난동 수준"」,『조선일보』, 2022년 11월 21일.

40 권준영, 「김종혁, MBC 맹폭…"'어디 감히 우리를?' 왜곡된 우월감 짙게 배어
    나"」,『디지털타임스』, 2022년 11월 21일.

41 김소정, 「개딸들, MBC 기자에 "참언론인"…구독자 수 2,800명서 4만 명으
    로」,『조선일보』, 2022년 11월 21일.

42 장슬기, 「장경태 "천공 '출근길 문답하면 안 돼' 방영되자 중단, 갈수록 가
    관"」,『미디어오늘』, 2022년 11월 21일; 정철운, 「대통령실, MBC '천공은
    누구인가' 방송 불편했나」,『미디어오늘』, 2022년 11월 21일.

43 https://n.news.naver.com/mnews/article/comment/214/
    0001236336?sid=102

44 박태훈, 「조경태 "MBC, 월드컵서 우리 팀 반칙했다고 고자질한 셈…백악관
    에 이메일을"」,『뉴스1』, 2022년 11월 24일.

45 김현기, 「두 후보는 변할까, 안 변할까」,『중앙일보』, 2021년 7월 8일; 김도
    연, 「"TV조선 폐간" "SBS 없앤다" 여야 후보들의 위험한 언론관」,『미디어오
    늘』, 2021년 9월 12일; 「이재명 경기도지사 당선 확실 후 인터뷰 논란」,『나
    무위키』.

46 김하나, 「[미디어 브리핑] MBC 제3노조 "尹 대통령에 분노, 이재명에 구걸
    MBC"」,『데일리안』, 2022년 11월 25일; 권준영, 「MBC '편파 보도' 꼬집은
    제3노조, 이재명 '인터뷰 커트' 논란 재소환」,『디지털타임스』, 2022년 11월

24일.

47 이기홍, 「상상초월 MBC」, 『동아일보』, 2022년 11월 25일.

48 정철운, 「윤석열 정부 출범 이후 6개월 MBC 시청률 상승세 심상찮다」, 『미디어오늘』, 2022년 11월 28일.

49 이상언, 「허무한 훈장 달아주기」, 『중앙일보』, 2022년 12월 1일.

50 정철운, 「MBC 사장 "언론 자유 우리 사명 흔들려고 하지만 걱정할 필요없다"」, 『미디어오늘』, 2022년 12월 1일.

51 조광형, 「'슬리퍼 신고 고성' MBC 기자, '타의 모범됐다'며 우수상 받아」, 『뉴데일리』, 2022년 12월 2일.

52 정철운, 「언론노조 위원장 "언론노조와 '유착' '내통' 국힘 의원부터 정리" 직격」, 『미디어오늘』, 2022년 12월 5일.

53 조현호, 「윤창현 "법 안 바꾸면 김장겸·김재철·고대영 돌아와…이걸 원하나"」, 『미디어오늘』, 2022년 12월 5일.

54 김태훈, 「나를 바꾸는 것이 진짜 개혁이다」, 『조선일보』, 2022년 12월 7일.

55 김용욱, 「[영상] 박성중, 방송 직능단체에 "민주당과 한통속 방송법 설계…정필모 비례 추천도"」, 『미디어오늘』, 2022년 12월 9일.

56 장슬기, 「YTN, 윤석열 대통령 리허설 '돌발영상'에 사내 징계 추진」, 『미디어오늘』, 2022년 12월 19일.

57 조광형, 「"YTN, '풀 영상' 악의적 편집·방영…MBC와 같은 길 가려 하나?"」, 『뉴데일리』, 2022년 12월 19일; 김영일, 「MBC에 이어 YTN도 민주당과 짜고 친 의혹?…제3노조 "뭐지? 이 기시감은?"」, 『더퍼블릭』, 2022년 12월 19일; 김하나, 「[미디어 브리핑] MBC 제3노조 "민주당과 유착 MBC·YTN 정치팀, 소수노조 기자로 바꿔야"」, 『데일리안』, 2022년 12월 20일.

58 김용욱, 「[영상] 박성중 "YTN 돌발영상 언론 범죄 자행, 연루 간부 색출해야"」, 『미디어오늘』, 2022년 12월 20일.

59 허욱, 「법원 "최강욱, 페북에 허위글 정정문 게시하라"」, 『조선일보』, 2022년 12월 23일; 윤수현, 「이동재 전 채널A 기자, 최강욱 의원 상대 민사소송서 일부 승소」, 『미디어오늘』, 2022년 12월 23일.

60 권준영, 「채널A 사건 '제보자 X' 폭탄 발언 "尹 5년, 50년 같을 듯…끌어내려서 끝장내자"」, 『디지털타임스』, 2022년 12월 25일.

61 김명진, 「'제보자 X', '더탐사 영장 청구 검사' 가족사진 퍼뜨렸다」, 『조선일보』, 2022년 12월 26일; 권준영, 「'제보자 X', 또 폭탄 발언 "尹 퇴진·김건희 구속 그날까지"…이낙연엔 "호남 최악 정치인"」, 『디지털타임스』, 2022년 12월 26일.

62 김예리, 「YTN, 돌발영상 제작진 경고·주의 조치에 보도제작국장 교체까지」, 『미디어오늘』, 2022년 12월 29일.

63 황기현, 「[미디어 브리핑] YTN 방송노조 "돌발영상 사태, 호들갑 떨더니 결국 솜방망이 처벌"」, 『데일리안』, 2022년 12월 29일.

64 김명일, 「"보수 쪽에 편향적이다"…YTN 라디오 상무, 진행자에 음주 폭언」, 『조선일보』, 2023년 3월 2일; 한기호, 「"YTN 라디오 상무 낮술 폭언, 프로그램 진행자 떠나"…與 "민노총 나팔수, 사장 책임"」, 『디지털타임스』, 2023년 3월 2일.

제6장

1 정대연·조문희, 「'자유 축소' 응답한 국민 중 71% "언론 분야, 가장 위축"」, 『경향신문』, 2023년 1월 2일.

2 박성제, 「"오직 국민만 바라보고 당당히 걸어갑시다": [2023 신년사] 박성제 MBC 대표이사·사장」, 『한국기자협회』, 2023년 1월 2일.

3 김아진, 「"제2, 제3의 김어준, 우후죽순 생겨…정치가 장외에 끌려다니는 상황": [김아진이 만난 사람] '이주의 전망' 정세 보고서 8년간 낸 윤태곤 더모아 정치분석실장」, 『조선일보』, 2022년 11월 28일.

4 박지혜, 「한동훈 "첼로 나오는 술집이 어딘지"…'쥴리' 언급하며 격앙」, 『이데일리』, 2022년 10월 25일.

5 하수영, 「"장관직 건다"는 한동훈에…김의겸 "국감장 도박판 만들었다"」, 『중앙일보』, 2022년 10월 25일.

6 이보희, 「"한동훈, 이재정 쫓아가 엘리베이터 앞 악수?"…당시 영상 보니」, 『서울신문』, 2022년 9월 17일; 이가영, 「"한동훈이 野 이재정 쫓아가 악수?"…김의겸 주장 확인해보니」, 『조선일보』, 2022년 9월 17일.

7 구자창, 「진중권 "한동훈, 콜라만 마셔…김의겸 '자살골' 그만"」, 『국민일보』, 2022년 10월 26일.

8 장상진·오경묵, 「'청담동 가짜뉴스' 협업 뒤…김의겸·더탐사, 후원금 잭팟 터졌다」, 『조선일보』, 2022년 12월 10일.

9 김명일, 「더탐사, 청담 술자리 가짜뉴스로 수퍼챗 1위…한 달에 7000만 원 벌어」, 『조선일보』, 2023년 1월 5일.

10 유재인, 「'KBS 한동훈 오보 의혹' 신성식 검사장 기소」, 『조선일보』, 2023년 1월 5일; 김도연, 「KBS '검언유착 오보' 신성식 검사장·기자 기소」, 『미디어

오늘』, 2023년 1월 5일.

11 오병상, 「가짜뉴스 만드는 정치검사」, 『중앙일보』, 2023년 1월 5일.

12 이가영, 「"조국 집회 딱 보면 100만" 박성제 MBC 사장, 연임 도전 "정치에 뜻 없다"」, 『조선일보』, 2023년 1월 13일; 황기현, 「[미디어 브리핑] "특종 하나 없이 사내 정치만 했던 박성제 사장님, MBC 참 쉽지요?"」, 『데일리안』, 2023년 1월 13일.

13 황기현, 「[미디어 브리핑] "특종 하나 없이 사내 정치만 했던 박성제 사장님, MBC 참 쉽지요?"」, 『데일리안』, 2023년 1월 13일.

14 이원태, 「소셜미디어에서 온라인 정치 담론의 가능성과 한계」, 조화순 엮음, 『소셜네트워크와 정치변동』(한울아카데미, 2012), 314쪽.

15 정철운, 「MBC 뉴스 유튜브 구독자, 尹 정부에서 100만 명 늘었다」, 『미디어오늘』, 2023년 5월 11일.

16 장슬기, 「TBS 하차 신장식 변호사, MBC 뉴스 하이킥 진행자로」, 『미디어오늘』, 2023년 1월 16일.

17 김명일, 「MBC, 새 프로 첫 게스트로 김어준 초대 "기계적 반반이 편파"」, 『조선일보』, 2023년 1월 16일; 정철운, 「김어준 "기계적 반반 보도가 공정? 독재 시절 가짜 신화"」, 『미디어오늘』, 2023년 1월 17일.

18 윤수현, 「강요미수 혐의 2심 무죄 받은 채널A 기자가 MBC를 언급했다」, 『미디어오늘』, 2023년 1월 19일.

19 김명진, 「허위 뻔히 드러났는데…野 처럼회 의원들, '채널A 사건' 특검법 발의」, 『조선일보』, 2023년 1월 27일; 배민영·김현우, 「'잘 싸워달라' 이재명 독려 이틀 만에…野, '尹·한동훈 특검법' 추진」, 『세계일보』, 2023년 1월 28일.

20 정철운, 「민주당, 채널A 검언유착 의혹 사건 특검법 발의」, 『미디어오늘』, 2023년 1월 28일.

21 염유섭, 「무죄 확정 '채널A 사건'까지 특검 발의한 민주당…법조계 "李 대표 방탄 노림수" 비판」, 『문화일보』, 2023년 1월 30일.

22 이춘재, 『검찰국가의 탄생: 검찰 개혁은 왜 실패했는가?』(서해문집, 2023), 152~163쪽.

23 정철운, 「박성제 MBC 사장 최종 후보 탈락 연임 실패」, 『미디어오늘』, 2023년 2월 18일; 이태준, 「MBC 제3노조 "언론노조 홍위병 '안형준·허태정'에게 피해 조합원 실태 파악할 것"」, 『데일리안』, 2023년 2월 18일.

24 정철운, 「MBC 신임 사장에 안형준 후보 "공영방송 향한 외풍 막겠다"」, 『미디어오늘』, 2023년 2월 21일.

25 황기현, 「MBC 세3노소 "총제직 부실·위법 방문진, 안형준 선정 철회하고 공

모 절차 다시 해야"」, 『데일리안』, 2023년 2월 21일.

26 황기현, 「문호철 "원천 무효 절차로 선임 안형준, 사장 자격 없다…처음부터 다시 시작해야"」, 『데일리안』, 2023년 2월 21일.

27 조현호, 「박성중 "MBC 사장 선임 진흙탕 다 물러나야" 권태선 "조사 결과 보고 판단"」, 『미디어오늘』, 2023년 2월 24일.

28 정성택, 「MBC '김성태 전 자유한국당 원내대표 KT 사장 지원' 오보 사과」, 『동아일보』, 2023년 3월 31일.

29 정철운, 「전혀 다른 사람을…MBC 'KT 사장 김성태 응모' 오보 사과」, 『미디어오늘』, 2023년 4월 1일.

30 정철운, 「'김성태 오보' MBC 기자 감봉 1개월」, 『미디어오늘』, 2023년 4월 14일.

31 김도연, 「'내가 KT 사장 지원?' MBC 오보에 김성태 "법적 대응"」, 『미디어오늘』, 2023년 3월 31일.

32 장상진, 「與 "KBS1 라디오 尹 방미 보도, 친야 패널이 친여의 7배"」, 『조선일보』, 2023년 5월 1일; 김도연, 「박대출, KBS 라디오 겨냥해 "좌파 매체들이 갖고 놀아"」, 『미디어오늘』, 2023년 5월 1일; 박수찬·김정환, 「시사 패널 親野 61%, 親與 8%…KBS '기울어진 운동장'」, 『조선일보』, 2023년 5월 2일.

33 김명일, 「"MBC 라디오, 尹 방미 해설에 친야 패널을 친여의 9배 출연시켜"」, 『조선일보』, 2023년 5월 2일; 이태준, 「[미디어 브리핑] MBC 제3노조 "좌파 패널들만 라디오 집중 출연…尹 방미 성과 왜곡·편파 방송"」, 『데일리안』, 2023년 5월 2일; 황희진, 「장예찬 "KBS·MBC, 尹 방미 때 정세현·박수현 등 文 정부 인사 대거 섭외"」, 『매일신문』, 2023년 5월 2일; 신동흔·박수찬, 「"고작 확장 억제"…MBC도 패널 80%가 親野」, 『조선일보』, 2023년 5월 3일.

34 「[사설] 친야 117명에 친여 15명 부른 KBS·MBC…방송 아닌 정치 세력」, 『조선일보』, 2023년 5월 4일.

35 「[사설] '정치 감사' 말 듣게 된 감사원의 'KBS 맹탕 감사'」, 『경향신문』, 2023년 5월 2일.

36 손현수·신민정, 「"KBS 라디오 친야 일색"…국힘 "'방송법 개정안' 대통령 거부권을"」, 『한겨레』, 2023년 5월 2일; 전혁수, 「조선일보, '친윤' 언론단체 주장 근거로 공영방송에 "정치 세력" 딱지」, 『미디어스』, 2023년 5월 4일.

37 이기홍, 「野는 국익 팽개치고 사생결단 전면전, 與는 웰빙」, 『동아일보』, 2023년 4월 14일.

38 원선우, 「금태섭 "민주당, 여당 땐 뭐하다가 이제 양곡법·방송법 개정하나?"」, 『조선일보』, 2023년 4월 17일; 김도연, 「금태섭 "민주당, 방송법 개

정 여당 때 했어야"」, 『미디어오늘』, 2023년 4월 20일.

39 이 말은 미국 제44대 대통령 버락 오바마의 다음 말에서 가져온 것이다. "지금도 나는 어머니가 강조한 간단한 원칙, 즉 '네게 그렇게 하면 기분이 어떨 것 같니?'를 정치 활동의 길잡이 중 하나로 삼고 있다. 나는 스스로에게 이런 질문을 던지는 것은 아무리 자주 해도 지나치지 않는다고 생각한다. 국가 전체를 놓고 볼 때, 우리는 상대편의 처지에서 생각해보는 마음이 부족한 것 같다." 아론 라자르(Aaron Lazare), 윤창현 옮김, 『사과 솔루션: 갈등과 위기를 해소하는 윈-윈 소통법』(지안, 2004/2009), 9쪽.

맺는말

1 정철운, 「연임 좌절 박성제 MBC 사장 "가짜뉴스 명예훼손 작전 성공"」, 『미디어오늘』, 2023년 2월 19일.

2 니콜라스 카(Nicholas Carr), 임종기 옮김, 『빅스위치: Web2.0시대, 거대한 변환이 시작된다』(동아시아, 2008), 228~231쪽

3 제임스 하킨(James Harkin), 고동홍 옮김, 『니치: 왜 사람들은 더 이상 주류를 좋아하지 않는가』(더숲, 2011/2012), 299쪽.

4 캐스 R. 선스타인(Cass R. Sunstein), 이정인 옮김, 『우리는 왜 극단에 끌리는가』(프리뷰, 2009/2011), 66~67쪽; 강준만, 「왜 개인보다 집단이 더 과격한 결정을 내리는가?: 집단극화 이론」, 『감정 독재: 세상을 꿰뚫는 50가지 이론』(인물과사상사, 2013), 279~283쪽 참고.

5 황기현, 「[미디어 브리핑] 2017 MBC 잔혹사 ②-88인의 조리돌림」, 『데일리안』, 2023년 1월 3일.

6 캐스 R. 선스타인(Cass R. Sunstein), 이정인 옮김, 『우리는 왜 극단에 끌리는가』(프리뷰, 2009/2011), 56쪽.

7 정철운, 「박성제 MBC 사장 최종 후보 탈락 연임 실패」, 『미디어오늘』, 2023년 2월 18일; 이태준, 「MBC 제3노조 "언론노조 홍위병 '안형준·허태정'에게 피해 조합원 실태 파악할 것"」, 『데일리안』, 2023년 2월 18일.

8 김명진, 「MBC 본부장·부장 등 간부 148명 중 132명 '민노총 조합원'」, 『조선일보』, 2023년 5월 10일; 신동훈, 「'노영 방송' MBC…간부 89%가 노조원」, 『조선일보』, 2023년 5월 11일; 7NEWS팀, 「[7NEWS] 임원·관리자 90%가 민노총 산하 언론노조원이라는 MBC」, 『조선일보』, 2023년 5월 11일; 임경호, 「MBC 간부 89%가 가입해 이용 노조?…"사용자성 실질 따져야"」,

『PD저널』, 2023년 5월 11일.

9   정철운, 「언론노조 위원장 "국민의힘은 방송 장악 전과 집단"」, 『미디어오늘』, 2022년 7월 15일.

10   조현호, 「윤창현 "법 안 바꾸면 김장겸·김재철·고대영 돌아와…이걸 원하나"」, 『미디어오늘』, 2022년 12월 5일.

11   노지민, 「언론노조 "윤 정권, 대선 공약 내팽개치고 '미디어 장악 기구' 설립"」, 『미디어오늘』, 2023년 4월 18일.

MBC의 흑역사

ⓒ 강준만, 2023

초판 1쇄 2023년 7월 28일 펴냄
초판 2쇄 2023년 8월 4일 펴냄

지은이 | 강준만
펴낸이 | 강준우
기획·편집 | 박상문, 김슬기
디자인 | 최진영
마케팅 | 이태준
인쇄·제본 | 지경사문화

펴낸곳 | 인물과사상사
출판등록 | 제17-204호 1998년 3월 11일

주소 | (04037) 서울시 마포구 양화로7길 6-16 서교제일빌딩 3층
전화 | 02-325-6364
팩스 | 02-474-1413

www.inmul.co.kr | insa@inmul.co.kr

ISBN 978-89-5906-709-1 03300

값 19,000원